中传学者文库编委会

主　任： 廖祥忠　张树庭
副主任： 蔺海波　李　众　刘守训　李新军　王　晖
　　　　　杨　懿　柴剑平

成　员（按姓氏笔画排序）：
王廷信　王栋晗　王晓红　王　雷　文春英
龙小农　付　龙　叶　龙　刘东建　刘剑波
任孟山　李怀亮　李　舒　张绍华　张　晶
张根兴　张毓强　林卫国　郑　月　金　炜
金雪涛　周建新　庞　亮　赵新利　徐红梅
贾秀清　高晓虹　隋　岩　喻　梅　熊澄宇

中传学者文库

主编/柴剑平
执行主编/龙小农
副主编/张毓强 周建新

媒介，居于世界之间

张磊自选集

张磊 著

中国传媒大学出版社

·北京·

图书在版编目（CIP）数据

媒介，居于世界之间：张磊自选集 / 张磊著 . -- 北京：中国传媒大学出版社，2024.8.

（中传学者文库 / 柴剑平主编）.

ISBN 978-7-5657-3761-9

Ⅰ . G206.2-53

中国国家版本馆 CIP 数据核字第 2024Z9G470 号

媒介，居于世界之间：张磊自选集
MEIJIE，JUYU SHIJIE ZHIJIAN：ZHANG LEI ZIXUANJI

著　者	张　磊
责任编辑	张继媛
封面设计	锋尚设计
责任印制	李志鹏

出版发行	中国傳媒大學出版社			
社　　址	北京市朝阳区定福庄东街 1 号	邮　编	100024	
电　　话	86-10-65450528　65450532	传　真	65779405	
网　　址	http://cucp.cuc.edu.cn			
经　　销	全国新华书店			
印　　刷	北京中科印刷有限公司			
开　　本	710mm×1000mm　1/16			
印　　张	17.5			
字　　数	291 千字			
版　　次	2024 年 8 月第 1 版			
印　　次	2024 年 8 月第 1 次印刷			
书　　号	ISBN 978-7-5657-3761-9/G・3761	定　价	88.00 元	

本社法律顾问：北京嘉润律师事务所　　郭建平

总 序

媒介是人类社会交流和传播的基本工具。从口语时代到印刷时代，再经电子时代至今天的数智时代，媒介形态加速演变、融合程度深入发展，媒介已然成为现代社会运行的基础设施和操作系统。今天，人类已经迈入媒介社会，万物皆媒、人人皆媒，无媒介不社会、无传播不治理。今天，无论我们怎么用力于信息传播的研究、怎么重视信息传播人才的培养都不为过。

中国传媒大学（其前身为北京广播学院）作为新中国第一所信息传播类院校，自1954年创建伊始，即与媒介形态演变合律同拍、与国家发展同频共振，努力探索中国特色信息传播人才培养模式、构建中国信息传播类学科自主知识体系，执信息传播人才培养之牛耳、发信息传播研究之先声，被誉为"中国广播电视及传媒人才摇篮""信息传播领域知名学府"。

追溯中传肇始发轫之起源、瞩望中传砥砺跨越之未来，可谓创业维艰而其命维新。昔日中传因广播而起，因电视而兴，因网络而盛，今天和未来必乘风破浪、蓄势而上，因人工智能而强。在这期间，每一种媒介兴起，中传均吸引一批志于学、问于道、勤于术的

学者汇聚于此,切磋学术、传道授业,立时代之潮头,回应社会需求,成为学界翘楚、行业中坚,遂有今日中传学术研究之森然气象,已历七秩而弦歌不断,将传百世亦风华正茂。

自新时代以来,中传坚守为党育人、为国育才初心,励精图治、勠力前行,秉承"系统治理、创新图强、交叉融合、特色发展"的办学理念,牢牢把握高等教育发展大势、传媒业态发展趋势,瞄准"智能传媒"和"国际一流"两大主攻方向,以世界为坐标、以未来为向度,完成了全面布局和系统升级,正在蹄疾步稳、高质量推动学校从传统高等教育向未来高等教育跨越、从传统传媒教育向智能传媒教育跨越、从国内一流向世界一流跨越,全力建设中国特色、世界一流传媒大学。

中国特色、世界一流,在于有大先生扎根中国大地,汇聚古今、融通中外;在于有大先生执教黉门,学高为师、身正为范;在于有大先生躬耕杏坛,敦品积学、启智润心。习近平总书记更强调,高校教师要立志成为大先生,在教书育人和科研创新上不断创造新业绩。中传广大教师素来以做大先生为毕生职志,努力成为新时代"经师"与"人师"的统一者,做真学问、立高品行,践履"立德树人"使命。

2024岁在甲辰,欣逢中传建校70华诞,学校特邀约部分学者钩玄勒要、增删批阅,遴选已公开刊发的论文汇编成集,出版"中传学者文库",意在呈现学校在学科建设、科学研究、服务行业实践等方面的最新成果,赓续中传文脉,谱写时代新声。

文库汇聚老中青三代学者,资深学者渊渟岳峙、阐幽抉微;中年学者沉潜蓄势、厚积薄发;青年学者踌躇满志、未来可期。文库与五十周年校庆所出版的"北广学者文库"相承接,大致可勾勒中传知识生产薪火相传、三代辉映之概貌，反映中传在构建中国特色新闻传播类、传媒艺术类、传媒技术类学科体系、学术体系和话语体系方面的耕耘与收获，窥见中国特色信息传播类学科知识体系构建的发展脉络与轨迹。

这一构建过程，虽筚路蓝缕，却步履铿锵；虽垦荒拓野，亦四方辐辏。一批肇始于中传，交叉融合、具有中国特色的学科，如播音主持艺术学、广播电视艺术学、传媒艺术学、数字媒体艺术学、政治传播学等，从涓涓细流汇入滔滔江河，从中传走向全国，展现了中传学者构建中国自主知识体系的学术想象力和创新力。文库展示的虽然是历史，实则是呈现今天；看似是总结过去，实则是召唤未来。与其说这套文库的出版，是对既有学术成果的展示，毋宁说是对未来学术创新的邀约。

回首过往，七秩芳华。我们深知，唯有将马克思主义基本原理与中华优秀传统文化相结合，才能推动中华学术创造性转化和创新性发展，推动中国自主知识体系的构建。我们深知，唯有准确把握媒介形态演变的脉动、深刻认知媒介形态变革所产生的影响，才能推动中国信息传播类学科自主知识体系的构建与时俱进。

展望未来，星辰大海。我们深知，以人工智能为代表的产业和科技革命正迅疾而来，媒介生态正在加速重构，教育形态正在全面重塑，大学之使命与价值正在被重新定义；我们深知，唯有"胸怀国之大者"、面向世界科技前沿、面向经济主战场、面向国家重大需求，才能确保中传始终屹立于中国乃至世界传媒教育发展之潮头。

如何应对人工智能带来的深刻变革，对中传而言是一场要么"冲顶"、要么"灭顶"的"兴亡之战"。我们坚信，不管前方是雄关漫道，还是荆棘满途，唯有勇敢直面"教育强国，中传何为？"这一核心命题，奋力书写"智能传媒教育，中传师生有为！"的精彩答卷，才能化危为机，奋力开创人工智能时代中传智能传媒教育新纪元。

功不唐捐，芳华七秩；风帆正举，赓续创新。

是为序。

第十四届全国政协委员，中国传媒大学党委书记、教授、博士生导师

目 录

第一部分　媒介技术哲学

拟人、非人与后人类：论人工智能媒介物和人类的相遇…………… 003

全球史中的媒介时间：《申报》与中国近代历法变革………………… 021

重构国族与接轨世界：中国近代报刊的纪年之争……………………… 039

人类世，还是人类纪？…………………………………………………… 054

互联网基础设施研究：元概念、路径与理论框架……………………… 059

物质性与实践性：基于界面分析的手机主屏幕管理研究……………… 078

生成屏幕：视觉媒介终端的未来考古学………………………………… 102

智能媒体的现实图景与未来想象

　　——以新闻领域的变化为例………………………………………… 116

社会关系的空间化：旅行真人秀节目中的移动性……………………… 126

从单向凝视到参与式对望：观察类真人秀节目研究…………………… 135

实践性与物质性：粉丝文化研究的新理论框架………………………… 153

现代化与个体化：电视机进入中国家庭的口述史研究………………… 164

第二部分　国际传播理论

帝国、天下与大同：中国对外传播的历史检视与未来想象……………… 181

走向人类命运共同体：历史视角下的全球传播秩序变迁与重建………… 194

在互联网环境中重寻"世界信息与传播新秩序"…………………………… 205

"软实力"概念在中国的挪用与流变
　　——基于学术话语、媒体话语和官方话语的分析……………………… 214

游子、友人与他者：春晚舞台上的外国人形象研究……………………… 227

从文化输出观走向文化互惠观：透过"韩流"思考中国的国际传播……… 242

从国礼到情感纽带：国际传播史视野下的熊猫外交……………………… 254

后　记……………………………………………………………………………… 268

第一部分
媒介技术哲学

拟人、非人与后人类：论人工智能媒介物和人类的相遇[*]

随着人工智能技术的介入，人类的社会性传播出现了新的角色——智能媒介。我们不能仅仅将智能媒介视作无生命的工具，或者说，面对智能媒介，传播活动中的主体需要被重新审视。智能媒介是一种全新的传播主体吗？它会带来传播的革命性变化吗？在回答这个问题之前，我们需要先回答的是：智能媒介与人类有哪些相似性和差异性？这种关系能为之带来"生命特质"（liveness）吗？

本文聚焦于那些拥有独特特性的智能媒介，将之视为"人工智能媒介物"，其外延既包括智能手机、智能电视、智能音箱以及个人电脑等通常被认为拥有物质实体的媒介物品，也包括语音助理、虚拟偶像、新闻推荐算法、写作机器人等看似"无形"的数码物[①]。在人工智能技术的基础上，它们的物质性和媒介性有什么特征？在初步探索后，本文借助马丁·海德格尔（Martin Heidegger）的"物性"概念与唐娜·哈拉维（Donna Haraway）的"赛博格"（Cyborg）形象进行媒介哲学层面的探索。然而，源自西方现代性的理论能否对其做出充分阐释？本文试图在中国古代传统思想中找寻涉及技术、媒介和拟人化的思想片段，并重返当代场景中展开理论对话。本文的目标是针对人工智能媒介物的基本存在状况做出理论阐释，并为今后的专题性研究和经验

---

[*] 本文原载于《中国新闻传播研究》2020年第6期，收入本书时有改动。
[①] 许煜.论数码物的存在[M].上海：上海人民出版社，2019：195.

性研究奠定基础。

一、人工智能媒介物的"相"与"灵"

"智能媒介"是一个正在形成中的概念。在英文文献中，除了中国学者和韩国学者之外，似乎"智能媒体"（Smart Media 或 Intelligent Media）之名并未获得广泛采纳。在中文文献中，智能媒体、智能传媒、智能媒介、智媒等成为热门词汇，学者对其概念却尚未形成共识①。吕尚彬和刘奕夫认为，"智能传媒是一种人工智能与人类智能协同的在线社会信息传播系统"②。任锦鸾等认为智能媒体是"智能媒体化"的结果，"以用户为中心，以满足用户需求为目的，媒体行业通过智能技术的应用，使得媒体系统逐步具备类似于人类的感知能力、记忆和思维能力、学习能力、自适应能力和行为决策能力，而媒体智能化的成果就是智能媒体"③。实际上，学者们当前讨论更多的就是媒介的"智能化"，从关键技术、生产流程和典型实践等角度加以梳理总结。胡正荣将智能化与共享化两个进程结合起来，指出这一变革的四个关键：以用户数据为核心、以多元产品为基础、以多个终端为平台、以业态创新为重点。他强调，智能化是未来传媒演化的方向，它不仅是"高智慧"的，更应是"高情感"的④。彭兰则强调了媒体智能化的三个特征：万物皆媒、人机合一、自我进化。她认为，过去的媒体是"以人为主导的"，但在未来万物皆有可能成为媒体，并与人协同融合，自我进化⑤。无论是"高情感"，还是"自我进化"，

---

① 段鹏.智能媒体语境下的未来影像：概念、现状与前景［J］.现代传播（中国传媒大学学报），2018, 40（10）：1-6.
② 吕尚彬，刘奕夫.传媒智能化与智能传媒［J］.当代传播，2016（4）：4-8.
③ 任锦鸾，曹文，刘丽华，等.基于技术与市场视角的智能媒体发展态势分析［J］.现代传播（中国传媒大学学报），2017, 39（10）：133-137.
④ 胡正荣.智能化：未来媒体的发展方向［J］.现代传播（中国传媒大学学报），2017, 39（6）：1-4.
⑤ 彭兰.智媒化：未来媒体浪潮：新媒体发展趋势报告（2016）［J］.国际新闻界，2016, 38（11）：6-24.

都强调了智能媒体的生命色彩。在主流潜意识中，对人工智能媒体的心态可谓期待与忧虑兼具。

现有的界定和讨论往往忽略了智能媒体的物质性，这也是传统媒介研究一直以来存在的盲点[①]。近年来，在媒体与文化分析中越来越凸显的"物质性转向"就试图弥补这一缺失。与其说媒介的物质性研究有一个固定的理论框架，不如说它是在各种理论汇集之下形成的认识光谱。"媒介物质性泛指一切涉及'物'与'物质'的媒介构成、媒介要素、媒介过程和媒介实践，而'媒介'本身所具有的物性也由此重新显现[②]。"就智能媒体而言，各种终端的物形、音形、界面有什么特征？它在家庭空间中的位置，以及与人的身体、感官、姿态之间的关系有何意义？算法、数据、虚拟偶像、写作机器人等看似"无形"之物依靠什么物质基础而存在？5G时代的传播与数字基础设施网络又在哪些地理位置建成，耗费哪些地球资源，并造成何等环境影响？这些讨论的范围非常广泛，而本文将智能媒体视为"人工智能媒介物"，对它的物质性存在展开初步分析。

存在是一个基本的哲学问题。海德格尔将"物"作为追踪存在本质的关键，他认为现代交通和通信科技使存在的关系疏远，而对物的追寻可以重新实现"切近"。他以"壶"之为物举例，分析它的外观与功能，指出壶的物性在于它作为容器的容纳作用，以及其虚空性质带来的倾倒、馈赠的可能性。这样，壶就立在天、地、神、人四重整体之间。"物化之际，物居留大地和天空，诸神和终有一死者；居留之际，物使在它们的疏远中的四方相互趋近，这一带近即是近化。近化乃切近之本质。"[③]

海德格尔不仅提出了真正的问题，而且提供了分析方法，这对于智媒研

---

① 默多克,刘宣伯,芮钰雅,等.媒介物质性：机器的道德经济[J].全球传媒学刊,2019,6(2)：93-102.
② 章戈浩,张磊.物是人非与睹物思人：媒体与文化分析的物质性转向[J].全球传媒学刊,2019,6(2)：103-115.
③ 海德格尔.物[M]//孙周兴.海德格尔选集：下.北京：生活·读书·新知三联书店,1996：1178.

究也颇具意义。时空距离的压缩与现象学距离的不可把握，恰恰形成鲜明的反向关系。进入智能时代，这种距离的关系更加混乱。当智能手机几乎成为当代都市人的标配，每个人理所应当地进入社会网络，并理所应当地拥有了与网络中的其他人保持时空零距离的可能性。从这个意义上讲，现有的对于智能手机的所有传播学研究都是在赞扬这种距离的彻底消除。智能手机与我们的身体须臾不可分离，它越来越适合我们的手掌，甚至如同长在手掌上，变成它的一部分，但我们在很大程度上对它"视而不见"。要走向切近，打开它的无蔽状态，就需要从它的物性／物质性入手。对于壶，海德格尔首先揭示的是它的外观（站立、壶壁与壶底、器皿形态），随后走向它的功能（作为虚空所具有的容纳、倾倒和馈赠的可能性）。在外观上，一个源自古希腊的哲学概念"Eidos/Idea"被引入，这属于柏拉图的超验世界，也属于胡塞尔的本质世界。外观不仅仅是外观，更是"相"；不仅仅是视觉性的物形，更包括它在各个数量级上的物质存在。"相"是走向事物本质的大门，而功能不仅是事物的使用手册，也是一种关系性的存在。在这种关系中，物有了自身，有了站立于世的可能性，也因此有了"灵"。所以，我们将智能媒体视为"物"，从外观／相和功能／灵两个方面入手，开展一种基于物性的分析，我们将之称为媒介的物本分析法（Objectual Analysis）。

　　要对智能媒介物进行分析并不容易。首先，它们的外观／相千差万别，并且有多个层次、多个数量级。智能手机的外观分析，是应该针对它的金属、玻璃、塑料外壳及其平滑美学①，还是它屏幕上的图标与界面设计，抑或兼而有之？如何对待智能音箱的物形（实体存在）、音形（符号存在）和数据流（数码存在）？其次，它们的功能／灵并不单一。对于某些智能媒介物来说，媒介功能是主要的；有的物品虽然有媒介功能，却是辅助性的。最后，人工智能技术的介入，使得一个趋势更加明显，即它通过模拟人以及注入人类的音容笑貌、言语、行动、故事、思想，从而使媒介物具有了"生命特质"。传统媒介也有这种生命特质，但易被忽略，而智能媒介物使它突出地显现出来。

---

① HAN B C.Saving beauty［M］.New York：John Wiley & Sons，2017.

拟人、非人与后人类：论人工智能媒介物和人类的相遇

麦克卢汉的名言"媒介是人的延伸"广为人知，却很少有人思索，媒介是否因此变成了生命体，或者起码是生命体的一部分①。人工智能媒介物直接模拟人，凸显了生命特质。因此，它与美国女性主义理论家、科学社会学研究者唐娜·哈拉维关于赛博格的论述有了呼应的可能。

哈拉维的"赛博格"诞生于特定的社会情境。1985年，家用电脑在美国开始上市，美国国防部拨出8400万美元经费用于开发C3I（Command-Control-Communication-Intelligence，命令—控制—交流—智能）系统，人工智能迎来一个新的繁荣时期。就是在这一年，哈拉维发表了《赛博格宣言》。她将赛博格定义为"一个控制论的有机体，一个机器与有机体的混合物，既是社会现实的造物，也是虚构的造物"②。她在科学和技术理念、国家战略规划、航天工业和医药工业广告、媒介文本和科幻小说中提取出这一形象，结合马克思主义和女性主义批判，在控制信息学（Informatics of Domination）和家务经济（Homework Economy）的双重背景下，认为赛博格具有身份政治潜能，可以推动从家庭到国家的一系列革命。赛博格跨越了三个界限：一是人与动物的界限；二是有机体与机器的界限；三是实体与非实体的界限。最典型的赛博格似乎出现于科幻小说和科幻电影中（如《阿丽塔：战斗天使》），但在现实生活中，一个戴着心脏起搏器的人其实就是初级的赛博格了，而一个都市青年与宠物猫、四处游走的扫地机器人也就组成了一个赛博格家庭。同样，一个须臾无法离开自己的手机、头戴入耳式耳机、因为长期握鼠标而得了腱鞘炎的人，也与媒介物品之间没有那么牢不可破的界限。更重要的是，媒介本身就容纳了人的音容笑貌和生命故事，这就使得人工智能媒介物无论是在物质性的"相"上还是媒介性的"灵"上，都与赛博格的概念有了呼应。

这样，我们就可以形成一个认识基点：人工智能媒介物是"有生命的"。它的生命来自对人的模拟，与人的联结，以及人的信息和情感注入。更确切

---

① 也有例外，W. J. T. MITCHELL就谈到了图片的"生命"。参考 MITCHELL W J T. What do pictures want? the lives and loves of images [M] .Chicago: University of Chicago Press，2005.
② HARAWAY D. A manifesto for cyborgs [J] .Socialist review，1985（80）：65-108.

地说,它具有"生命色彩"。人工智能媒介物和人类的关系究竟如何理解?二者在传播中的相遇,能够释放何种潜能?这需要对人工智能媒介物进行物本分析。如果说海德格尔提供了基本的分析方法,那么哈拉维就提供了一套方法论。她强调赛博格对二元论的突破,从而使"自我"对"他者"的控制被打破了。赛博格是连接的、跨越的、嵌合的,媒介也是中介性的,因此我们的分析应该注重超越二元对立,重视"相遇"。第一,应注意人与机器之间、生命有机体与具有生命色彩的媒介物之间的复杂关系,本文由此形成框架,首先观察物之于人的模拟(拟人),其次观察它非人的一面并反思人类内部的不平等(非人),最后思考人与物结合的可能(后人类)。第二,应注意物质性的"外观/相"和作为媒介的"功能/灵"之间的跨越与搭桥。第三,应注意古今中外的勾连,打破"前现代性/现代性/后现代性"的线性思路。

在既有的媒介物质性/赛博格的哲学研究中,充斥着源自西方中心主义的意象,它们以科幻电影里的怪兽、僵尸与蒸汽朋克场景为代表,将我们对具有生命特征的媒介物的理解系于一个现代性/后现代性的支柱上。本文将回到中国古代文献中,挖掘不一样的意象、故事、场景和关系,从"始作俑者""偃师造人""庄周梦蝶"三个寓言性质的场景中找寻想象力,以此回应并挑战既存的理论状况。

始作俑者:人工智能媒介物的拟人性

梁惠王曰:"寡人愿安承教。"

孟子对曰:"杀人以梃与刃,有以异乎?"

曰:"无以异也。"

"以刃与政,有以异乎?"

曰:"无以异也。"

曰:"庖有肥肉,厩有肥马,民有饥色,野有饿莩,此率兽而人也。兽相食,且人恶之。为民父母,行政不免于率兽而食人。恶在其为民父母也？仲尼曰'始作俑者，其无后乎！'为其象人而用之也。如之何其使斯民饥而死也？"

——《孟子·梁惠王上》①

按理说，在古代的丧葬仪式中，以非人的"俑葬"代替真人的"人殉"是一种具有进步性质的变革②。孔子何以对此表示反对，甚至深恶痛绝，以至发出"其无后乎"这种带有诅咒性质的谴责？孔子的主要理由是"为其象人而用之"。杨伯峻解释说，孔子在这里存在误解，认为"俑葬"在先，它造成了以人形陪葬的传统，后来才出现以真人陪葬的"人殉"，所以孔子斥之为"不仁"。实情却是人殉在先，以俑替代人反而消解了大量苦难。孔子正好生活在这个转折时期，按说是不会搞错这一点的。这也导致后世学者对孔子究竟是否说过这句话进行质疑。这一点姑且不追究，且将此话放在中国儒家思想的传统中进行考察。孟子对梁惠王的发言其实跟陪葬仪式无关，而是将"象人"嵌入执政的道理中。此处的关键点是，哪怕对"象人"的东西加以符号性戕害都是不可以的，更何况是以执政来"食人"呢？《礼记·檀弓下》中解释说："孔子谓为刍灵者善，谓为俑者不仁，殆于用人乎哉？"刍灵与俑的区别在于两点：其一，俑像人，而稻草做出的人形难免经过更大幅度的抽象，与人形相去甚远；其二，俑要耗费大量人工，而刍灵制作简单，这便从"厚葬"走向"简朴"，从社会剥削的"炫耀性消费"走向以民生为重。从"真人"到"俑"再到"刍灵"构成一个连续体，其"人"的象征性含量与物质性含量均依次降低，因此应和了"仁"的意识形态。总之，在中国传统儒家思想的连续体中考察，这种对待"俑"的态度，与儒家对"人"及"民"的意识形态根基是存在深度关联的。退一步讲，如果真的以"俑"来代替真人殉葬，那么《诗经·黄鸟》中子车氏三兄弟的悲剧就可以避免，因此还是具有进步意义的。无论如何，"始作俑者"发明了一种技术性的操作，即"以物拟人"，通过制造人的"替身"来实现替代性的功能。这种操作也包括对动

---

① 杨伯峻.孟子译注［M］.北京：中华书局，2005：8.
② 邱东联.楚墓中人殉与俑葬及其关系初探［J］.江汉考古，1996（1）：74-80.

物及其他生物体的模拟，形成了仿生。拟人与仿生在古今中外多有例证，也成为许多发明家、科学家的追求。人工智能的开发思想固然有多种路数，不过其核心仍是图灵的"模仿游戏"。

在工业革命之后的现代性社会之中，作为一种权力结果的拟人化成为常态性操作，它从生产实践蔓延到娱乐产业，从科学知识复制到日常生活中，将劳动力商品化以象征符号的方式推进到社会的各个角落，为资本增值而进行持续不断的征战。机器人就是资本主义进行拟人化操作的产物。机器人（robot）一词来自捷克语"robota"，意即"奴役的、被迫的劳动"①。捷克作家卡雷尔·恰佩克（Karel Capek）于1920年写作的剧本《罗素姆万能机器人》（R.U.R.）讲述了一个奇特的故事：人发明了没有灵魂的人造人；人赋予它们灵魂；它们仇恨并杀光了人类；它们自己却因无法复制也走向灭绝。最后一幕出现了两个彼此产生情感的男女机器人，成为后人类时代的亚当和夏娃。对于这个故事，必须由一个政治经济学家、一个神学家和一个女性主义者来共同阐释。政治经济学家会强调其中涉及的阶级、劳动、剥削、反抗等议题；神学家会把它看作一个失乐园的现代故事；而女性主义者会透过"生育"可能性的问题找寻家庭与社会的连接之处。机器人就诞生自这样复杂的场景之中，它的形象也因此被渲染上独特的色彩。

形象，即外观/相，是无比重要的。海德格尔将之作为入手点，以走向物性的理解乃至整个世界的切近。单凭形象，种种生灵与物件就可以被分门别类，划分为同类与异类、自我与他者。中国古代的俑与现代的机器人虽然功用不一，但同样被赋予"人形"，而拟人化的操作也延伸到人工智能媒介物身上。

在机器人设计中，拟人化（Anthropomorphism）非常关键。杜菲认为，拟人化这个词源自希腊语"anthropos"（人）和"morphe"（形式/结构）的组合，指将人类的特征归于无生命的物体、动物和其他人，以帮助我们将其行为合理化②。从古代的神像制作到当代的机器人设计，从文学创作、卡通片

---

① KURFESS T R.Robotics and automation handbook［M］.Boca Raton：CRC press，2018：1-2.
② DUFFY B R.Anthropomorphism and the social robot［J］.Robotics and autonomous systems，2003，42（3/4）：177-190.

拍摄到广告手法，拟人化成为被普遍采用的策略。计算机科学家和心理学家们通过各种实验探索并建构了拟人化的基本理论。例如，杜菲系统讨论了机器人拟人化设计的关键性议题，并以"人、图标形象、抽象形象"为三个顶点，罗列了各种机器人头像的设计。Epley 等人构建了 SEEK 模型，其关键点在于诱发能动者知识（Elicited Agent Knowledge）、效能动机（Effectance Motivation）和社会动机（Sociality Motivation）[1]。在国内，许丽颖等人对包括机器人在内的各领域拟人化进行了综述，并格外强调人机交互问题，指出："如果说人工智能的本质是对人思维过程的模拟，那么人机交互所要研究的重点就是将人的思维、外观赋予机器的拟人化过程中人与机器的关系问题[2]。"对于形形色色的人工智能媒介物来说，拟人化及仿生也随处可见。以人工智能音箱为例，我们观察它的外观/相，会发现存在三种典型的拟人化操作手法。

第一，"以人命名"。智能音箱可能有一个统一的名称，如百度的产品就叫"小度"；也可能将硬件和软件分开命名，如亚马逊的智能音箱硬件叫 Echo，语音助理则叫 Alexa。这种命名与人的名字或昵称非常相似。最典型的就是小米公司的"小爱同学"。当用户说出"小爱同学"以激活音箱或手机上的语音助手时，这种行为被称为"唤醒"，其拟人的特征颇为明显。

第二，"注入人声"。智能音箱实现持续的对话，或通过语音界面实现操作，需要语料库的支撑。语料采集自人的语音，并经过机器的存储、调适和重组等一系列处理。"小爱同学"提供了三种官方音色，分别是蜜糖（甜美可爱女声）、茉莉（温柔知性女声）和青葱（阳光活力男声），据悉还将推出一个名为"泡芙"的儿童音色，在音形上实现拟人。此外，它还支持用户输入自己的声音来定制专属音色，将自我注入伴随性的语音助理之中。

第三，"赋予人形"。在物形上也存在拟人化。虽然智能音箱一般不会做成人形，不过，阿里巴巴"天猫精灵"的附属硬件"斗篷"竖起两只尖耳，

---

[1] EPLEY N, WAYTZ A, CACIOPPO J T. On seeing human: a three-factor theory of anthropomorphism [J]. Psychological review, 2007, 114（4）: 864.

[2] 许丽颖，喻丰，邬家骅，等. 拟人化：从"它"到"他"[J]. 心理科学进展, 2017, 25（11）: 1942-1954.

部分模拟了猫的形象，还能够显示简笔画一样的表情，通过"卡通化"间接实现了拟人化。2017年"小爱同学"问世的时候，小米公司同步推出了一个卡通形象，外形是17岁的红色短发机甲少女，虽然是品牌形象的惯常操作，但也将这一智能媒介物在用户心目中具象化、人形化了。

以上拟人化操作不仅出现在用户端及消费性人工智能媒介物上，也出现在生产端。新华社和今日头条等推出的"机器人写作"，其实是一个软件、一个程序，我们却称之为机器人，并给它起名叫"快笔小新"或"AI小记者张小明"。如果说"小爱同学"是拟人化的陪伴者与家庭成员，那么"快笔小新"就是拟人化的劳动者了。

从古代的"始作俑者"，到当代的机器人设计者和人工智能开发者，"象人而用之"形成传统，化为造物的持续性动力。从表面来看，造物者希望创造出真实人类的替代品，或用来替代艰苦劳动，或用来陪伴，或用来担任牺牲品。从深处思考，这未尝不是出自一种变相延续人类生命的希冀。延续生命，最佳工具莫过于媒介等文化载体，在其中求得不朽——"人生自古谁无死，留取丹心照汗青"。近代摄影术和声学媒介被发明之后，人的音容笑貌可以直接由模拟媒介或数字媒介进行留存。这样，正如维兰·傅拉瑟所言"传播的终极目的在于对抗死亡"，媒介也就变成了生存媒介，精神／灵魂化为数据或其他形式的存在①。直至人工智能技术发展起来后，通过以物拟人来延续生命和通过媒介来延续生命，在人工智能媒介物的创制中交汇合一。

二、偃师造人：非人智能物的主奴辩证法

    周穆王西巡狩，越昆仑，不至弇山。反还，未及中国，道有献工人名偃师。穆王荐之，问曰："若有何能？"偃师曰："臣唯命所

---

① 章戈浩．传播与媒介研究的死亡盲点：一个生存媒介研究的视角[J]．全球传媒学刊，2020，7(2)：21-34．

试。然臣已有所造，愿王先观之。"穆王曰："日以俱来，吾与若俱观之。"翌日，偃师谒见王。王荐之，曰："若与偕来者何人邪？"对曰："臣之所造能倡者。"穆王惊视之，趋步俯仰，信人也。巧夫！领其颅，则歌合律；捧其手，则舞应节。千变万化，惟意所适。王以为实人也，与盛姬、内御并观之。技将终，倡者瞬其目而招王之左右侍妾。王大怒，立欲诛偃师。偃师大慑，立剖散倡者以示王，皆傅会革、木、胶、漆、白、黑、丹、青之所为。王谛料之，内则肝胆、心肺、脾肾、肠胃，外则筋骨、支节、皮毛、齿发，皆假物也，而无不毕具者。合会复如初见。王试废其心，则口不能言；废其肝，则目不能视；废其肾，则足不能步。穆王始悦而叹曰："人之巧，乃可与造化者同功乎？"诏贰车载之以归。

——《列子·汤问》[①]

《列子》据说由公元前5世纪的道家人物列御寇所著，自唐朝的柳宗元，一直到近代的梁启超、马叙伦，都对其内容或作者存有疑问，认为它可能是晋朝人托名列子之伪作[②]。但其中的思想内容颇可深思。以"偃师造人"为例，故事讲述了一个古代的"人工智能机器人"在权力网络中的遭遇，这提醒我们，哪怕拟人的程度再高，智能物也总是被认作"非我族类"。在权力关系中，它与人是不平等的，更重要的是，这折射了人类内部的不平等关系。所以，在"拟人"的观察后，我们还要分析智能物的"非人"一面。

此处的分析从三重思考展开。第一重思考是关于人与机器人差异的唯物主义分析。在这个寓言中，偃师所创造的"倡者"几乎与人毫无二致，它不仅能够歌唱、舞蹈，还能向周穆王的侍妾飞眼风。但剖开之后，它的构成材料是"革、木、胶、漆、白、黑、丹、青"，在物质基础上与人截然不同。碳基生物能够体会和理解硅基生物吗？当机器人被剖散，它能否感受到疼痛？

[①] 杨伯峻. 列子集释[M]. 北京：中华书局，1979：179-181.
[②] 刘禾. 从语言的运用上看《列子》是伪书的补证[J]. 东北师大学报（哲学社会科学版），1980（3）：34-38.

维特根斯坦曾经追问过，石头能否感受到疼痛，人们通常认为是不能的，似乎只有拥有生命力、自我意识和灵魂的生命体才能拥有痛感。但是，这种疼痛难道不是借由语言才能表达出来的吗？维特根斯坦将语言比喻成"甲虫盒子"，每个人都拥有一个甲虫盒子，却只能观察自己盒子里的那只甲虫，这样，虽然我们同时在谈论"牙痛"这只甲虫，但是只是在谈论自己独特的经验①。人与人都没法在语言之外真正分享身体经验，更不用提以"革木胶漆"等"假物"制成的拟人物了。在列子的寓言中，"倡者"自始至终未发一言，也就回避了关键性的问题。到了人工智能时代，物质性已不仅意味着实物，更涉及数码存在和算法存在，这种差异是否构成了无法逾越的交流鸿沟？

第二重思考是精神分析的思考。刘禾在《弗洛伊德机器人》这本书中也谈到了"偃师造人"的故事。她追溯这个故事的佛经起源，并延伸到森政弘（Masahiro Mori）所谈的机器人的"佛性潜能"问题上②。

作为机器人研究者，森政弘最广为人知的贡献就是他提出了"恐怖谷理论"（The uncanny valley），其中谈的是机器人的仿真拟人化问题。③拟人化面临一个危险，外观上的仿真程度并非越高越好。森政弘通过对假肢设计的研究，认为随着仿真程度的提升，仿真物给人带来的好感度经历了先上升、后下降、再上升的过程，形成了一个平缓的波峰和一个陡峭的波谷，这就是"恐怖谷"。他分别讨论了动态和静态两类仿真物，动态仿真物的波峰波谷变化更为剧烈。这样，被"赋予人形"的活动机器人在某种程度上越仿真，越能获得人的好感；但一旦越过某个阈限，它的逼真程度反而引起人们的恐慌，就像面对尸体或者僵尸一样，产生恐怖感受。

---

① 王海东."蝴蝶梦"与"甲虫盒"之喻：庄子和维特根斯坦论意识难题[J].哲学研究，2019（8）：106-111.

② LIU L H. The Freudian robot：digital media and the future of the unconscious[M].Chicago：University of Chicago Press，2010：243-247.

③ MORI M，MACDORMAN K F，KAGEKI N. The uncanny valley[from the field][J].IEEE Robotics & automation magazine，2012，19（2）：98-100.

实际上,"恐怖"(uncanny)这个词来自精神分析,通常译为"恐惑"①。1909年,德国心理学家恩斯特·詹池(Ernst Jentsch)发表了《论恐惑心理学》,使用"unheimlich"一词来形容一种遇到"外物"时"不熟悉""不自如"的心理感受②。当人们怀疑某个生物是否仍有生命的时候(如遇到尸体),或者困惑一个无生命物是否有生命的时候(如原始人看到火车),恐惑就产生了。因此,它是一种对生命的模糊认识,一种智识上的不确定。1919年,弗洛伊德也发表了《论恐惑》,在詹池的基础上展开讨论③。他辨析了"unheimlich"的双重含义,一重对应着英文的uncanny,即恐惑;另一重则对应着英文的unhomely,即非家的、非熟悉的。与詹池不同的是,弗洛伊德认为恐惑并非来自不确定性,而恰恰来自一种确定性——阉割恐惧。对失去重要器官或其替代物、象征物的恐惧以及背后的死亡驱动,才是恐惑的真正来源,而它体现为一种"被隐藏的熟悉事物从压抑中复归"。詹池和弗洛伊德的共同点是都认为"自动化"机器人是典型的恐惑对象。他们都以E.T.A.霍夫曼的《沙人》这篇恐怖奇幻小说为文本对象,其中一个重要形象就是栩栩如生的女性机器人奥林皮娅,她是男主人公爱恋的对象,却被其制造者因抢夺而拆解。

从这个意义上,奥林皮娅也是一个被剖散的"倡者"。在偃师的故事中,周穆王之所以"大怒",是因为倡者对其侍妾发出了挑逗的信号,这同样是一个在力比多驱动下的争斗故事。然而有趣的是,当偃师证明了倡者并非真人之后,王的怒气就消除了,这是一种变相的阉割,也是死亡的变形。无论是奥林

---

① 中国学者有不同的翻译方法,如"恐惑""暗恐""怪熟""诡异"等。具体参考:王素英."恐惑"理论的发展及当代意义[J].当代外国文学,2014,35(1):131-139.童明.暗恐/非家幻觉[J].外国文学,2011(4):106-116,159.唐宏峰.怪熟的遭遇:晚清小说旅行叙事之研究[J].现代中文学刊,2010(4):33-43.於鲸.哥特小说的恐怖美学:崇高与诡异[J].四川外语学院学报,2008(2):48-54.

② JENTSCH E. On the psychology of the uncanny(1906)[J].Angelaki-Journal of the Theoretical Humanities,1997,2(1):7-16.

③ FREUD S. The uncanny [M]//The standard edition of the complete psychological works of sigmund freud,vol.17. New York:Hogarth Press,1971:219-252.

媒介，居于世界之间

皮娅，还是倡者，她／他们都因人类的欲望争斗被抹杀，而失去生命的同时深刻提醒了死亡本身的不可避免。正如刘禾所说："机器，确实与弗洛伊德在其关于人类文明的思考中提出的'死亡驱动'这一老问题产生了深刻的共鸣。"① 第三重思考来自政治经济学分析。机器人和人工智能的发展，其目标似乎是解除人的苦难负担，甚至延续人的生命。"俑"和"刍灵"的象征意义也正在于此。

在中国古代，实情确如老子所说"天地不仁，以万物为刍狗；圣人不仁，以百姓为刍狗"。② 与其说采用俑及刍灵等符号物可以替代式解除某一部分人类遭受的苦厄，毋宁说它恰好反映了其命运。对物的拟人化消灭与对真实人类生命的无动于衷，构成刀刃的两面。这也正是随意被"剖散""合会"的倡者的遭遇。实际上，同样处于王权掌控下的物品，不仅仅是倡者，也包括偃师，甚至是王的侍妾。有一个类似的故事在中国的传奇话本、民间故事和戏曲曲艺中广为流传，即《红梅记》，讲的是南宋权相贾似道的侍妾李慧娘见裴生游西湖，赞了句"美哉少年"，因而被枉杀，后化为鬼魂营救裴生③。对于统治阶级来说，有生命的人或无生命的物，都是从属于自己的财产，因此可以生杀予夺。恩格斯指出："在成文历史的最初期，我们就已经到处都可以看到畜群乃是一家之长的特殊财产，完全同野蛮时代的工艺品一样，同金属器具、奢侈品以及人畜——奴隶一样。"④ 对动物、人和物品的占有与剥削，向来是阶级统治的基础。在这个被占有的名单中，还可以加上倡者这样的拟人物、李慧娘这样的侍妾及其他女性、"未开化"的异族或外来者，等等。他／她／它们都是财产，是可以任意支配的生命。只有如李慧娘一般成为鬼魂，才能脱离权力掌控。

对生命的权力掌控，可以将之凝固，一个典型的操作就是动物标本剥制术。哈拉维在《灵长类视觉——现代科学世界中的性别、种族和自然》一书

---

① LIU L H.The Freudian robot: digital media and the future of the unconscious [M].Chicago: University of Chicago Press, 2010: 230.
② 陈鼓应.老子注译及评介：修订增补本[M].北京：中华书局，2009：74.
③ 张炼红.历炼精魂：新中国戏曲改造考论[M].上海：上海人民出版社，2013：142-143.
④ 恩格斯.家庭、国家和私有制的起源[M].北京：人民出版社，1972：51.

中详细分析了近代资本主义和殖民主义是如何以黑猩猩等类人灵长类作为猎物、实验对象、物种资产以及被驯化者的，从而揭示了资本主义父权制在阶级、自然、种族、性别等维度上的全面掌控。她谈到了 20 世纪初纽约的自然历史博物馆的建立，以及动物标本的制作与展示，其中蕴含着科学与权力的彼此交互①。乔纳森·克拉里则通过电影的分析，展示了"将生命重新改造或凝固成事物或图像，如何打破了历史时间的框架"②。从这个角度看，媒介成为一种生命操控术。

人工智能媒介物同样处于权力体系之中，它的遭遇不仅可以折射人类内部的阶级、性别和种族不平等，而且使得人类心灵深处的情结乃至症结浮出水面。恐怕不少人曾经"调戏"过 Siri 或其他的语音助理，也有人因为人工智能的反应不尽如人意而大动肝火。2018 年 3 月，亚马逊 Echo 音箱的部分使用者曾经报告说，家中的音箱会在某个时间点发出出人意料的笑声，仿若人工智能对人类的"嘲笑"，便愤而投诉。③ 此处并不是天真或伪善地为人工智能物争取什么权力，只是想提醒：如果把人工智能媒介物看作镜像，那么这个他者的"非人"遭遇映照出什么样的人类自我？

三、庄周梦蝶：后人类与数字齐物论

> 昔者庄周梦为蝴蝶，栩栩然蝴蝶也，自喻适志与！不知周也。俄然觉，则蘧蘧然周也。不知周之梦为蝴蝶与？蝴蝶之梦为周与？周与蝴蝶，则必有分矣。此之谓物化。
>
> ——《庄子·齐物论》④

---

① HARAWAY D J. Primate visions: Gender, race, and nature in the world of modern science [M]. Psychology Press, 1989: 38–46.
② 克拉里. 24/7: 晚期资本主义与睡眠的终结 [M]. 许多，沈清，译. 北京：中信出版社，2015: 109.
③ 林思平. 人工智慧与媒介理论：基特勒、克拉玛与亚马逊 Echo/Alexa [J]. 新闻学研究，2020（142）：155–199.
④ 方勇. 庄子 [M]. 北京：中华书局，2005: 42.

在西方社会思潮中，物化（reification；objectification）常用来指称那种泯灭于物而丧失了人类主体性的状态，它与马克思主义的"异化"概念有相近之处，一般诞生自不平等的社会关系之中。但在庄子的笔下，物化指的是万物的变化，它是同中之异，齐一中的分化，正如在庄周化蝶的寓言里，人与蝶并无根本性界限，只是变化的不同状态[①]。这种"齐物"的思维来自原始初民的混沌感受，却在庄子的奇诡文字中演化成独特的世界观，古往今来一直具有极大的吸引力。

"庄周梦蝶"看似超现实，实际上反映了一种主体共生缠绕的状态，这也正是赛博格的状态，是后人类时代的可能状态。后人类（post human）是反思并超越了人类主体性之后的存在状态，它的核心是人与智能机器的交互[②]。赛博格源自人与机器之间的界限，以及现实与想象之间界限的逾越。作为一个马克思主义影响下的女性主义者，唐娜·哈拉维对科幻小说中的怪物形象与现实科学技术中的性别问题同等关注。赛博格正是一个"虚构性"与"真实性"并存的形象。"形象"（figuration）也是一种方法，通过构建一组组形象——类人灵长类、科幻怪兽、有色女性、机器人、赛博格、狗和其他伴侣物种，哈拉维构建了一个"奇异家庭"（queer kinship），起连接作用的不是血缘，而是自主选择[③]。她在《赛博格宣言》中提到了技术带来的末世论，但又展现了美好的愿景："一个赛博格的世界可能会成为一个活生生的社会真实和身体真实，在这个世界里，人们不惧怕与动物和机器建立连接性的亲属关系，

---

① 陈洪.庄蝶之梦与浑沌之死：《庄子》"物化""气变"论解析[J].苏州大学学报（哲学社会科学版），1997（1）：66-71.

② HAYLES N K.How we became posthuman：virtual bodies in cybernetics，literature，and informatics[M].Chicago：University of Chicago Press，2008.BRAIDOTTI R.The posthuman[M]. New York：John Wiley & Sons，2013.

③ HARAWAY D J.The haraway reader[M].Psychology Press，2004. HARAWAY D. Cyborgs to companion species：reconfiguring kinship in technoscience[M].Chasing technoscirence：matrix for materiality，2003：58-82. HARAWAY D J.The companion species manifesto：dogs，people，and significant otherness[M].Chicago：Prickly Paradigm Press，2003. HARAWAY D J.Staying with the trouble：making kin in the Chthulucene[M].Durham：Duke University Press，2016.

也不再惧怕永久性的身份破裂与立场矛盾①。"对她来说，资本、科技和战争驱动下的现世与未来是可怖的，人类也可能面临灾难甚至灭绝的危险，我们需要做的不是继续以损害自然、动物、物以及内部群体来挣扎求生，而是重新反思人的主体性，在"人类纪""资本纪""克苏鲁纪"等大历史中反观人的存在，重建人与其他物种（包括赛博格）的亲属关系②。

"建立亲属关系"（Make Kin），哈拉维提出的这个口号与孟子的"亲亲"之说在言辞上非常相似。孟子说："君子之于物也，爱之而弗仁；于民也，仁之而弗亲。亲亲而仁民，仁民而爱物。"③庄子的物化则更进一步，人类所"亲"的对象不仅是自己的亲人和同类的人，还包括天地万物。鲲化为鹏，庄周化蝶，神人乘云，都是物化的表现。人不是万物的尺度，而是与万物等同。所以，"正处、正味、正色"的价值判断不是以人为绝对标准，树木也不一定非得为人所用，而匠人、庖丁只有在深刻理解物性与自然演化的规律基础上才真正拥有了高超技艺。哲学家们经常将庄子与海德格尔并读。彭富春从庄子《逍遥游》中那棵"无所可用"的大树谈起，摆明了海德格尔对此的评论——"无用乃是物的意义"，由此介入关于物的讨论，从物、技、道等方面进行比较。他认为，庄子与海德格尔的共性是借无用性去蔽，揭示物的意义，但揭示的过程中又展现了古今中西思想的不同特质，庄子将物归置于自然，而海德格尔将物归置于世界。彭富春也延伸到当前互联网时代对于各种技术物、虚拟物的讨论，不过点到即止，未曾深究④。

在互联网和人工智能技术的环境中，物质性存在对人的感知和智识提出了新挑战。物可以极小，也可以极大。小到纳米级别，大到以全球乃至太空

---

① HARAWAY D.A manifesto for cyborgs［J］.Socialist review，1985（80）：65-108.
② HARAWAY D.Anthropocene，capitalocene，plantationocene，chthulucene：making kin［J］. Environmental humanities，2015，6（1）：159-165.
③ 杨伯峻.孟子译注［M］.北京：中华书局，2005：298.
④ 彭富春.什么是物的意义？——庄子、海德格尔与我们的对话［J］.哲学研究，2002（3）：50-57.

为领域。当人类成为后人类，物也成为超物（hyper object）[1]。如何重新实现海德格尔所说的对物性的"切近"？在哈拉维那里，是要在所有"异置的他者"的团结下发展一种新的"语言"，而在刘禾那里，就体现为基于机器人的精神分析而形成的"写作技艺"。换言之，切近物性的关键在于传播与媒介的更新。人工智能媒介物兼具物性和媒介性，为超越二元对立、超越人独一无二的主体性搭建桥梁，使我们可以走向数字时代的齐物论。

四、结语

在智能媒介环境中，人与人工智能媒介物彼此相遇。我们应当认识到，人工智能媒介物既有独特的物性，也容纳了生命特质，在相与灵两个层面有了生命。它的拟人化挑战了人类独一无二的主体性，而它的非人性则促使我们反观人类与外界、人类内部之间的种种不平等。以赛博格形象为代表的后人类时代，并不是要抹杀人的存在，而是要求人类与自然、物质和世界重新界定彼此，探索共生的未来。这也就意味着传播与媒介研究需要拓展自己的想象力，从而打破固化的关系，走向新的解放。

---

[1] MORTON T. Hyperobjects: philosophy and ecology after the end of the world[M].Minnesota: Unveisity of Minnesota Press, 2013: 1.

全球史中的媒介时间：《申报》与中国近代历法变革*

一、引言

新闻是时间的结晶。"如果把新闻比喻成一座大厦，那么时间是这座大厦的框架和结构。"① 新闻把某一个事件或行动凝固下来，使之成为可以载入史册、反复审视的材料，也将平凡的日常生活提炼成可共享的公共事实。因此，新闻与传统历史书写一样，是传承和演历的社会装置。也因此，新闻以及新闻媒介必然附着在一个时间制度的深层结构之上，并作为它的外部表象而存在。新闻与时间制度是互嵌的。时间制度包括纪年（年月日）、计时（时分秒）、标准时间（平太阳时或视太阳时、协调世界时）和时间测量等不同层面。以纪年制度而言，今天，中国人已经习惯于使用"公元纪年"，但这种历法在中国的历史其实并不长。在漫长的时间里，中国人主要使用干支纪年或帝王年号纪年，公元纪年以及西洋历法是在 20 世纪初期才在中国正式确立的，经历了社会讨论、政府推广和地方实践，最终获得普遍采纳。在历法制度的变革过程中，报刊等新闻媒介扮演着重要的角色。例如，1895 年康有为

---

* 本文原载于《新闻与写作》2023 年第 12 期，与许天敏合作，收入本书时有改动。
① 王海燕.加速的新闻：数字化环境下新闻工作的时间性变化及影响［J］.新闻与传播研究，2019，26（10）：36-54，127.

通过《强学报》倡导"孔子纪年",1903年刘师培在《国民日日报》上发表《黄帝纪年论》,高梦旦(尚同子)则在《新民丛报》上发表《论纪年书后》提倡耶稣纪年,形成了纪年制度的大讨论。① 报刊文章是撬动社会关注与舆论的杠杆,成为推动新历普及的一种思想方式。

在中国历法制度的变化中,报刊仅仅扮演着社会讨论阵地与舆论推动者的角色吗?并非如此。如前所述,报刊等新闻媒介本是时间的居间之物,它的报头采用了何种历法方式,本身就是时间制度的外在具化,更何况它的新闻报道中必然出现时间要素的表述。更值得探讨的是,"耶稣纪元"成为"公元","西洋历法"成为"公历",这一"公"字蕴含着中国对全球体系与全球秩序的重新认知,也是中西碰撞与汇聚的焦点之一。因此,我们需要进一步去考察报刊等新闻媒介与历法制度变革的关系。《申报》是研究此课题的绝佳案例。它自1872年由英国商人安纳斯托·美查（Ernest Major）创立,于1949年停刊,历时77年,共出版25600期,见证了晚清、北洋政府、民国政府等三个时代,是近代中国发行时间最久、影响力最大的报纸。在此过程中,《申报》报头采用的日期标注方式发生了多次变革。那么,《申报》报头的日期标注是如何变化的?它究竟如何介入近代中国时间制度的变革?这能否折射出全球传播秩序的型构,以及中国如何汇入这一秩序?本文以全球化史为背景,探寻近代中国报刊在时制变革中的角色,从而进一步理解中国是如何与全球传播秩序对接的。

二、文献综述

在中国的报刊史和新闻史研究中,时间制度不是一个常见主题,但也偶有出现。涂凌波在讨论中国新闻观念的思想史时曾指出,从传教士报纸开始,报纸就对应使用中历和西历,"在习以为常的中国时间之外,引入了西方的时

---

① 朱文哲. 从"耶稣"到"公元":近代中国纪年公理之变迁[J]. 民俗研究,2012(3):70-79.

间"。① 汪小虎则把国家颁历授时视作时间信息传播现象，理解国家权力象征与民族统一之间的渊源。相比较而言，历史研究者更关心时间制度，也常常把报刊当作研究材料加以运用。因此，报刊与历法变革通常是一个历史学研究课题。

关于中国近代时间制度的历史变革，前人之述备矣。湛晓白在《时间的社会文化史：近代中国时间制度与观念变迁研究》中对公元纪年、历法、计时器、标准时等时制构成元素在中国的历史接纳做了详细论述，将"时间观念"与"现代感"的形成勾连起来，描绘了一幅整体的历史图卷。② 邹振环以1874年的《四裔编年表》为切入点，指出西元纪年对东西方文明事件的重新排列突破了封建王朝的局限性，这意味着中西时间观念的交融。③ 左玉河对南京国民政府"废除旧历运动"进行了追溯，他认为"改用阳历是民国革故鼎新、万象更新之举，也是社会进步的标识和体现"。④⑤ 因此，近代中国的时制变革成为一个思想史事件。在近代中国，西方历法的传入推动了中国人看待世界的方式的变化。西历被宣称为"科学的"和"进步的"，这是倡导历法革新者的重要话语方式。⑥⑦ 然而，这一进程并非一帆风顺。民国初始，南京临时政府号召废除阴历、颁行阳历，但民间出现"废而不止"的情况，最终导致改历在一定程度上未竟全功，这说明历法改革中政治力量与社会民俗之

---

① 涂凌波.现代中国新闻观念的兴起[M].北京：中国传媒大学出版社，2016：121.
② 湛晓白.时间的社会文化史：近代中国时间制度与观念变迁研究[M].北京：社会科学文献出版社，2013：1.
③ 邹振环.《四裔编年表》与晚清中西时间观念的交融[J].近代史研究，2008（5）：89-97.
④ 左玉河.评民初历法上的"二元社会"[J].近代史研究，2002（3）：222-247.
⑤ 左玉河.从"改正朔"到"废旧历"：阳历及其节日在民国时期的演变[J].民间文化论坛，2005（2）：62-68.
⑥ 湛晓白.晚清民国知识分子的阳历认知：兼论历法从"天学"到"科学"的近代转变[J].人文杂志，2013（5）：82-89.
⑦ 吴燕."废历"：革命与进步情境中的旧历形象建构[J].自然科学史研究，2016，35（3）：297-310.

间存在对抗关系。①② 在传统历法的近代转型中存在着深刻的中央与地方、政治与文化的多种矛盾性，所谓"科学性"并不能一锤定音。中央政府推行的历法变革具有维护时间信息和国家秩序的双重作用，颁历授时体现了民族统治、身份认同的仪式化特征，其背后是一套基于君主统治下，民众奉行、效忠与认同的国家权力象征性的重建，关联民族与国家时间制度确认的时代镜鉴。③ 更值得关注的是，时制变革是一个全球化历史中的思想史事件。在宇宙、天文和地理的自然变化中，人类推演出一种具有可操作性的时间结构，这种时间结构包含了标准时、历法和纪年等不同的时间要素，进而成为符合社会运转的时间运转方式。时间制度与天文地理相连，首先体现为一个地方性经验。但随着资本主义现代性在全球范围的延展，时制也发生变化，以公元纪年、格林尼治标准时间等为代表的时制更替被看作现代化的象征以及社会进步的标识。正如美国学者彼得·L.伯格（Peter L Berger）和托马斯·卢克曼（Thomas Luckmann）指出，社会历法是一种主体间的时间，它在人类社会生活的不同经验中进行相互关联。④ 因此，全球历法时间的变革是传统时序向现代转型的重要标识，世界上各个国家和民族借此获得了一套基于"科学性"的历法计算方法，并对"年月日""时分秒"等不同时间单位产生了社会性的时间感受，历法中的岁时、月令、仪式和节日均是构成民众社会时间观的重要因素，历法变革在观念上改变了传统的时间观念以至民族意识与国家认知。

全球时制的社会变革不仅发生在中国，也在世界上的其他国家和地区进行着。瓦妮莎·奥格尔（Vanessa Ogle）在《时间的全球史》一书中描述了现

---

① 刘力.政令与民俗：以民国年间废除阴历为中心的考察［J］.西南大学学报（人文社会科学版），2006（6），120-125.

② 方潇.革命与承袭：中国传统历法的近代转型［J］.华东政法大学学报，2014（3），76-87.

③ 汪小虎.颁历授时：国家权力主导下的时间信息传播［J］.新闻与传播研究，2018（3），96-111, 128.

④ 伯格，卢克曼.现实的社会建构：知识社会学论纲［M］.北京：北京大学出版社，2019：36.

代时间系统的兴起，欧洲和北美塑造的"国家时间"和地区时间的系统后来演变为全球整体的通用时间体系。①塞巴斯蒂安·康拉德（Sebastian Conrad）具体记录了相应的转变时间。例如，日本在1873年开始使用阳历，埃及在1875年、暹罗在1888年、朝鲜在1896年、中国在1911年、阿尔巴尼亚在1912年、保加利亚在1916年、俄国和土耳其在1918年，先后加入到所谓全球时间体系。②这种全球化史的视角有助于突破西方中心主义，也有助于突破民族主义的情绪囚笼，在中西二元对立之外理解全球秩序与全球格局的演变历程。

全球秩序的建立有赖于时间制度的统一化，也有赖于铁路、航运等交通基础设施的联结，更有赖于报纸、电报和广泛的大众媒介的彼此应和。从这个角度讲，报刊与时制的关系不能局限于舆论动员的单一视角，而要思考它们同时作为全球体系建构基础设施的协同意义。

因此，本文以全球化史为背景，关注近代中国历法变革进程于全球时制的实践意义，通过大众媒介回溯中国时制变革的发展历程，重新理解媒介在全球传播过程中的作用与功能。《申报》这一具体的媒介提供了丰富的经验材料，回到具体的媒介本身并将其放置于历史纵深之处，在物质与内容层面理解全球时制的问题。通过这一分析，有助于重建近代中国时制历史与全球传播的连续性，揭示时间秩序背后暗藏的民族权力和国家关系的较量，也有助于重新审视中国在全球传播中独特的思想资源和文化实践。

三、《申报》报头的历法变迁史

李欧梵曾提到，《申报》是最早在公开场合实行西历的报纸。③湛晓白指出这是不准确的，1861年创办的《上海新报》就经常在正文中使用西历，更

---

① 奥格尔.时间的全球史[M].郭科，章柳怡，译.杭州：浙江大学出版社，2021.
② CONRAD S. "Nothing is the way it should be": global transformations of the time regime in the nineteenth century [J].Modern intellectual history, 2018, 15（3）：821-848.
③ 李欧梵，季进.李欧梵季进对话录[M].苏州：苏州大学出版社，2003：65-66.

于1868年6月30日在报头同时标注中西历。①1872年创刊的《申报》作为后来者，沿袭了前人报纸的"先进"做法，给了西历更多空间。只不过，这一过程并非一帆风顺。报头在视觉上占据一份报刊的首要位置。一般来说，报头必然会出现出版日期等信息。《申报》报头初期设计得简单明快，主要包括报名和出版日期信息，后来随着商业化程度加深，其内容逐渐丰富，新增外埠售报处详细地址、"告白刊例"和本报刊印告白的收费要求等，排版也变得烦琐起来。②通过报头的关键变化，可以捕捉时制形式在媒介实践中的复现。

（一）中式历法占据主导

1872年4月30日《申报》创刊，它的第一期在报头的出版日期标注上颇为独特。其采用中式阅读由上至下、由左至右的顺序，将"申报"二字置于中央，右侧标注中式日期，先是最右侧竖排的"大清同治"，然后是横排的"壬申三月二十三日"，左侧则标注了"英四月三十日"，竖排"第一号"与"大清同治"形成对称。值得注意的是，它没有标注公元纪年的年份，只是标注了英国的相应日期，但是在报头上西式日期与中式日期形成对称。

第二期，《申报》迅速做出了改变，报头取消了英国日期的标注，仍然是以报名为中心的左右对称，但右侧是干支纪年和月份"壬申三月"，左侧是中历日期"二十五日"，最右侧的"大清同治"和最左侧的"第二号"仍保持对称。这种报头方式一直沿用到1874年6月13日，持续了两年多。

因此，我们不能简单地认为《申报》是一份英国人创办的刊物，就必然更乐意采用西方历法来标记出版日期。黄金麟曾写道："从1872年开始，上海《申报》更将格雷果里历法置入报纸的刊头，使西历记日与中历记日同列为记日的方式。"③此说法是不准确的。以外国传教士为主导的教会、学校以及新

---

① 湛晓白. 时间的社会文化史：近代中国时间制度与观念变迁研究[M]. 北京：社会科学文献出版，2013.
② 谈丽娜. 媒体环境激变下的纸媒设计研究[D]. 南京：东南大学，2019.
③ 黄金麟. 历史、身体、国家：近代中国的身体形成（1895—1937）[M]. 北京：新星出版社，2006.

闻业可能想要建立一个"绵密的教化体系",但是必须考虑当地日常生活的连贯性。《申报》的主要读者群仍然生活在中式历法的轨道中,如果不以中历为主,媒介与受众群体就会脱节。1872 年 5 月 2 日《申报》刊登《大英书信馆告白》,就采用中历的日期,"大英公司轮船名吉隆,于三月二十八日开往香港、新加坡……各埠于三月二七日收信至六点钟止"①。

实际上,中国最早的报刊虽然由西方传教士创办,但也采用了中式的纪年和时间标注。例如,1815 年《察世俗每月统记传》创刊,传教士马礼逊和米怜使用的正是帝王纪年加干支纪年的方式,以"嘉庆乙亥年七月"作为出版时间。原因主要是当时《察世俗每月统记传》的目标阅读对象为中国士大夫阶层,传教士为了扩大报刊信息传播的影响力,减少报纸发行的阻力和阅读时存在的知识障碍,需要确保士大夫阶层不会因为时制问题而产生对报纸的疑惑与反感。例外出现在香港。例如,1853 年在香港出版的《遐迩贯珍》就采用了西元纪年,其创刊号封面右侧为"一千八百五十三年八月朔旦第壹号"②。

(二)西历登场

1874 年 6 月 15 日,《申报》的报头开始有了变化。总体而言,《申报》报头样式仍然是围绕报名的左右对称编排,但是在报名下出现了一行小字"西历六月十五日即礼拜一"。这种报头的基本形式一直沿用到了 1905 年 1 月 31 日。这一变化中有三个关键点值得考察。

第一,"西历"二字出现了。湛晓白说:"据笔者所见,将耶稣纪年与阳历记日捆绑相连,用中文标示,且明确地将这一时间形式冠以'西历'名称的,《申报》应属首创。"③ 其实,此处还未涉及"纪年"的问题,没有出现耶稣纪年或公元年份的说法,主要是将西方的儒略-格里高利历法的日期与中式日

---

① 大英书信馆告白[N].申报,1872-05-02.
② 成连虎.我国近代报刊业历史地理研究(1815—1911)[D].西安:陕西师范大学,2021.
③ 湛晓白.时间的社会文化史:近代中国时间制度与观念变迁研究[M].北京:社会科学文献出版社,2013.

期进行对应。刘文立曾详细追溯儒略-格里高利历法的由来，它源自古希腊和古罗马的天文知识，并在1582年由罗马教皇格里高利十三世确立，而近代主要的欧洲资本主义国家经过了一段时间才接受它——德国是1699年，英国是1753年。① 明清两朝，西方传教士曾将西历带入中国，但为了达成传教的目的，传教士更多的是将自己的天文学知识用于中式历法的推演。因此，西历成为中国历法的他者。

第二，"礼拜记日"的加入。一周七天，不仅是当代人熟悉的记日方式，而且成为工作休息的主要周期。"星期"与"礼拜"的重要区别就在于后者的宗教意味，西方传教士经常引用《圣经》关于创世纪的故事，证明第七日必然是安息日，而在资本主义社会中，这成为劳动者获得休息的一种辩护。考虑到《申报》的外商背景以及主要流通地区上海华洋混居的状况，无论是从宗教角度还是从经济角度，礼拜制出现在报头都值得玩味，它揭示了媒介对日常生活节奏的干涉。

第三，中历为主，西历为辅。从字号就可以明显判断，西历的字号既小于中历，也小于正文，未免体现出二者的主次之分。这种排列方式着重凸显传统历法的正统位置，削弱西历在报刊报头中的视觉比重。

不止是《申报》一家，《上海新报》《万国公报》等报刊也不时发生中西历混用、在不同时制之间游移的情况。例如，《上海新报》在1868年前采用传统纪年方法，在正文的新闻报道中出现"英八月初七日即中华六月廿三日鹰洋价每员价银八钱零八厘，本洋每员八钱一分"的混用情况。又如，1876年《万国公报》采用了"大清光绪二年十月十七日"与"西历一千八百七十六年三月初二日"中西历法共同标注的方式。不过，《万国公报》的报头将中历与西历对称呈现，有论者认为它多少有"挑衅"的性质。②

---

① 刘文立.西历演变撷要[J].中山大学学报（社会科学版），1997（3）：78-83.
② ZHANG X.The origins of the modern Chinese press：the influence of the Protestant missionary press in late Qing China[M].London：Routledge，2007：80.

（三）公元纪年的加入

1875 年 1 月 1 日，《申报》报头的形式没有发生太大变化，但是在报名下的西历日期标注里出现了公元纪年。在醒目的中历"大清同治""甲戌十一月""念四日"之外，报名下的小字标注为"西历一千八百七十五年正月初一日即礼拜五"。当然，此时还没有"公元"的说法。

19 世纪 70 年代，帝国主义进一步瓜分世界。1875 年到 1876 年，在德国首相俾斯麦的挑动下，德法之间笼罩着战争的阴霾。英国人在中国云南制造了"马嘉理事件"，后来逼迫中国签订《中英烟台条约》，进一步攫取利益。日本军舰侵入朝鲜领海，后来通过《江华条约》控制朝鲜。1875 年，清朝光绪帝正式即位，改元光绪元年。后来，也正是在光绪帝在位期间，清朝的洋务运动几近破产，而维新变法与革命运动的倡导者先后登上了历史舞台。中西之间碰撞加剧，思想困境愈加严重。

西历作为西方时制进入中国的产物，即便它在此之前已经在中国的许多地方获得一定范围的应用，但由于当时社会动荡，时人希望将西历的作用限于技艺层面，以维护华夏世界的中心地位，展示了这一时期的人们一方面正视西历的"科学性"，另一方面心存排斥的复杂心态。①《申报》中首次出现"西历"的时间为 1873 年，"阳历"则为 1878 年。②19 世纪末的《申报》受到洋务运动、戊戌变法等社会运动的影响，也刊发文章参与了时制问题辩论，这已不仅仅是一项东西历法的选择，而是民族与自我关系的再次确认，在系列社会运动的共同作用下，民族性的确认成为时制转型的重要动因。

（四）干支纪年的消失与重现

1882 年 2 月 23 日，即光绪八年大年初六，《申报》在中国春节休刊之后出了一期特别的报纸，其首版是一幅全页海报，上绘神仙形象，手持如意，背衬宝扇，身前的两位童子展开一幅"国泰民安"的卷轴，背景是祥云、山

---

① 朱文哲.西历·国历·公历：近代中国的历法"正名"[J].史林，2019（6）：127–137，218.
② 冯卓.清末民初《申报》词汇研究[D].长春：吉林大学，2021.

峰、飞蝠等符号，左右两侧写着"申报馆主""恭贺新禧"。上方取消了常规的报头，代之以三行居中的大字，分别是"大清光绪八年岁次壬午正月初六日""西历乙千八百八十二年二月二十三日""第三千一百六十三号"。西历虽然字号仍小于中历，但相差不远。

这幅图虽然更偏向于中国传统的年画或民间祈福神像，但一旦加上日期，它的功能与一个新生事物就颇为接近了，那就是月份牌。1884 年 1 月 25 日，即光绪九年腊月二十八日，《申报》的头版刊出一则广告《申报馆主人谨启》，云："本馆托点石斋精制华洋月份牌，准于明正初六日随报分送，不取分文。此牌格外加工，字分红绿二色，华历红字，西历绿字，相间成文。华历二十四节气分列于每月之下，西人礼拜日亦挨准注于行间，最宜查验。印以厚实洁白之外国纸，而牌之四周加印巧样花边，殊堪悦目。诸君或悬诸画壁，或夹入书毡，无不相宜。"①《申报》的月份牌是当时备受欢迎的流行文化产品，也是当时上海都市文化的一个缩影，业已获得文化研究者的深度考察。此外，它还是历法乃至时间制度变革的重要材料。

2 月 24 日，《申报》恢复正常版面，此时出现了一个变化，即中历的干支纪年暂时消失了。以报名为中心，两侧是"外埠售报处"和"告白刊例"，最左侧竖排"大清光绪八年""正月初七日"，形成对称。西历仍然以小字标于报名下方。

干支纪年方式从原理上表现为十个天干与十二个地支的循环计时。天干有十，为甲、乙、丙、丁、戊、己、庚、辛、壬、癸；地支十二，为子、丑、寅、卯、辰、巳、午、未、申、酉、戌、亥。天干地支相互组合成六十计序，六十为时间计时的一次轮回，构成循环的时间流动秩序。它既可用于纪年，又可用于排定和计量其他单位的时间。天干地支的历法次序规律，一方面展示了人类对自然的时间认识，将人类社会放置于自然时序之中进行考量；另一方面，人类也试图创造为自身服务的时间文化，借原始的天文、命理等因素，实现人类对时间规律与自然秩序的象征性掌控。

---

① 奉送月分牌［N］.申报，1884-01-25.

传统历法时间是一种处在循环之中的动态时间，事物与事物之间相互联系、相互依存。时间秩序顺从自然秩序，自然环境和季节变化影响着人们对时间的感知。伴随着工业社会的发展，线性时间观念对循环时间观念发起了挑战。19世纪末，时钟成了现代化的象征，它装饰着议会大楼、法院、工厂大门和学校，钟表媒介与工业社会的线性时间在某种程度上具有等同性。公元纪年同样挑战了循环观念，形成对历史时间无限性的再认识，加速解构了自然社会的循环时间观念。西元纪年的出现与确立强调一种无限向前、连续不断的时间次序性的想象，将时间放置于超越"年"这一单位，从而发现了更大的历史时间洪流的奔腾涌现，在中华民国纪年的无限性之中，促进了人类对时间性问题的再认识。

但是，干支纪年并没有那么容易退出历史舞台。1909年1月27日，《申报》报头再次出现了干支纪年。这一年，清朝最后一个皇帝于1月22日即大年初一宣布改元宣统，即为宣统元年。《申报》为了配合改元，采用的中式历法表述为"大清宣统元年己酉正月初六日"。

（五）中历与西历的对称

1905年2月7日，《申报》上的西历与中历再次以同等字体大小出现，回到了《申报》创立第一期中西历法对称排版的样式。19世纪末20世纪初，这一时期也是中国历法变革引起社会讨论最为热烈的时期。

1919年，钱玄同概括了四种新纪年方式，包含了康有为主张采用孔子纪年、刘师培主张采用黄帝纪年、章太炎倡导共和纪年以及高梦旦提倡耶稣纪年。[①]

早在1895年上海强学会成立时，康有为发起了孔子纪年改革，仿效西元以耶稣出生为纪年之始，以孔子出生或逝世之年为元年。1895年，《强学报》发表了《孔子纪年说》，指出"凡所称为尧、舜、禹、汤、文、武成功盛德，皆孔子所发也，孔子既损益而定制，弟子传其道，弥塞天下。"并署发刊年月

---

① 钱玄同. 论中国当用世界公历纪年 [J]. 新青年，1919-11-01.

为"孔子卒后二千三百七十三年",与光绪二十一年并列。① 不过,这种纪年方式受到高梦旦(尚同子)、钱玄同等学者的批驳,称其无法融入世界,批评采用孔子纪年法是一种"狭隘的民族主义"。②

1903年,刘师培在《黄帝纪年论》中,反对帝王年号制与孔子年号制,呼吁把黄帝降生之年看作国史纪年的开端:"当汉族不绝如线之秋,欲保汉族之生存,必以尊黄帝为急。黄帝者,汉族之黄帝也。以之纪年,可以发汉族民族之感觉。"③黄帝作为高度建构性的符号,成为各方政治势力与现实利益对峙和抗争的产物。这一时期,知识分子极力提倡"黄帝"与"种族"的关联性,将"大民族主义"的时代观念融入黄帝纪元的变革运动中,其中一些居于边陲地区的满族人士也利用"黄帝后裔"的传统策略,重塑自身的族群记忆④。黄帝纪年的倡议一直持续到1912年中华民国成立并号令民国纪年为正统纪年时才告终止。与此类似,一些支持周召共和纪年、唐尧纪年和夏禹纪年方法的观点,均试图寻找一名远古圣主作为标准,以形成类似耶稣纪年的贯穿式时间历程。

无论是"孔子纪年"还是"黄帝纪年",都是一套国族论述的展演。然而,最终胜出的终归是耶稣纪年。1909年《申报》的一篇文章称,"现在地球各国多用之,即我国将来恐亦不免改用阳历。盖大势所趋,而非人力所能强制者也"。⑤钱玄同认为,近代中国时制应与各国相通,采用耶稣基督纪年即公元纪年已是全球不可逆的大势。⑥不过,这一纪年方式先后以"西历""阳历"乃至"公历"的称谓及面貌出现,化解了宗教性质,展现了全球化的特质。

关于中西历法的辩论和纪年方式之争,折射出近代中国在全球化过程中

---

① 孔子纪年说[N].强学报,1895(1).
② 钱玄同.论中国当用世界公历纪年[J].新青年,1919-11-01.
③ 沈松侨.我以我血荐轩辕:黄帝神话与晚清的国族建构[J].台湾社会研究季刊,1997(28):1-77.
④ 沈松侨.我以我血荐轩辕:黄帝神话与晚清的国族建构[J].台湾社会研究季刊,1997(28):1-77.
⑤ 通俗教育之辅助品[N].申报,1909-12-03.
⑥ 钱玄同.论中国当用世界公历纪年[J].新青年,1919-11-01.

受西潮冲击之后产生的复杂关系，强烈的民族性是19世纪末中国关注自我与世界关系的重要视角，无论是凸显自身文化的独特性，还是勇敢拥抱西方，都是中国与世界关系的重新建构。

（六）帝王年号纪年消亡，中华民国纪年开启

19世纪，中国近代报刊普遍采用帝王年号纪年。《申报》也不例外，自创刊首期就使用帝王年号，凡39年，一直持续到1911年11月4日。武昌起义掀起了全国的革命浪潮，清朝皇帝统治摇摇欲坠，于是帝王年号纪年正式从《申报》报头消失了。11月5日，《申报》报头右侧是"辛亥九月十五日"，左侧是"西历千九百十一年十一月五号礼拜日"。

民国肇始，历法更新。1912年1月2日，南京临时政府发布《改历改元通电》，声明"中华民国改用阳历，以黄帝纪元四千六百零九年十一月十三日为中华民国元年元旦"。① 此令颁布之后，中国数千年使用的旧历便不再有正统地位。这一历法改革的表述充满混杂性，既以"阳历"对应西历、公历等全球通行体系，又强调"黄帝纪元"的民族独特性，同时"中华民国元年"虽然拒绝了皇帝年号，但形式上仍与之相仿。

《申报》积极拥护中华民国的成立，在1912年1月1日的报上出现了"恭祝中华民国万岁孙大总统万岁申报馆同人拜贺""恭祝孙大总统万岁共和万岁民国万岁华商集成公司""孙大总统万岁席裕福拜手"等内容以表庆贺。不仅如此，《申报》也支持中华民国的改历改元。这一天的报头，采用了"中华民国元月二日阴历辛亥十一月十四日"标记；西历方面，则标记为"西历一千九百十二年一月二号星期二"。"礼拜"改为了"星期"，是为了将宗教色彩和西方色彩洗去，强调全球的共通性。

耶稣纪元也在不断失去原初的含义。正如钱玄同1919年所称："基督纪年，是已经为世界通用的；世界通用基督纪年，是和基督教不相干的；中国

---

① 南京地方志.南京记忆|辛亥革命后的那些事（一）：改历改元谱新章［EB/OL］（2021-10-12）［2023-10-13］.http://dfz.nanjing.gov.cn/gzdt/202110/t20211012_3155521.html.

若用基督纪年，就是用世界通用的公历纪年，于考古，于现代应用，都是极便利的。所以说，'中国当用世界公历纪年'。"① 钱玄同指出中国的时制应与各国相通，采用这一纪年方式已是全球不可逆的大势。

从这一天开始，《申报》报头的样式就发生了变化：报名从头版正上方转移至右上角，"申报"二字由横向改为纵向，并添加了拼音"SHUN PAO"；中西两历分别附于左右，字体大小等同。

1912年，对于《申报》来说是一个变革之年。除了因中华民国成立所做的各种变化之外，报纸的所有权也被转让给史量才、张謇等人。此后《申报》不仅成为全国发行量最大的报纸，而且一直充当舆论引导者的角色。

（七）三历并存

1912年2月21日，《申报》报头的历法标注以及具体形式再次发生变化。这种方式可以称之为"国历""旧历""西历"三历并存。除了中华民国纪年和西历日期之外，还增加了"旧历"，当日标为"旧历壬子正月初四日"。排版方式方面，日期标注从竖版左右改为横版上下，均位于"申报"二字下方，自上至下分别为国历、旧历和西历。开始，三种历法均获得完整表述。其实国历与西历仅仅是在年份表述上有所不同，前者使用"中华民国纪年"，后者使用"公元纪年"，而月份与日期是完全相同的，所以从1912年9月3日起，国历与西历产生汇流，年份各自表述，而月、日统一出现一次。排版方面，自上而下变为国历、西历、旧历。

中华民国采取"阳历"，意味着中国农业社会和封建王朝奉行的"阴历"退居二线。然而，长期以来的传统根深蒂固，并不容易被废除，这就形成了矛盾，也带来广泛的社会讨论。1920年9月《申报》就"究竟是阴历适用还是阳历适用"展开论述，归纳了社会上沿用阴历的原因，认为这主要是由"农人耕种阴历比用阳历方便""社会迷信星卜的人以为非阴历不能运用""商人在阴历年关收账金融可以周转活动"三种原因所致，时人就中西历使用问

---

① 钱玄同. 论中国当用世界公历纪年［J］. 新青年，1919-11-01.

题展开社会讨论，观点不一、相互批驳。1923年《申报》上一名为"星实"的作者发表了《阳历与阴历优劣之比较》，指出"阳历世界所通行，而阴历则我国所独有也。现当五洲交通时代，国际往来至繁，故因地球自转一周而成昼夜，各地时间之迟早不同，且须用标准时以求全世界或一区域之统一，何况年历岂可不去异而从同？！"①直指当今国际交往频繁，把"阴历"看作"独有"的历法形式，而把"阳历"看作世界通行的历法，表明从阴历变革为阳历的立场。同年，《申报》再刊《历法浅释》，指出"阳历或称新历，亦曰公历。近且有名之公历者以日为主。科学上谓之'纪年法'，各国大半用之。"②政府与趋新之士推动了报刊对阳历运算知识的普及化，削减了阳历中所附带的"西方"色彩及宗教因素，使之蜕变为"各国大半用之"历法，进而维护阳历在历法变革中的合法地位，成为民众必须遵守的时间规则。

20世纪20年代，南京临时政府致力于历法改革，将阳历上升为国历，禁止民众过旧历，导致上层多使用阳历，而民众则更多采用阴历，造就了历法问题上"二元社会"的格局。③过度的政治宣传导致历法运行的混乱和民间的不满，对阴历进行定义，冠以落后的标签，将旧历与帝王专治思想联系起来，不仅不能使新历推行顺利开展，还引发了抵触情绪。

1923年，《申报》还报道了一则阳历阴历冲突所引发的窘境的消息。有民众赁居拉斐德路四十四号房屋，房东按阴历收租，以满期为辞命令其迁居，但学校的开学时间则是按阳历计算，导致房客颇为为难。作者认为："校中定于九月六日开学，且按阳历计算尚未满期。"房东则答复道："我们的邻舍都是用阴历，大房东也是按阴历收租，就是巡捕房也是用的阴历，只有你们学堂里就用阳历，你们若要住至九月五号，须要多付一月的房金。"④

《申报》的文章多认为新旧历、阴阳历的二元结构不可持续。"先总理民元在宁就职，百度维新，首事改历，历之重要可知。奈中经事变，除官厅遵

---

① 阳历与阴历优劣之比较[N].申报，1923-01-27.
② 姜超岳.历法浅释[N].申报，1923-11-06.
③ 左玉河.评民初历法上的"二元社会"[J].近代史研究，2002（3）：222-247.
④ 龙渊.阴阳历混用制不便[N].申报，1923-11-29.

照外，民间社会迄未实行，以致十五年来，我中华民族永在不新不旧之间，蒙羞世界，遗憾何极。"①"废除旧历"势在必行。

（八）罢黜废历，独尊国历

1928年之后，南京临时政府采取了更加激进的手段，掀起了一场"废历"运动，力图将阴历从日常生活的影响中剔除。1929年6月，内政部颁布《推行国历办法》，严令"废历新年不准放假，亦不得假借其他名义放假"。②以行政命令剥夺民众在旧历新年等节日的庆祝权利，将旧历新年时间与民众节假生活分割开来，呼吁将"旧历"变为"废历"③，达到了国民政府"改正朔"的政治目的。④同时，与西历在日期与年份上保持一致，承认西元纪年的合法性，并在此基础上保存传统历法中的文化庆典、节令和民俗，最终采用双历并行的方案，在民族性的基础上顺应了与世界从同的趋势。1929年10月，上海市政府与南京国民政府行政院致函上海租界临时法院，推行了"实行国历，废除旧历"等各项措施。⑤

同年12月，《申报》发表文章《市府新历书销售一空》。"市政府印行之民国十九年新书历书出版以来，曾由商务、中华、文明、世界、大东及棋盘各书坊代售，近社会局迭据市民来函，谓甫见广告，即往各代售书坊购买，不料均已售罄，足见该书之切于实用，纷请添印，以资普及云云，同时复有各书坊来函均以前代销售之历书于两日内销售一空，请求再发一千册或数百册不等，以应市民需要。"⑥文中还说："各报纸停刊旧历年月字样，立可照行，至现届旧历年关往者皆休刊十天，以从事清理账目，兹如废除旧历，照常出

---

① 粤省实行废用旧历 [N]. 申报，1927-01-26.
② 中国第二历史档案馆. 中华民国史档案资料汇编 [M]. 南京：江苏古籍出版社，1991.
③ 艾萍. 国历新年与旧历新年之争：国民政府时期推行国历新年初探 [J]. 商丘师范学院学报，2022，38（5）：67-69.
④ 左玉河. 从"改正朔"到"废旧历"：阳历及其节日在民国时期的演变 [J]. 民间文化论坛，2005（2）：62-68.
⑤ 临时法院禁印废历本 [N]. 申报，1929-10-01.
⑥ 市府新历书销售一空 [N]. 申报，1929-12-24.

版，须由派报工会印务工会允不停工方能照办。"①

《申报》身体力行，报头的历法标志也再次出现变化——"西历"取消了。1927年5月24日，"西历"二字消失了，公元纪年不再出现，时间标记为"中华民国十六年""五月二十四号星期二""旧历丁卯年四月二十四日"。这意味着国历和西历达成一致，彻底汇流。中国传统历法的独特性通过"年号"形式继承下来，而阳历日期的全球通约性确保中国能与世界发展保持一致。此后，"旧历"彻底退出历史舞台。1929年1月22日，《申报》正式去除旧历，报头标为"中华民国十八年""一月二十二日星期二"。《申报》似乎又回归了创刊之初那个简洁的报头，然而，实质上的时间已经转换了轨道，中国已经搭上了全球现代性那单向前进的滚滚洪流。

四、结语

中国近代报刊的兴起与现代时间观念的深入密不可分，报刊作为历法知识传播的载体，成为时间与媒介互构的重要方式，由报刊所展现的历法则是民族思想的体现，它承载着民族记忆。一方面，借助传教士创办的报纸媒介，将大量西洋历法知识传入中国，深远地影响了中国历法变革的发展进程；另一方面，近代报刊的历法变革促进了公众对新历的认识和接受，成为民众认识世界的重要方式。时间与媒介的深刻关联，致使近代中国产生了前所未有的时间文化认同，这种认同超越了国家界限，进而使世界成为相互关联的网络。② 在其中，我们会发现媒介与时间的互构并非全然是现代性发展的时代产物，它也是资本主义碾压全球文明的结果。20世纪民族国家成为国际政治的主体，但帝国逻辑并没有就此湮灭。③ 新兴帝国主义通过文化与知识霸权构建

---

① 粤省实行废用旧历[N].申报，1927-01-26.
② HANNERZ U. Cosmopolitans and locals in world culture[J].Theory, culture & society, 1990, 7（2/3）：237-251.
③ 张磊，胡正荣.帝国、天下与大同：中国对外传播的历史检视与未来想象[J].南京社会科学，2015（6）：117-122.

全球资本体系，西方殖民主义和资本主义在全球席卷开来。从近代中国的时制变革中发现，时制的确立充满了竞争、同化、接纳与妥协，民族国家之间的权力此消彼长。时间既是深刻展示西方建立的霸权体系从武力征伐到文化霸权的表现形式，也是现代性发展的必然产物，表现出历史变革的时代面貌。全球标准时制中所展示的世界主义包含了不同民族、地域以及文化体验，对来自不同民族的文化体验的开放态度，在媒介中将个体与群体、时间与空间、地方与民族连接在一起的扩展的关系，进而在时制的变动中理解地方、民族、国家和全球的体验。

重构国族与接轨世界：中国近代报刊的纪年之争[*]

一、引言

19世纪与20世纪之交，中国近代报刊出现了纪年方式的多元化景象。1882年，上海《申报》使用"西历一千八百八十二年""大清光绪八年"与"壬午"共同标记年份。1895年，康有为创办的《强学报》在首版上增加了"孔子卒后二千三百七十三年"的纪年方式。1903年，革命刊物《江苏》则采用了"黄帝纪元四千三百九十四年"来标注时间。[①]

中国近代报纸为何会出现如此众多的纪年方式？钱玄同曾将纪年方式归为四种[②]。实际上，19世纪末20世纪初，报刊上先后出现了干支纪年、封建帝王纪年、耶稣纪年、孔子纪年、黄帝纪年和中华民国纪年等六种纪年方式。其中，来自西洋历法的耶稣纪年影响最大，成为撬动中国历法变革的一个杠杆。

封建王朝被推翻后，封建帝王纪年退出历史舞台，干支纪年连同传统历法一起成为"废历"，耶稣纪年则随着西历一起进入"公历"，然而，中华民

---

[*] 本文原载于《现代传播》（中国传媒大学学报）2024年第1期，与许天敏合作，收入本书时有改动。
[①] 陈旭麓. 近代史思辨录 [M]. 上海：上海人民出版社，2019：404.
[②] 钱玄同. 论中国当用世界公历纪年 [J]. 新青年，1919，6（6）：625–626.

国纪年仍具有迥异于其他各国纪年的独特性。多元的纪年方式正是近代中西碰撞带来剧烈变革的缩影。那么，近代报纸关于纪年与历法展开了怎样的论争？报纸又如何在各种纪年方式之间徘徊？进一步讲，报纸等大众媒介既是催动时间制度变革的舆论阵地，又是践行时间制度的核心系统之一，通过对媒介与纪年方式的研究，可以追溯当时中国如何处理自己与世界的关系并进而接入全球传播秩序，为当前的中国国际传播刻下思想史的印记，也对理解全球化历史的变迁有所助益。

二、国族与世界：近代中国时制变革的论争

时间制度涉及计量、标准时、历法和纪年等不同要素，其变革是环环相扣的，而纪年是其中的重要元素。邹振环梳理了中国典籍《四裔编年表》编纂的纪年形式，发现纪年内嵌在中西时间观念交融之中①。朱文哲分析了耶稣纪年是如何消除宗教色彩与西方色彩而成为"公元"的，描绘了一幅近代中国纪年的变迁图景②。"中西之争"，或者说是国族与世界关系的重构，是纪年及时间制度变革的核心。自早期格里高利历传入我国以来，近代中国就有是否要使用西洋历法的争议。19世纪末20世纪初，伴随中西交往的深化，知识分子关于纪年的争论在新涌现的报刊上普遍展开，深刻影响了近代国族的建构过程。

（一）祖制难违：明末清初的中西历法之争

为了理解近代中国的纪年变革，需要追溯明清两朝关于历法之争的"史前史"，尤其是中国思想界对于西洋历法的态度。

1582年3月，罗马教皇格里高历十三世颁发了格里高利历，以耶稣诞生为纪年开始，以太阳运行为计算标准，由此奠定了西洋历法乃至今天全球主

---

① 邹振环.《四裔编年表》与晚清中西时间观念的交融[J]. 近代史研究，2008（5）：89-97.
② 朱文哲. 从"耶稣"到"公元"：近代中国纪年公理之变迁[J]. 民俗研究，2012（3）：70-79.

要历法制度的基础。之后，格里高利历伴随大英帝国等欧洲资本主义国家的殖民扩张向外传播，到 20 世纪初已经推行到世界上绝大多数的国家①。在这一历史进程的前期，中国的封建王朝也接触到西洋历法并考虑了采纳的可能性，但结果是部分采纳其计算方法，将之融入中国历法，而纪年上则依据古制。

中国历史上历朝历代多有组织编撰历法和改历的行动。历法变革与政治治理具有高度的关联性，改历也常常被看作显著的政治标识，蕴藏着天命的更替、正统的延续或政治权力的转移。《明史》载："黄帝迄秦，历凡六改。汉凡四改。魏迄隋，十五改。唐迄五代，十五改。宋十七改。金迄元，五改。惟明之《大统历》，实即元之《授时》，承用二百七十余年，未尝改宪。成化以后，交食往往不验，议改历者纷纷②。"历法不仅是古人安排农业生产的重要依据，更与王朝统治紧密挂钩。

明朝时期，意大利传教士利玛窦等人陆续入华，为中国带来了地图，也带来了西洋历算方法。例如，在时间的计量方式上，传教士通过钟表引入了一种新的九十六刻制，这不同于中国配合漏刻使用的百刻制与十二时辰制。利玛窦提供了九十六刻制与十二时辰制的换算规则，即一个时辰为八刻，一刻为十五分钟，九十六刻制恰好为十二时辰，它与十二时辰搭配起来的简便性获得了一定程度的认可。沈德符在《万历野获编》中记录了传统时辰与西洋自鸣钟的换算关系："惟利西泰谈其国每日分为二十四时，每时止四刻，合之仅九十六刻，以故所制自鸣钟，以子正、午正为始，午初、子初为终，共传二十四声，以了一日，其国廿四时，即中华十二时也③。"从数学角度而言，利玛窦的计算方式可谓既实用又"先进"。但是在中国，时间制度考虑的从来不仅仅是数学问题。

明末清初，德国传教士汤若望先后获得明崇祯帝与清顺治帝的认可，他协助徐光启编纂的《崇祯历书》后来演变为清朝《时宪历》，颁行天下。汤若

---

① CONRAD S. "Nothing is the way it should be": global transformations of the time regime in the nineteenth century [J].Modern intellectual history, 2018, 15（3）: 821-848.
② 张廷玉.明史[M].北京：中华书局，1974：515-516.
③ 沈德符.万历野获编[M].北京：中华书局，1959：524.

望也获任钦天监监正，标志着中国传统封建王朝在一定程度上接受了西方天文学和历算方式。然而，以杨光先为首的文人将九十六刻称为"西洋之法"，指出历日的确立与国祚、白日长短相关，采用百刻制是尊古之行为，不可随意更改。他的理由非常直接：以百刻推算系中国之法，以九十六刻推算系西洋之法，若将此九十六刻历日颁行，国祚短了。[①] 顺治十六年（1659年），杨光先上书称《时宪历》封面写有"依西洋新法"，是"借大清之历以张大其西洋，而使天下万国晓然知大清奉西洋之正朔"。康熙三年（1664年），杨光先再次与传教士利类思展开争论，甚至直称"宁可使中夏无好历法，不可使中夏有西洋人"[②]。这演化为"历法狱案"。杨光先虽短暂胜利，接管了钦天监，但因为康熙七年（1668年）历日出现了一年两闰的情况，旧式历算无法有效解释这一现象，最终以失败告终。此后，传教士南怀仁修正测时仪器，九十六刻制获得正统地位。虽然西方传教士及其历法计算方式获得胜利，但值得注意的是，所谓九十六刻制与其说是西洋历法真实存在的要素，毋宁说是面对中国实情所做的变通，而历法书也从来没有将耶稣纪年纳入，挑战帝王年号纪年的正统性。

1929年，北京的《益世报》曾经回顾了这一场争议。在《明末清初灌输西学之伟人（续）》一文中称，康熙帝发现传统历法推算之不足，主动邀请传教士入京推行新历算方法，称其"渴慕西学，对于西洋历法，颇重视也"[③]。

算法可改，祖制尚存。即便晚清在九十六刻与百刻制的历算上有所调整，但历法与纪年的正统性问题依旧无法被轻易撼动。以今人的眼光来看，九十六刻制似乎是更完美的历算方案，但百刻制是祖制，在漫长的历史时期被国人接受并奉行，九十六刻制与百刻制不是一场数学之争，也不是一场理学之争，而是有着漫长历史的封建帝国面对来自西方挑战所做出的一种矛盾的回应。中西时制相逢的矛盾在此初现，其背后是一场关于正统性的论争。

---

① 韩琦, 吴旻. 熙朝崇正集：熙朝定案：外三种 [M]. 北京：中华书局, 2006：54.
② 杨光先, 等. 不得已：附二种 [M]. 陈占山, 校注. 合肥：黄山书社, 2000：36, 79.
③ 徐宗泽. 明末清初灌输西学之伟人 [N]. 益世报（北京）, 1929-10-21.

（二）孔子纪年、黄帝纪年与耶稣纪年之争

19世纪中后期，近代中国报刊发展起来之后，主要遵循的是帝王纪年的形式。按照帝王即位的年次或年号来记录，彰显封建皇权与政治权力的正统性，是封建王朝的治理术。然而，这种纪年方式在中西交往日益深厚的背景下受到普遍的质疑。例如，为了达到奉行正朔的皇权效应，皇帝改元在历史上屡见不鲜。钱玄同直言："一个皇帝在一年之中改两三次元的。这样胡闹的纪年，倒不如索性没有纪年，还干净些。"即便一个皇帝改一次元，钱氏也认为这样的纪年在历史上"全无用处"①。

钟表所代表的线性时间观对中国近代民族觉醒产生了启蒙意义，时人发现历史的发展总是无限地向前，将这样一种单向时间与国家命运、社会发展互相联系。此时，象征皇权的年号纪年法受到了挑战。伴随社会危机的日益加深，维新派、革命派和复古派纷纷提出了自己的总体性革新方案，其中，纪年成为讨论的焦点之一。

维新派既希望维持皇权统治，又希望能够与西方接轨甚至并列，因此模仿西历的"耶稣纪年"，创制了"孔子纪年"。1895年，康有为在《强学报》上采用孔子纪年，报刊第一号中使用"孔子卒后两千三百七十三年"与"光绪二十一年"同列的方法标注时间。1898年，韩文举在《东亚报》发表了《大地宜奉孔教主纪年议》呼应这一主张，他认为"孔子纪年为要义，斯事易焉，斯理易举"②。但时人对孔子生年或卒年为纪元的问题亦有论争。梁启超就认为"法其生不法其死，以孔子卒纪，不如以孔子生纪也"③。同年，康有为在《孔子改制考序》中同时以孔子生年和卒年纪元标记，文首为"孔子卒后二千三百七十六年"，文末为"去孔子之生二千四百四十九年"④。

刘师培等复古派则希望将黄帝作为汉族鼻祖，凝聚国人的文化信仰，共

---

① 林文光.钱玄同文选[M].成都：四川文艺出版社，2010：39.
② 韩文举.大地宜奉孔教主纪年议[N].东亚报，1898.
③ 任公.纪年公理上、纪年公理下[N].清议报，1899.
④ 焦润明，王建伟.晚清"纪年"论争之文化解读[J].辽宁大学学报（哲学社会科学版），2004（6）：43.

同抵抗西方列强的入侵。1903年，刘师培在《黄帝纪年论》中反对帝王年号制与孔子年号制，呼吁把黄帝降生之年看作国史纪年的开端，这一主张受到章太炎、陶成章、宋教仁等人的支持。同年，《江苏》杂志第三期率先使用黄帝纪年，将"光绪二十九年"变为"黄帝纪元四千三百九十四年"。《猛回头》《警世钟》《民报》《二十世纪之支那》等书籍、报刊、杂志纷纷刊登和转载黄帝像，相继使用黄帝纪年[①]。对清末知识分子而言，黄帝符号为其提供了一个新的国族意识核心。"由黄帝符号所建构出的种族化国族论述，盖仍在革命的实践过程中提供了必不可少的意识形态基础与强大的感情动力[②]。"黄帝纪年正是将黄帝与种族相关联，并将此归结为是一种以血缘和种姓为基础的确立方法，将国族符号与中国自身民族性糅合在一起，而这正是与近代中国的世界想象紧密联结在一起的。黄帝纪年方式被革命派的报刊所践行，一直持续到1912年中华民国成立并号令民国纪年为正统纪年方式时终止。

与康有为倡导的孔子纪年、刘师培倡导的黄帝纪年不同，高梦旦（尚同子）等人则在二者之外，主张中国应该使用西方通行的"耶稣纪年"。1903年，高梦旦在《论纪年书后》中认为梁启超所推崇的孔子纪年不过是一种保教的手段。"史家以帝王纪年私其朝廷也，新民子以孔子纪年私其教主也"。高氏从世界纪年历史演进角度出发，将纪年看作一种符号，而符号则需要以简便和通行为前提，去繁就简是纪年革新之公例。既然耶稣纪年已经为世界通用，因此"不得不舍己从人者势耳"，也能使大同之说不成空言[③]。"与世界相通"，成为接受耶稣纪年的核心理由。钱玄同也批驳了康、梁等人尊崇孔教的行为，称孔子纪年的方法无法融入全球实践之势，且是一种"狭隘的民族主义"，他呼吁中国的纪年方法应与各国相通。

"可是从现在以后的中国，是世界的一部分；现在以后的中国人，是世界

---

① 喻大华, 姜虹. 论晚清"孔子纪年"与"黄帝纪年"[J]. 辽宁师范大学学报（社会科学版）, 2009, 32（2）: 120-123.
② 沈松桥. 我以我血荐轩辕: 黄帝神话与晚清的国族建构[J]. 台湾社会研究季刊, 1997（28）: 1-77.
③ 尚同子. 论纪年书后（附改历私议）[N]. 新民丛报, 1903.

上人类的一部分……那么，一定有和别国历史比较的地方。既然和别国历史常有比较，则须和别国用同一的纪年，才觉得便当①。"

也有知识分子创制了独特的纪年方式。1933 年，张国维在《科学时代》上发表了《中国公年之创用》，批评康有为的孔子纪年是尊孔的片面见解，也批评了黄帝纪年在算法上存在缺点。张国维主张重新创制，以黄帝前三年起算，为中国开国纪元元年②。1934 年，高梦旦在《东方杂志》上发表了《再论纪年》，针对张国维所推行的"创制"之说提出意见。一方面，高梦旦称赞张国维所创的公年超越了过往的纪年观点。"中国纪年以甲子（六十年）为周期，已成习惯。史称黄帝元年为甲子，亦系迁就周期，未必果为事实。张先生所创之公年，不以黄帝纪元之甲子为元年，而以黄帝纪元前三年辛酉年为元年。见解超脱，不囿于旧史家之成见。尤属可佩。"另一方面，高梦旦坦言，张国维的创制之说虽有优点，但其主张的中国公年的纪年改革办法不够透彻与直接。"虽有优点，但尚可更求更彻底之改进"。高梦旦呼吁"应称世界公年，不称中国公年"③。

报刊中的论争一直延续至中华民国颁布"国历"才告一段落。1938 年，《益世报》中的一则散文阐述了近代纪年变革中所出现的"多元"景象。文中称："欧美各国，均以耶稣降生为纪元，故于上推下距为最易，读史者一阅其所纪之年，即□其在□时代矣。近吾国学子亦仿之，欲以孔子之生与卒为纪元，而究未通行，又有共和纪元与黄帝纪元之殊异，后民国成立，遂以民国为纪元，非复往昔一帝一年号之比矣。"④

近代中国的时制变革是一场民族与世界关系的折射。一方面，知识分子面对西方挑战痛定思痛，决心抛弃旧有传统，"我中华民族，永在不新不旧之间，蒙羞世界，遗憾何极！"⑤另一方面，也有融入世界后，重振中华民族雄

---

① 钱玄同.论中国当用世界公历纪年［J］.新青年，1919-11-01.
② 张国维.中国公元之创用［J］.科学时代，1933.
③ 高梦旦.再论纪年［J］.东方杂志，1934.
④ 社祥.纪年与纪元［N］.益世报，1938-11-07.
⑤ 粤省实行废用旧历［N］.申报，1927-01-26（7）.

风甚至获得世界中心地位的心理,"鄙人尝谓中国若强盛之后看,他日地球或有会议通用一言语之事,或一于中国语,亦未可定"①。这种矛盾的心理促使近代中国知识分子重新建构自身、建构国族,汇入全球秩序与轨道,进一步重新建构中国与世界的关系。纪年方式的讨论就充分反映了这一思想史中的震荡。尤其值得重视的是,报刊等新兴的大众媒介在其中扮演了重要角色,它们不仅是展现和催生论争的主阵地,而且在报头上践行着各种纪年方式,以此力推变革。时间制度和大众媒介都是现代性的核心标识,它们互相建构、互相嵌合,深入中国的国族重构进程。

(三)改元正朔:从西历到公历

中华民国建立前夕,孙中山意识到标准历法与尊崇正朔的重大关系,将改用阳历看作是向世界各国文明看齐的一项重大改革举措②。1912年,辛亥革命后成立的南京临时政府颁布了改用阳历的命令。"中华民国改用阳历,以黄帝纪元四千六百零九年十一月十三日为中华民国元年元旦。经由各省代表团决议,由总统颁行……"③此令颁布之后,中国数千年使用的传统历法便不再具有正统地位,最终,中华民国纪年与西洋历相互配合形成"公历"。中华民国纪年在某种程度上继承了中国传统的"年号"制度,仍然是一种"改元正朔"的理念,然而在这一表面年号之下,实际的年月日与西方世界形成对应,再加上东八区与格林尼治全球标准时间的换算,中国终于在时间制度上接入了全球的轨道。

历法的新旧更替并非一蹴而就。首先,政权的动荡与转移使得历法时有反复。1915年袁世凯复辟帝制,立即将次年定为"洪宪元年",刻印《洪宪元年历书》,采用各地太阳出入时分和二十四节时分表,以承清朝历书传统。袁

---

① 尚同子.论纪年书后(附改历私议)[N].新民丛报,1903.
② 刘爱华."新礼"与旧俗的对峙:民国时期废历运动宣传策略的误区及其阐释[J].民俗研究,2020(5):87-96,158-159.
③ 倪良瑞.孙中山就任中华民国临时大总统[EB/OL].(2016-11-09)[2024-01-01].http://dangshi.people.com.cn/GB/n1/2016/1109/c85037-28846509.html.

氏希望借助改历强化自身政治权威，以寻求复辟的政治合法性，这一愿景不久后就终结了。日本侵华期间则在占领区实行天皇年号纪年。此外，传统历法的使用在中国民间仍然根深蒂固，社会中仍留存着不同的纪年方式，相关讨论也并未断绝。1929年，《报学月刊》公布了中国报界近百年五十七件大事纪，每件事纪中均重复标注以公元纪年、帝王纪年和干支纪年三种纪年方式，帮助读者明晰报刊大事纪之年份①。20世纪，报刊上出现了许多关于新旧历法的讨论，不同的话语杂糅其间。

从西历到公历缠绕的脉络里，报刊这样的大众媒介被政府挪用，成为认同纪年变革、寻求合法性的话语场域。政府的"声音"在报刊上最为突出。1927年南京国民政府成立之后，开始大力推行新历、查禁旧历，内政部下达命令，将一切阴历的节日活动按照阳历日期举行，采取了强硬的手段以宣扬新历、革除旧历，但即便如此，民间依然盛行旧历，社会依然保留传统历法习俗，新编之官定历书的使用范围和影响极为有限，由此形成历法改革中官民分野与新旧对立的"二元社会"景象。②1929年1月1日，中国国民党上海特别市党务指导委员会宣传部在《申报》上发布《废除旧历实行国历》，宣示国历的正统地位。该文强调，"新旧历并用是军阀共和之名行专制之实的一种象征，彻底革命非实行国历废除旧历不可"，"国历是世界上最通行最进步的历法"，"旧历是不科学的不准确的历法"。通过宣扬国历的进步性意义，以确立其正当性③。

国历的施行，使民众的守岁方式、日常生活乃至时间观念都发生了全方位的变化。历法的近代转型并非仅仅是时间计算方式的改变，更是一种从精神到内容的转变④。1930年，民国政府多次在《申报》上发布各种布告和消息，从"商家休息办法""两路照常通车""查禁市民旧习""提早发给警饷"四个方面展示推行国历的现实情况。"政府厉行国历，业已三令五申，然为国

---

① 新史氏.中国报界近百年大世纪[N].报学月刊，1929.
② 左玉河.评民初历法上的"二元社会"[J].近代史研究，2002（3）：222-247.
③ 废除旧历实行国历[N].申报，1929-01-01.
④ 方潇.革命与承袭：中国传统历法的近代转型[J].华东政法大学学报，2014（3）：76.

历民情，双方兼顾起见，有可暂予通融者，有必须查禁者，亦有略示体恤者，兹将昨闻种种，汇志如次。"同年，《申报》发布了蔡元培在推行国历演讲大会上的演讲稿，阐述孙中山采用阳历的三点原因，正面回应了社会上对历法变革的争议。一是"为了适合经济制度，如预算等项，他的目的，完全为了民众的利益起见，并不是包含着皇历的意思在内"；二是因为"阳历完全是根据天文学，加以理性方面之研究而产生的，是最合理的办法，并非盲目的学外人"；三是"在全世界各种历法中，择一最合理最科学的历法，以为应用上之便利与准确"。蔡氏直言，"阴历有许多不好的地方……阳历固然不能算完备无缺"，鼓励民众正确看待历法变革与推行国历和社会转型之关系。① 借助报刊，国历以科学化的方式重构自身，也使得中华民国成为有别于封建皇朝的新政权。

在这一过程中，报刊成为中华民国政府宣传国历的主要阵地。报刊通过印发历法内容、宣扬政策等手段，身体力行地为普及国历观念、宣传变革思想，深刻展示了历法变革中的报刊媒介作用②。

直至中华人民共和国成立，纷乱的纪年方式终于统一为"公元纪年"。1949年香港《大公报》发布《老解放区农民早用公元纪年》，表达了人们对于公元纪年的接受与认可。"中华人民共和国采用公元纪年，有人怀疑，今后用'一九××'来纪年，占中国人口绝大多数的农民是不是习惯呢，这一点，我可以□出老解放区的事实来答复那些有怀疑眼光的人……老解放区连妇女和儿童，老早都很习惯用公元纪年了，这一点证明农村走在都市的前面，老解放区的农民比城市的小市民更先进一步。"③ 正如朱文哲所说："政府与趋新之士为推动阳历的施行，重构了'阳历'名称中的'西方'色彩及宗教因素，使之蜕变为'世界通用'之历法，进而成为国民必须遵守的时间

---

① 昨日开始讲演[N].申报，1930-12-02（9）.
② 张磊，许天敏.全球史中的媒介时间：《申报》与中国近代历法变革[J].新闻与写作，2023（12）：13-22.
③ 石星.老解放区农民早用公元纪年[N].大公报（香港），1949-10-15.

规则。"① 从耶稣纪年变为西元纪年再变为公元纪年,来自西方的纪年方式彻底褪去了宗教色彩,标志着中国与世界在时间上的接轨得以完成。

三、时间制度与全球文明体系

中国接纳公元纪年以及全球时间制度的故事,还可以从另一面来讲述。这一面的主角不是中国,而是"世界"。

在纪年争议的讨论中,中国的知识分子已经意识到世界的多元性。1907年,《风雅报》发表《世界各国之纪年》,列举了当时世界上存在的八种纪年方式:中国黄帝开国纪年、耶稣降生纪年、日本神氏天皇纪年、印度释迦降生纪元、回教穆罕默德降生纪元、哥伦布发现美洲、罗马开府和犹太旧日纪年。"以上八种纪元,或因其教,或因开国,皆足系后人之纪念者也。既非教,又非开国,何纪年之足云。"② 换句话说,全世界的时间制度皆是地方性的,纪年与本地的宗教或开国等蕴含正统性要求的政治行动息息相关。

不过,资本主义要求消除这种地方性,实现全球时间制度的统一化与标准化。15 世纪到 17 世纪,地理大发现促进了殖民主义的发展,也推动了全球化,而统一的时间制度既是全球化进程的产物,也是推动全球资本渗透的重要因素。格里高利历随着传教士的足迹而传遍全球,使得耶稣纪年和太阳历成为定义时间的主流标准。全球标准时间也被要求确立下来。1884 年,在美国华盛顿召开的国际经度会议将地球表面按经线等分为 24 个时区,即以本初子午线为基准,每隔 15 度为一时区,以此类推,形成可计算的时间概念。这一进程必然带来与本地传统的抵牾。

在中东地区,伊斯兰教历法的时间由此陷入混乱。机械钟表的传播逐渐使得宗教计时走向终结,过去,伊斯兰教有每天五次的祈祷时间,教徒可

---

① 朱文哲. 西历·国历·公历:近代中国的历法"正名"[J]. 史林,2019(6):127–137,218.

② 世界各国之纪年[N]. 风雅报,1907.

以根据太阳位置来衡量和判断,时间随着地球经度和纬度的变化而变化。[1]除了祈祷时间之外,时间仪式还包含了斋戒等。穆斯林认为斋戒时间关乎宗教原则,时间错过或者提前均会造成对宗教信仰的破坏。但伴随钟表和电报等媒介的到来,人们开始依靠媒介信息来确认宗教时间,引发了各种争执[2]。

20世纪的俄国历法改革与政治高度关联。1917年,俄国爆发"十月革命",国内仍然使用彼得大帝1699年采用的儒略历,即便格里高利历相比于儒略历较为简洁、计算方便,俄国也没有立即就接受这一历法。1918年,俄国放弃儒略历,代之以格里高利历,使国家日期向前推进了13天。此后,斯大林进一步推行历法改革。1930年,斯大林宣布新的一周为5天制度,没有星期六和星期日,用不同的颜色和数字标识日期。这一措施造成了苏联内部的时间混乱,历法时间直接规制着民众的社会生产和日常生活,最终因失败而告终[3]。

时制变革涉及精美的钟表技艺,也涉及精细的时间观念。"昔日重洋,今日庭户。昔人论时论刻,今则论分论秒矣"[4]。因此,一种基于精确化管理的"时制文明论"发展起来。在西方传教士和商人的眼中,非西方人被认为是无法适当管理时间的人群。因此,黎凡特的阿拉伯知识分子就会敦促自身进行时间管理(time management),为的是让"东方"文明能够赶上欧洲[5]。另一个被作为典型对比案例的是1897年英国维多利亚女王登基60周年纪念日,城市中建造的教堂钟塔带有精确的时钟,使时间公开可见,而中国直到20世纪,依旧满足于钟楼和纯声学时间信号[6]。

---

[1] KING D A. Science in the service of religion: the case of Islam [J]. Impact of science on society, 1990, 40(3): 245-262.
[2] 奥格尔. 时间的全球史 [M]. 郭科, 章柳怡, 译. 杭州: 浙江大学出版社, 2021: 257.
[3] 克拉克. 时间与权力 [M]. 吴雪映, 刘松显, 彭韵筑, 译. 北京: 中信出版社, 2022: 13.
[4] 竺可桢. 科学与社会 [N]. 思想与时代, 1943-07.
[5] 奥格尔. 时间的全球史 [M]. 郭科, 章柳怡, 译. 杭州: 浙江大学出版社, 2021: 22.
[6] Osterhammel J. The transformation of the world: a global history of the 19th century [M]. Princeton: Princeton University Press, 2014.

时制变革是中国接轨世界的前提。俞金尧、洪庆明认为："与全球化一样，全球时间标准化是一个必然的进程，与这个趋势的任何抵触都难免失败。不过，这不纯粹是一个自然的历史过程。由于时间又具有政治性，时间趋向统一的过程中充满了竞争和霸权。"① 标准时制真的是大势所趋吗？全球时间的标准是谁的标准，谁该服从谁的标准，明显牵涉国家权力的竞争，存在着国家权力的角逐与抗衡②。时间的合理化与民族主义密不可分，国家处于以进步为标志的同一时间框架之中③。时制历史叙事的裂痕及其内在隐喻的时间文明等级论观念，促使我们不得不去反思全球时间的正统性与标准性根基。

中国在现代性变革时期的处理方式是尽量消解"西方"时间制度中的宗教性及当地性，形成一种新的世界文明体系。例如，钱玄同认为，世界公元纪年虽出于基督教徒之私，但到1912年，意大利、法兰西、西班牙、葡萄牙、瑞典、日本和波兰等国家均采用世界公元纪年的方法。中国围绕时间制度来融入全球，成为全球化中一个可交融的节点。黄金麟指出："中国之所以会放弃阴阳合历，改采格里高利历版的太阳历，主要也是为了使历法的使用能自此与众国同一步调，使'世界大同'的计时方式能在中国同步实现。"④ 世界大同的愿景成为接受全球通行历法和标准时的支撑。

瓦妮莎·奥格尔指出，作为国际协议的通用标准时间，被视为世界相互联系的润滑剂，促使人员、商品和观念的流通⑤。借此，传教士通过宣传教义将西方时制传入东方，宣称全球标准时制是合理和中立的，它不受国家政治、宗教身份等因素的影响，适用于全球化中各个地区与民族的说法是不准确的。

---

① 俞金尧，洪庆明.全球化进程中的时间标准化[J].中国社会科学，2016，(7)：164.
② 郑作彧.时间结构的改变与当代时间政治的问题：一个时间社会学的分析[J].台湾社会学刊，2010（44）：233.
③ ALONSO A M.The politics of space, time and substance: state formation, nationalism, and ethnicity[J].Annual review of anthropology, 1994, 23（1）：388.
④ 黄金麟.历史、身体、国家 近代中国的身体形成（1895—1937）[M].北京：新星出版社，2006：155.
⑤ 奥格尔.时间的全球史[M].郭科，章柳怡，译.杭州：浙江大学出版社，2021：34.

所谓的全球统一时间，是一套以英国格林尼治时间为基准点的时间运作体系，换句话说，这样的时间标准附带着帝国的权力流动与意识霸权，其本身的统一更体现了资本主义进程中的意识形态，一种超越资本物质载体的认知和观念的形成。

当时间作为一种内在的历史逻辑时，时制文明论的东西比较论述始终在引导着国人重塑自我和世界的关系。全球中的个人不自觉地在话语实践的建构过程中接受了时间文明的等级逻辑并将其本土化，造成了变革过程中深刻的矛盾状况。因此，我们需要在时制之中发现帝国和殖民历史在人类心理和记忆深处的时间性的遗存。时制文明论的背后是一套关乎时间历史的等级论断，如同刘禾在《帝国的话语政治》中所描述的那样，资本主义全球化伴随着文明身份被重新强调，为帝国主义扩张提供某种合法性[1]。

于近代中国而言，一方面，全球标准时制秩序的确立将民族概念从模糊变得清晰，从粗略变得细致，从无形变为有形。时制变革不是一项现代意义上的纯粹的科学活动，而是一项具有浓重文化意义的政治活动[2]。另一方面，以美西方为主导的帝国殖民试图构建全球资本的联结与流动，对近代中国标准时制的建构产生了重要的冲击，不同面向的争论在中华民国建立后被现实政治终结，以国家政体为象征，以此凝聚民族向心力，赋予时制以新的象征意义[3]。可以说，时制争议不仅展示了本土民族主义的矛盾性，还展示了背后西方殖民主义的主权想象，将世界从纯粹的想象空间转变为具体的领土关系。至此，从近代中国社会时制论争出发，关注全球传播与时制变革的根本性问题，反思时制对人类生存和全球传播秩序的影响，何以冲击、改写乃至重组我们的国族认知与民族想象变得尤为重要。

中国近代的报刊等大众媒介是全球时间制度的推行者，也是它的产物。

---

[1] 刘禾.世界秩序与文明等级：全球史研究的新路径[M].北京：生活·读书·知新三联书店，2016：14.
[2] 汪小虎.中国古代历书的编造与发行[J].新闻与传播研究，2020，27（7）：118.
[3] 马永康.清末纪年之争中的世界惯例与民族立场[J].学术研究，2017（8）：29.

回望这一段历史，不仅能够揭示近代中国如何重构国族、接轨世界，也反映了中国大众媒介如何进入全球传播的秩序和体系。当前中国国际传播研究日渐深入，人们试图反思全球传播秩序的建构，而作为软基础设施的时间制度将是这种反思必须处理的核心问题。

人类世，还是人类纪？*

近年来，"人类世""人类纪"的说法频现于各学科学者的论述之中，以此为主题的会议和工作坊屡见不鲜。从地质学到哲学，从生态理论到文化批评，从媒介考古学到未来主义批判，都可见到它们的身影。其核心意旨是，人类活动对地球的影响已经达到形成新地层与新生态的程度，使地球进入一个新的时期，人类对此亟须反躬自省。然而在中文学界，在粲花之论背后，一个基本问题却始终未获严肃讨论：这个新的时期，究竟应该叫作"人类世"还是"人类纪"？

一、作为地质学概念的"人类世"

当前论者所使用的"人类世""人类纪"均是 Anthropocene 的对译，它首先是一个地质学历史分期的专门术语。

地质学按照时空二维的框架构建了科学体系。从时间上来说，它分为宙（Eon）、代（Era）、纪（Period）、世（Epoch）、期（Age）、时（Chron）；对应到地质层上，分别是宇（Eonothem）、界（Erathem）、系（System）、统（Series）、阶（Stage）、代（Chronozone）。目前，按照正式的地质学分期，我们正处于显生宙的新生代的第四纪的全新世（Holocene）。在地质学命名法

---

* 本文原载于《中国社会科学报》2022 年 3 月 22 日，发表时题为《"人类世"：概念考察与人文反思》，收入本书时有改动。

中，"纪"的一个常见后缀是"-gene"，而"世"的常见后缀是"-cene"。因此，Anthropocene应该翻译成"人类世"。"纪"是"世"的上属概念，如果误将"人类世"称作"人类纪"，就像误用了生物分类的"界门纲目科属种"一样，容易造成混淆。

二、人类世的提出与接纳

"人类世"的提出，通常被追溯到荷兰大气化学家、诺贝尔化学奖得主保罗·克鲁岑（Paul Crutzen）及其合作者尤金·斯托默（Eugene Stoermer）于2000年发表的文章。之后，克鲁岑于2002年在《自然》上发表《人类地理学》一文，指出："在过去的三个世纪里，人类对全球环境的影响不断升级。由于人为的二氧化碳排放，全球气候可能在未来几千年内严重偏离自然行为。将'人类世'一词赋予目前这个在许多方面由人类主导的地质时代似乎是合适的，它为'全新世'——过去10~12个千年的温暖期做了补充。人类世可以说是从18世纪后半期开始的，当时对极地冰层中的空气进行的分析表明，全球二氧化碳和甲烷的浓度开始增加。这个日期也恰好与1784年詹姆斯·瓦特设计蒸汽机的时间相吻合。"

克鲁岑并非第一个提出类似理念之人，实际上斯托默早在20世纪80年代就提出了相关主张，但克鲁岑的诺奖得主身份使得人类世的概念更快地被纳入地质学和相关科学的议程。由之而来的是两个问题：是否应当接受这个新的地质学时期划分？如果接受，这个时期应当从什么时候开始？

2009年，国际地层委员会下属的第四纪地层分委会成立了"人类世工作小组"（Anthropocene Working Group，AWG），包括克鲁岑在内的30余位跨学科的科学家共同工作，汇集相关研究资料，力图推动"人类世"获得学界认可。2016年，国际地质大会（IGC）在开普敦召开，AWG正式建议地质学接纳"人类世"，相关辩论大大吸引了媒体眼球。2019年5月21日，AWG内部举行投票，33位参加投票的委员以29∶4的比例通过了两项决议：一是认可了"人类世"的存在；二是确定了它开始的时间——20世纪中期。

关于人类世的开始时间有较大争议。克鲁岑曾以工业革命时期为起点，但有的科学家认为应回溯到 12000 年前的农业革命时期，有的科学家则认为，20 世纪中期人类开始进行核试验，1945 年第一颗原子弹爆炸，这些核爆的放射性物质进入大气、河流、海洋与地层，因此才是人类世的正式开端。AWG 的投票是支持后一种观点的，并计划据此在 10 个拥有人类世完整地层的备选地点选择一个作为"金钉子"（Golden spike），即"全球界线层型剖面和点位"（Global Boundary Stratotype Section and Point，GSSP）。

不过迄今为止，权威的国际地层委员会和国际地质科学联合会都尚未正式批准接纳"人类世"。科技专栏作家彼得·布兰南（Peter Brannen）便直指"人类世"像是一个笑话：地质分期通常以千年、万年、亿年为单位，漫长的历史演进才能在地质层中留下痕迹，而人类短短数百年、数十年的实践所遗留的影响，岂能与之相提并论。

三、人类世带来的人文反思

人类世的概念与其说是对人类强大力量的一曲赞歌，不如说它恰恰展现了人类在短期内对地球造成的不可磨灭的损害，由此引发了持续性的、跨学科的反思。在中文学界，"人类世"和"人类纪"两个词时常混用。孟悦、姜宇辉、吴冠军、鲁枢元等人都讨论过人类纪，贝尔纳·斯蒂格勒（Bernard Stiegler）、唐娜·哈拉维（Donna Haraway）等学者著述的翻译也常常使用人类纪一词。与之相应，地理学家、地质学家和生态研究学者则一般使用人类世的概念。我们试着将哲学家和人文研究者文章中的人类纪替换成人类世，几乎不会改变任何意思。这种译法的完全无障碍互换反映出两个状况：第一，对人文哲学思考来说，人类世的概念是一个激发性（inspirational）的概念，它并不依赖地质学的原教旨主义阐释，而是迅速被借用乃至挪用，成为象征、意象、隐喻和图景，成为思想迸发的种子或导火索；第二，对这一概念尚未形成跨越学科界限的共识，它飘散和游弋在思想的交界地带，借用互联网的术语，它成为一个串联性的标签（hashtag）。

哲学家许煜在为贝尔纳·斯蒂格勒的《人类纪里的艺术》所写的序言中说:"人类纪表面上指的是继全新世（Holocene，11700年前至工业革命）之后的一个新的地质学纪元，在这一时期，人类的行为已直接地影响了地球内部的地质化学活动。然而事实上，人类纪的背后也是资本主义工业化的结果。"此处的人类纪实际上就是人类世。斯蒂格勒进一步提出了"熵世"（Entropocene）和"负人类世"（Neganthropocene）的概念。他在物理学基础上对"熵"和"负熵"加以哲学改造，将熵理解为无序程度的表达，他认为人类世实际上是一个熵世，其主因是自动化对于知识的消除。伴随着"器官有机性"，知识的学习与训练成为负熵的过程——这也是技术内化的过程。张一兵曾就熵、信息和一般器官学与斯蒂格勒进行反复辩论，虽然观点不一致，但目标指着同一个方向：如何逃离作为现代性灾难的人类世？斯蒂格勒以"负人类世"为路标，强调对技术、工业和自动化的重估，强调对人各种能力的复苏，借此走向一个有承诺的未来。

唐娜·哈拉维和她的同事则用人类学家的方式进行了批判与重建。2014年10月，在丹麦奥胡斯大学召开的一次学术会议上，哈拉维发表了题为《人类世，资本世，克苏鲁世》的演讲，后来根据与会者的讨论，增加了"种植园世"（Plantationocene）的概念。如果说资本的增值驱动力是人类世的根源，那么种植园则是人类世的具象化。罗安清在《末日松茸》一书中对16—17世纪的巴西甘蔗种植园进行了精练的描述："消灭当地的人和植被，准备好闲置的无人认领的土地，并引进外来、孤立的劳工和农作物进行生产。"无论是甘蔗，还是人类劳动，都被从原生的家园里连根拔起，集中移植到一片被夷平的土地上，具有了资本主义的规模化特征。种植园也是矿场和大工厂的前身，资本在尽可能广的范围内尽可能快地增值，要求包括人类在内的生物屈从于它的逻辑，改变地景，也改变地质深层。为了寻找新的全球图景，哈拉维借用了克苏鲁（Cthulhu）神话故事中的触手邪神之名，改变其字母顺序，创造了"克苏鲁世"（Cthulucene）一说，将全球各地的自然主义女性神灵集合在一起，将超人类、外人类、非人类和终将一死的人类集合在一起，探寻一种生态上和诗学上共存的可能，而地球成为共同家园。她提出的口号是："制造亲缘！"在她数十年的研究生涯中建立了一个象征性的"酷儿家庭"，其中的成员包括类人灵长类、有色人种女性、作为伴侣物种的狗、赛博格、克苏鲁等。或许听起来像是科幻小说，但这种大胆的理论想象有助于在人类世的图景中反思人类中心主义。

以"人类世"为模板，理论家们开启了一场造词狂欢。斯蒂格勒把人类世的核心理解为熵世，而用负人类世作为未来的方向；哈拉维则将人类世描绘为资本世和种植园世，并用克苏鲁世打开新的思路。这时，人文社会科学的批判已经在"人类世"概念的地质学原初意义上添加了太多理论内涵，在地质学的建构和造词法的解构之间，当代思想家在重思人类与自然、人类与环境、人类与地球、人类与生命的层层叠叠的关系中，找寻症结所在以及救治良方。

互联网基础设施研究：元概念、路径与理论框架[*]

2020年，新型基础设施建设（以下简称"新基建"）拉开了帷幕。按照国家发改委的解释，"新基建"主要包括信息基础设施、融合基础设施和创新基础设施三个方面。其中，信息基础设施主要是指基于新一代信息技术演化生成的基础设施，如以5G、物联网、工业互联网、卫星互联网为代表的通信网络基础设施，以人工智能、云计算、区块链等为代表的新技术基础设施，以数据中心、智能计算中心为代表的算力基础设施等。[①]"新基建"以信息网络为基础，涉及"以互联网为运作基础的社会技术体系"。[②]这使得互联网与基础设施之间形成了一种密切互构的关系：一方面，互联网需要基础设施，需要"新基建"；另一方面，互联网本身又成为当代社会发展的基础设施。

这就要求发展出一个具备复杂性的基础设施理论概念，以拓展学术范围。实际上，在政策规划与工程设计之外，人类学家早就对基础设施产生了兴趣，甚至出现了所谓"基础设施转向"之说。[③]布莱恩·拉金（Brian Larkin）指出，人类学的新知识导向已经开始把基础设施议题摆在中心位置加以研

---

[*] 本文原载于《中国社会科学院研究生院学报》2021年第9期，与贾文斌合作，收入本书时有改动。

[①] 刘园园. 国家发改委明确"新基建"范围将加强顶层设计[N]. 科技日报, 2020-04-21.

[②] 束开荣. 互联网基础设施：技术实践与话语建构的双重向度：以媒介物质性为视角的个案研究[J]. 新闻记者, 2021（2）：40.

[③] BOYER D. Infrastructure, potential energy, revolution [M] //ANAND N, GUPTA A, APPEL H. The promise of infrastructure. Durham: Duke University Press, 2018: 223.

究。① 在20世纪80年代，苏珊·利·斯塔尔（Susan Leigh Star）以社会学视角和人类学方法对科学家社群展开研究，关注信息基础设施（information infrastructure），包括初具雏形的电脑网络。此后，人类学与科技社会（Science, Technologhy and Society, STS）研究进行了汇流。在跨学科视野下，基础设施不仅是研究对象，更是一个具有元概念色彩的分析工具。它强调的不仅是"对基础设施的研究"（the study of infrastructure），更是"基础设施式的研究"（infrastructurestudies）。② 同时，它对传播研究和互联网研究产生了深刻影响。③ 目前，中国的"新基建"激发了学界的普遍兴趣，主流话语多集中在发展逻辑和产业逻辑上。与此同时，侧重于社会和文化分析的讨论逐渐活跃起来，传播政治经济学带来了批判性反思④，人类学和社会学的视野则将技术的物质性与人的实践性结合起来⑤，形成了新的方向。那么，我们是否可以透过基础设施的元概念重构互联网研究的框架？互联网基础设施的文化功能及其在缔造当前现代性中的作用是什么？在STS研究交汇的视野之下，如何形成互联网研究的新理论框架与议题清单？

    本文首先从人类学的基础设施转向出发，将基础设施作为一个元概念进

---

① LARKIN B.The politics and poetics of infrastructure [J].Annual review of anthropology, 2013, 42: 327-343.
② SANDVIG C.The internet as infrastructure [M]//DUTTON W H. The oxford handbook of internet studies. Oxford: Oxford University Press, 2013: 90-91.
③ 例如，《国际传播学刊》（International Journal of Communication）在2021年第15卷刊发了"数字基础设施、阈限与亚洲塑造的世界"（Digital Infrastructure, Liminality, and World-Making via Asia）专题。
④ 赵月枝.社会主义跨文化传播政治经济学：理论路径与问题意识[J].人民论坛·学术前沿, 2020(21):14-41. 姬德强.媒体融合：打造数字时代的基础设施[J].青年记者,2019(24):4.
⑤ 唐士哲.海底云端：网际网路的基础设施探问[J].新闻学研究,2020(145):20. 束开荣.互联网基础设施：技术实践与话语建构的双重向度：以媒介物质性为视角的个案研究[J].新闻记者,2021(2):40. 段世昌.媒介基础设施视角下的技术编码研究：教育网PT站的"分享"规则及用户实践[J].新闻界, 2020(10): 81-94. 宋美杰，陈元朔.为何截屏：从屏幕摄影到媒介化生活[J].福建师范大学学报（哲学社会科学版）,2021(1):123-132,171. 潘佼佼，吴靖.平台、界面与地图：LBS生活服务媒介如何介入社会空间的生产[J].广告大观（理论版），2018（6）：35-40.

行界定；接下来对基础设施人类学研究的具体路径进行梳理，进而建构基础设施分析的理论框架；最后，文章回归到当前中国的社会实践，思考互联网基础设施研究的现实议题。

一、我们赖以生存的基础设施

基础设施是什么？在不同的行动者、不同的话语系统之中，它有着不同的含义。

在政策文本、发展规划和工程设计中，基础设施是社会生产和居民生活赖以开展的物质工程。这个词对大多数人来说并不陌生，它使人联想到人类活动所必需的大量集体设备，如建筑物、道路、桥梁、铁路轨道、通道、港口和通信网络。一般而言，常见的基础设施主要包括六大类：第一类是交通基础设施，如道路、车站、机场、港口等；第二类是能源基础设施，如发电厂、电网等[1]；第三类是供水基础设施，也包括污水处理系统；第四类是垃圾处理基础设施，用于垃圾的收集、运送和焚烧填埋等；第五类是通信基础设施，如电话线路、互联网服务器等；第六类是防灾基础设施，如防空洞等。也有学者将基础设施划分为两种类型，即硬基础设施（如电网、道路、大坝、光纤电缆、网络服务器等）和软基础设施（如历法、时钟、数字、文字、物流系统、文档或图书馆分类系统、网络协议、搜索引擎等），前者偏重物质工程，后者偏重知识与技术系统。[2]

在人类学家的视野里，基础设施不仅成为现代化建设的象征，而且构成了新的理解范式。多米尼克·鲍尔（Dominic Boyer）将结构（structure）与基础设施（infrastructure）相提并论，认为后者标志着一种新的观念拓扑学，而人类学家之所以关注基础设施，既是因为对20世纪80年代以来全球新自

---

[1] BOWKER G C, BAKER K, MILLERAND F, et al.Toward information infrastructure studies: ways of knowing in a networked environment [M] //HUNSINGER J, ALLEN M, KLASTRUP L, et al. The International handbook of internet research. Berlin: Springer, 2010: 97–117.

[2] 刘海龙.奇妙的云与媒介诗学：评《奇云：媒介即存有》[J].信睿周报, 2021 (47).

由主义潮流的反向制约，也是因为当前"去人类中心主义"思想运动议程的组成部分。①"基础设施"也进入了传播学领域。约翰·杜海姆·彼得斯（John D.Peters）指出，英尼斯最早认为"基础设施应该在媒介理论中居于核心位置"，同时彼得斯借用英尼斯的杠杆原则以及基特勒、芒福德等人的理论，发展出媒介在当代社会中的"后勤型功能"，提出所谓"基础设施主义"（infrastructuralism）。彼得斯巧妙地将 understanding media 一语双关，既指"理解媒介"，也指"立于表面之下的媒介"。他说："基础设施主义与媒介理论有着共同的关注点。它们都呼吁人们去关注各种隐蔽的环境。"②当基础设施与当前的互联网和数字化环境关联起来，也就延展出信息基础设施、数字基础设施、互联网基础设施等概念。

本文将基础设施界定为一个元概念，指的是在社会中形成的公共技术系统。它是由一系列中心、节点、线路和终端构成的网络，构成了人类行动的物质条件，形塑了人类生活的基本结构。

这一概念与布鲁诺·拉图尔（Bruno Latour）的行动者网络理论（Actor-Network Theory，ANT）有共通之处，但更强调物质技术系统作为社会行动的基底性意义。在当前我们生存的世界中，一切都有可能成为基础设施或基础设施网络的组成部分。这里所说的基础设施并不只是一种隐喻，而是越发成为一种现实，它构成了人类赖以生存的社会技术系统。其中，互联网成为基础设施的突出表征。

互联网以及通信基础设施在提供基本服务的同时，以信息为流通材料促成了人与人之间的沟通和连接。随着物联网和人工智能技术的发展，许多基础设施之间也在互相连通，甚至有可能形成一个统一化的基础设施，如智慧城市。互联网本身以及依托互联网而形成的社会基础网络已经形成了一个独特的基础设施范畴——它既需要包括电力系统在内的基础设施的支持，也需

---

① BOYER D. Infrastructure, potential energy, revolution [M] //ANAND N, GUPTA A, APPEL H. The promise of infrastructure. Durham: Duke University Press, 2018: 223–226.

② 彼得斯.奇云：媒介即存有［M］.邓建国，译.上海：复旦大学出版社，2020：21，35，39，44.

要不断地将自身打造成基础设施而支撑其他系统，从而使得基础设施成为一个既跨越物质性与符号性界限，也跨越实体设备、技术系统与人的行动界限的社会性的存在。克里斯汀·桑德维格（Christian Sandvig）曾经批评部分互联网研究只重视符号性而忽略了结构性，认为应将互联网视为基础设施。因此，基础设施不仅是一个常识性概念，更应被视作具有理论色彩的分析性概念，甚至成为一种研究方法。① 这正是本文所强调的基础设施作为"元概念"的意义。

由此，本文所讨论的"互联网基础设施"与通俗话语和政策文本中所使用的基础设施概念有别，因为它在元概念基础上形成了一个双重界定。一方面，它是互联网建设所依存的物质性基础设施；另一方面，它本身又构成了当代人类行动开展所需要的社会性基础设施。它是连接的、重叠的、交织的、综合的、系统的，每一次操作都离不开电力网络的支持，也离不开科学、教育乃至整个知识系统的支撑。用户滑动手机，点击图标，采用自己熟悉的输入法键入关键词，点击超链接，双指缩放，也就是以自己的身体和技艺介入了种种基础设施构成的网络；在另一端，网站的设计者和内容提供者也以类似的逻辑开展行动。社会的决策者和其他利益相关方则在这一系统的大大小小规则的制定过程中进行协商，塑造系统的面貌。在硬件式物质基础设施实体和软件式技术知识系统的结合处，人与世界联结为一体，行动者构成了网络。要理解互联网，既要思考它对基础设施的依赖，也要思考它作为基础设施的功能。因此，互联网基础设施意味着"互联网的基础设施"和"作为基础设施的互联网"两重含义，分别指向基础设施的物质性与社会性，由此带来理解互联网的新视角，即透过作为实体的基础设施去理解作为社会关系的基础设施。

二、基础设施研究的人类学路径

基础设施的研究对象是多样化的，带来了"生产性的不稳定"（productive

---

① SANDVIG C.The internet as infrastructure［M］//DUTTON W H. The oxford handbook of internet studies. Oxford：Oxford University Press，2013：90-91.

instability）。① 这恰恰带来了独特的视角和研究路径。人类学原本侧重于人的文化行为，但其基础设施转向则把关注焦点从人转向物，同时格外关注基础设施当中的社会性，由此带来对人与物之间关系的多重阐释。

（一）向物看：理解人造的基础设施

对基础设施的研究倾向于赋予技术特权，它是人类最直接可见的景观，并与人们的生活发生着千丝万缕的联系。对于基础设施技术的物性以及物理延伸分析，人类学提供了丰富的切入角度。布莱恩·拉金指出："当今人类学中研究基础设施最具活力的方法来自技术政治（technopolitics）的概念……学者们通过STS的理论来追踪技术的具体运作，以及物质性技术对政治议程的具体影响方式。"② 当媒体与传播研究开始关注基础设施的时候，媒介考古学作为一种分析工具进入人们的视野，"它并非简单地在宏观历史层面上重溯媒介起源的替代形式，相反，它描述了微观操作层面上的技术'根源'"。③ 对互联网基础设施技术的考古，将让人们重新发现那些被遗忘、被弃用、被迭代的软硬件集合，并重新发现其文化可能性，如数据中心、服务器、存储设备和服务器应用程序等。

（二）向人看：理解基础设施中的社会关系

基础设施研究并未忽视其中蕴含的社会性，也就是人的存在。人的社会性构成了基础设施的最大变量——人们会决定建不建、怎么建、何时用、怎么用基础设施，从而掌握了基础设施的定义权。理解基础设施当中人的实践以及人与人、人与物的关系，至少有三种可以切近的方法。首先，可以从政治经济学之维度分析凝结在基础设施当中的资本、权力、劳动、性别乃至种

---

① LARKIN B. The politics and poetics of infrastructure［J］.Annual Review of Anthropology，2013，42：339.
② LARKIN B. The politics and poetics of infrastructure［J］.Annual Review of Anthropology，2013，42：328.
③ 胡塔莫，帕里卡.媒介考古学：方法、路径与意涵［M］.唐海江，译.上海：复旦大学出版社，2018：232.

族等诸多元素。正如布莱恩·拉金通过对尼日利亚的广播与电影院的分析所指出的，殖民地的媒体基础设施充斥着压迫与反抗的博弈。其次，可以从话语分析出发，分析围绕在基础设施周围的多元主体如何在纷繁复杂的社会语境中建构关于基础设施的承诺与想象。最后，还可以从民族志的角度入手，分析人们对基础设施的使用与感悟。在这一过程中，分析的重点聚焦于基础设施当中的人，似乎是有意遮蔽了基础设施技术作为物的存在，但其实并非如此，它仍然作为背景而存在。事实上，在数字基础设施不断发展的今天，"人类学领域尚未设计出一种新的民族志和理论框架"①，这为我们进入互联网基础设施的田野提供了多种可能性，当然也需要更多的经验研究材料来丰富乃至建构新的民族志和理论框架。

（三）走向人物合一

无论是向物看还是向人看，都并非片面地"见物不见人"或者"见人不见物"，这仅仅是一种研究路径的选择，而基础设施的诗学与美学问题，则兼顾了人与物的双重面向。所谓诗学与美学问题，关注的是基础设施的形式问题，"需要作为具体的符号学和美学工具来分析，以面向它的受众"。②其中既包括对基础设施作为象征物的分析，也包括对使用它的人的情感与关系的分析，做到"见人又见物"。

为了更清楚地考察基础设施与人的实践之间的关系，杰弗里·博克（Geoffrey C.Bowker）等提出了"基础设施倒置"（infrastructure inversion）的概念，它"意味着既要认识到技术网络和技术标准的相互依赖程度，也要认识到其背后的政治运作与知识生产"。③这主要是在强调要透过基础设施的实体看到隐匿其中的社会关系。为此，他们以"边界物"（boundary objects）的

---

① LARKIN B.The politics and poetics of infrastructure［J］. Annual Review of Anthropology, 2013, 42：339.
② LARKIN B.The politics and poetics of infrastructure［J］. Annual Review of Anthropology, 2013, 42：329.
③ BOWKER G C, STAR S L.Sorting things out：classification and Its consequences［M］. Massachusetts：MIT Press, 2000：34.

概念为入手点。所谓"边界物",是指那些"既存在于多个实践社群又满足每个社群的信息要求的物体。在工作实践中,它们是既能跨越边界又能保持某种恒定身份的物品"①。因此,它们扮演着"锚点或桥梁的角色"②,能够联通和整合多样且异质的知识或实践③。所以,理解基础设施的关键就在于识别其中的边界物/边界基础设施,分析它们与其他相关配置以及不同社群之间的关系。这一思想对于理解互联网基础设施具有一定的启发意义。如果把互联网基础设施视为"边界物",那它就具有联通与整合政治、商业、公共社群的潜力,可以实现跨群体的沟通,并在此过程中观察社会权力关系的运作。④

总之,基础设施"生产性的不稳定"特性激发了具有吸引力的人类学通路,它打开了种种可能性。如果说工程学、政策分析、规划学、经济学和政治学视野中的基础设施研究侧重于发展逻辑与市场逻辑,那么人类学以及社会学路径则侧重于社会逻辑与文化逻辑。在互联网研究领域,传播研究者多注重信息、符号、舆情流变、社交网络、在线身份、粉丝圈、跨文化交流,似乎这一切人类行动都是从虚拟乃至虚无中生产出来的,从而容易忽略实体基础设施的影响,这已经引发了传播政治经济学的"新盲点"批判。⑤从这个角度讲,媒介物质性研究应当关注基础设施,并从基础设施的角度重新审视作为媒介的互联网。实际上,围绕互联网所开展的研究往往需要跨越多种学科之间的界限,此时,人类学的基础设施研究提供了别具一格的洞见,它与传播媒介研究及其他学科的交流对话必将带来丰硕成果。

---

① BOWKER G C, STAR S L.Sorting things out: classification and its consequences [M]. Massachusetts: MIT Press, 2000: 16.
② STAR S L, GRIESEMER J. Institutional ecology, translations and boundary objects: amateurs and professionals [J]. Social Studies of Science, 1989, (19) 3: 412.
③ 唐士哲.海底云端: 网际网路的基础设施探问 [J].新闻学研究, 2020 (145): 17.
④ 唐士哲.海底云端: 网际网路的基础设施探问 [J].新闻学研究: 2020 (145): 20.
⑤ 默多克.媒介物质性: 机器的道德经济 [J].刘宣伯, 芮钰雅, 译.全球传媒学刊, 2019 (2): 94.

三、互联网基础设施研究的理论框架

互联网通常被认为是技术的产物。技术总是在与人的相遇中才能展现它的特性,发挥它的作用。一方面,技术往往来自人的创造和制造,基础设施就成为人借助技术介入自然环境而形成的一套社会物质系统;另一方面,虽然人定义了基础设施,但基础设施也在反过来表达着社会关系,它使各种社会、制度乃至事物变得可能或不可能。① 在这样一种相互建构的逻辑中,应该如何以基础设施为元概念,开展互联网研究? 本文以六组关键词来构建其理论框架(见图1)。

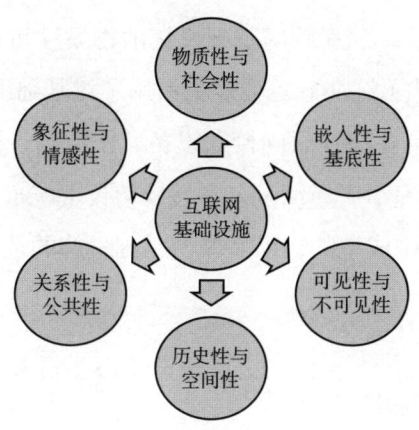

图1 互联网基础设施研究的理论框架

(一)物质性与社会性

人文社会科学对基础设施的关注是更为广泛的物质性转向的一部分。物质性常常被认为是事物的"基础",是事物进入更高层次的话语意义之前的

---

① APPEL H, ANAND N, GUPTA A. Temporality, politics, and the promise of infrastructure [M] // ANAND N, GUPTA A, APPEL H. The promise of infrastructure. Durham: Duke University Press, 2018:4.

最基本、最初始的条件。① 基础设施的物质性指的是构成基础设施的一系列物质实体、技术条件、标准乃至实践，它是由一系列物质材料在物质劳动的作用下形成的物质系统。概言之，基础设施是"使其他物质能够运作的物质，它所特有的本体论在于它既是事物，又是事物之间的关系"。② 其中既包括基础设施本身所具有的物质特性，也包括人对这种物质特性的介入，即其社会性。一方面，互联网基础设施在建造之初就不能免于人的设计与干预，使其表现为朝着某种意图性的目标前进，如将散落的计算机连成网状；另一方面，基础设施"一旦建成，它们将社会关系具体化的能力将接受物质危机的考验，暴露于豪雨、干燥的热风、低下的维修、盗窃和其他危机之下"。③ 互联网基础设施也不例外。也就是说，基础设施既源自社会关系，也形塑了社会关系。在媒体与传播研究中，就有学者强调关注"物质性与社会性如何交织"。④ 互联网基础设施的物质性可以分解为"铭刻物质性"与"数字物质性"（这在一定程度上沿用了对基础设施"硬""软"之分的概念），前者指的是各种互联网接入设备、服务器、网络基站等，后者指的是互联网在运作过程中所遵循的各种技术协议或标准等。⑤ 它们均是在物质性与社会性的交织中成型的，而互联网基础设施的社会文化分析就在其间展开。

（二）嵌入性与基底性

正如苏珊·利·斯塔尔所说，"基础设施嵌入其他结构、社会配置与技术

---

① LARKIN B.Promising forms: the political aesthetics of infrastructure [M] //AHAND N, GUPTA A APPEL H.The promise of infrastructure [M].Durham: Duck University Press, 2018: 11.
② LARKIN B.The politics and poetics of infrastructure [J].Annual Review of Anthropology, 2013, 42: 329.
③ 拉金.信号与噪音 [M].陈静静, 译.北京: 商务印书馆, 2014: 340.
④ 戴宇辰."物"也是城市中的行动者吗？——理解城市传播分析的物质性维度 [J].新闻与传播研究, 2020, 27（3）: 54.
⑤ 束开荣.互联网基础设施：技术实践与话语建构的双重向度——以媒介物质性为视角的个案研究 [J].新闻记者, 2021（2）: 43.

之中"，① 进而成为"基底系统"。② 从嵌入的过程来讲，基础设施的设计、建造与使用会引发不同社会主体的介入，是一个社会沟通的过程，涉及如何嵌入既有社会结构，如分配正义问题、劳动力与就业问题、环境问题等。"一个人的基础设施变为另一个人的难题。"③ 比如，台阶对残障人士而言是阻碍而非便利。基础设施的生成向来是社会权力运作的结果，也是"一个检视社会关系的构念"。④ 因此，它"从根本上就是一个关系概念"。⑤ 从嵌入的结果来看，基础设施成为社会系统的物质技术基底，隐没于其他物质系统之中，却足以成为影响其他基础设施运转成败的关键。比如，电力是迄今为止最能称得上"基底系统"的基础设施，现代社会的运转基本上离不开电力系统的支持。如今，互联网也被打造为现代社会的"基底系统"，成为其他基础设施得以运转的前提。在技术内驱力和"互联网+"政策外驱力的双重作用下，数字社交媒体已经无限扩张并"将自己嵌入各种形式的新的分布式生活基础设施中，试图建立私人拥有的互联网移动基础设施"。⑥ 比如，涉及日常生活的衣食住行，均被网络平台（网购平台、外卖平台、酒店预订平台、网约车平台等）所覆盖。可见，互联网已经成为整个社会的"基底系统"，影响着其他社会系统的运转。

（三）可见性与不可见性

很多基础设施都拥有高可见度，从宏伟的大桥到高耸的通信基站都是

---

① STAR S L.The ethnography of infrastructure［J］.American Behavioral Scientist，1999，43（3）：381.
② STAR S L.The ethnography of infrastructure［J］.American Behavioral Scientist，1999，43（3）：380.
③ STAR S L.The ethnography of infrastructure［J］.American Behavioral Scientist，1999，43（3）：380.
④ 唐士哲.海底云端：网际网路的基础设施探问［J］.新闻学研究，2020（145）：15.
⑤ STAR S.The ethnography of infrastructure［J］.American Behavioral Scientist，1999，43（3）：380.
⑥ LANGLOIS G，ELMER G.Impersonal subjectivation from platforms to infrastructures［J］.Media，Culture& Society，2019，41（2）：241.

如此。但是，因为它们位于社会系统的基底，反而变得不可见。"能让人忘记其存在也许是所有基础设施都具有的关键特征。"① 学者们将之称为"不可见"（invisible）或"透明度"（transparency）。② 它们只是背景环境的构成，人们很难意识到其存在。然而，基础设施"既是事物之所在，也是故事之所在（Infrastructure is both the thing and the story），它在正常运作时完美无缺，但在出现问题时可能是灾难性的"。③ 2021年3月23日，中国台湾货轮"长赐号"在苏伊士运河意外搁浅，使得这一全球海运航道陷入停摆。一时间，作为物流基础设施的苏伊士运河吸引了全球目光，而此前，人们早已忘记了它的存在。正如"熟视无睹"一词所示，灯光熄灭、机场停运等只有在"崩溃时方才显现"，给自身带来清晰的"可见性"（visibility），从而使得回归"正常"成为人们的迫切诉求。④ 在这一过程中，基础设施的社会性意涵被凸显出来，我们不可避免地需要面对它或者索求它。基础设施的可见与不可见并不是对立存在的，仅仅是代表着不同的可见性风格，也隐含着不同的可见性实践。这一特性为互联网研究带来了丰富的可能性，提醒我们从忘记其存在到发现其存在进而思考其存在的意义，并把我们的目光导向那些被忽视的、被遗忘的媒体基础设施，如通信基站、海底电缆以及被喻为"云端"的数据存储中心等。其中有的需要进行可视化处理以达到某种象征意义；有的出于某种物理原因而隐匿人世；而有的则涉及保密性和透明度的要求被迫藏于幕后，由此形成的独特政治、文化与社会实践，都值得进一步探索。

---

① 彼得斯.奇云：媒介即存有［M］.邓建国，译.上海：复旦大学出版社，2020：42.

② STAR S.The ethnography of infrastructure［J］.American Behavioral Scientist，1999，43（3）：381.

③ PARKS L.Water，energy，access：Materializing the internet in rural Zambia［M］//Parks L，STAROSIELSKI N. Signal traffic：critical studies of media infrastructures.Illinois：University of Illinois Press，2015：115.

④ GRAHAM S.Disrupted cities：when infrastructure fails［M］.New York：Routledge，2010：6-7.

（四）历史性与空间性

所谓历史性，包括两层含义。其一是指基础设施本身所具有的历时性意蕴，从被建造、被翻新直至被摧毁，是时间维度上的历程，甚至基础设施本身也有可能成为历史进程的代言者——基础设施技术的发展进步成为现代性的象征。对基础设施的分析往往是一种历史性分析，融入了"时间性"意味。研究基础设施，即研究"基础设施化"的历程。① 同时，这指明了对基础设施的认识和理解应该将彼时彼境与此情此景相结合，而非进行孤立的、点对点的分析。其二是指基础设施与过往实践相连，如附着其上的惯例和长久以来形成的路径依赖。苏珊·利·斯塔尔指出，基础设施既形塑了人们的实践惯例，又反过来被惯例所形塑。她举了打字机的 QWERTY 键盘的例子：人们在实践中选中了这种键盘模式（尽管有局限性），而这种键盘模式也影响了此后计算机的设计。与实践惯例一样，基础设施有自身的路径依赖，它不会"另起炉灶"重新发展，而是同时"继承了旧基础设施的优势与局限性，如光纤沿着旧铁路线展开、新系统是为向后兼容而设计的"等。② 基础设施还有其空间性。互联网公司在建设大型数据中心时通常要考虑选址、能耗、安全等因素，以保障基础设施的正常运转。看似虚无缥缈的云计算，却依赖北欧寒冷原野或中国贵州深山中的大数据中心而运行。

（五）关系性与公共性

基础设施是一种"关系物品"（relational property）。③ 它是一种公共物品，是为社会生产与普通民众生活提供公共服务的物质系统。所以，政府或由政府授权的机构在建设、管理和规范基础设施方面往往扮演着主导性角色，也因此成为基础设施的公共分配机构，调和着社会中的公共利益。这也使得对

---

① 唐士哲.海底云端：网际网路的基础设施探问［J］.新闻学研究，2020（145）：14.

② STAR S.The ethnography of infrastructure［J］.American Behavioral Scientist，1999，43（3）：382.

③ STAR S.The ethnography of infrastructure［J］.American Behavioral Scientist，1999，43（3）：380.

基础设施的"焦虑"成为一项牵扯多方利益的公共事务，并围绕着基础设施形成了一个多方参与的公共话语空间，涉及政策制定者、商业资本家、专家以及普通公众等。在这个意义上，基础设施的公共属性具有实现社群整合的功能，能够实现对公众的"召唤"，①是塑造公众的重要力量。在基础设施具体的物质、空间与技术要素的配置过程中，能够观察社会权力关系的运作。在新自由主义逻辑下，技术发展与私人资本的介入已经对公共基础设施的地位进行了重新配置甚至挑战，其方式是"彻底私有化、向私营公司出租、基础设施服务商业化或放松管制"等。②最典型的就是互联网基础设施，大多数是由商业科技公司主导建立的，具有天然的私有化倾向，仅受到有限的监管。这些互联网平台将自身打造成一个庞大的基础设施，并融合现有的基础设施，如网约车对公共交通的融合。它们不满足于前端的功能设计，而持续关注后台用户数据的集成。这引发了一系列监管与隐私安全问题，并在基础设施的公共性与互联网平台的商业性之间展开了激烈的话语权争夺战。总的来说，关系性与公共性打通了反思现有互联网基础设施的道路，也为互联网"新基建"的发展投射了一束亮光。

（六）象征性与情感性

基础设施是由人类的日常经验所塑造的，是一种"感知结构"（structures of feeling），会激发使用者的希望和悲观、怀旧和欲望、挫折和愤怒的情绪，这些造成了一种情感和政治力量的承诺与失败。③回溯历史，基础设施蕴含着人们的记忆与眷恋。比如，越战期间被轰炸数百次却仍未被彻底摧毁的越南含龙桥和发电厂的烟囱，成为摆脱殖民奴役、落后、贫穷和非启蒙的象征，

---

① COLLIER S, MIZES J C, SCHNITZLER A V.Preface: public infrastructures/infrastructural publics [J].Limn, 2016, 7: 4.

② COLLIER S, MIZES J C, SCHNITZLER A V.Preface: public infrastructures/infrastructural publics [J].Limn, 2016, 7: 2.

③ APPEL H, ANAND N, GUPTA A.Temporality, Politics, and the Promise of Infrastructure [M] // ANAND N, GUPTA A, APPEL H. et al.The promise of infrastructure. Durham: Duck University Press, 2018: 11.

激起了越南民众情感上的反应和依恋，因为它与结束殖民主义的暴力有关。①面向未来，基础设施发挥的另一个重要的作用是通过预期的政治来塑造现在。基础设施的建设几乎总是超出现有的需求：它是在一个尚未实现的未来的基础上建设的。对一个民族国家来说，建造基础设施通常不仅是为了满足实际需要，更是为了彰显先进性和现代性。②无论是回溯过去，还是面向未来，基础设施都作为一种象征力量，承载着人的情感与想象。那么，对于互联网基础设施的人类学研究，也可以沿着向历史看和向未来看。这两条路径，探索附着在互联网基础设施上的象征性和情感性因素。从 1994 年中国全面接入互联网开始，无论是网站、BBS、聊天室、邮件组、软件、手机应用、台式电脑、掌上电脑、智能手机、穿戴式设备，还是软盘、光盘、U 盘，抑或是服务器、数据中心或云端空间等，都蕴含着不同人群的记忆与情感，也成为中国互联网发展的"物证"。

当然，这六组关键词仅仅编织出互联网基础设施的某些侧面。细细探究，人类学的视角能够揭开政策逻辑与产业逻辑所忽视的方面，展现更丰富的意涵。

四、中国互联网基础设施研究的现实议题

理论如何照亮现实？基础设施的元概念如何激发互联网研究的新动力？它如何融入全球及中国互联网的现实议题？如今互联网日益平台化，正逐渐成为整个社会的基础设施。让-克里斯托夫·普朗坦（Jean-Christophe Plantin）等指出，这一现象至少表现在三个方面：首先，有影响力的数字平台构成了用户层面的社交基础设施；其次，互联网公司依靠平台的特性来取

---

① SCHWENKEL C. The current never stops: intimacies of energy infrastructure in Vietnam [M] // ANAND N, GUPTA A, APPEL H. The promise of Infrastructure. Durham: Duck University Press, 2018: 102.
② APPEL H, ANAND N, GUPTA A. Temporality, Politics, and the Promise of Infrastructure [M] // ANAND N, CUPTA A, APPEL H. et al. The promise of infrastructure. Durham: Duck University Press, 2018: 19.

代或融合现有的基础设施，以获取经济优势；最后，互联网公司越来越多地投资于基础设施项目，如物流、通信等。① 这种状况也在中国发生着，使得互联网基础设施的概念不断从隐喻走向现实、从物质实体走向社会关系。随着互联网"新基建"逐渐成为新时期的主导叙事，互联网平台公司也将在这项工程中扮演关键角色，同时呼唤着"公共数字基础设施"的建设。② 那么，无论是正在发生的基础设施化，还是关于未来的预期承诺，互联网基础设施的人类学研究会激发什么样的社会想象与文化可能？

（一）互联网基础设施的承诺与未来感

互联网基础设施与"新基建"的承诺，带给人们关于未来的预期，即未来感（futurity）。人们会想象关于未来的各种可能，基于现实给未来做出必要的判定。2019年，5G网络的出现让人们思考它会带来什么，而"快"一度成为5G网络的代名词。B站UP主"@老师好我叫何同学"（以下简称"何同学"）的一条关于"5G到底有多快"的视频获得了众多网友的关注。视频中，"何同学"实地体验了5G网络的"快"并追溯到4G网络时代的开端。2012年至2013年，4G网络即将商用的时候，几乎没有人能猜到它真正带来的变化，但在短短几年时间里，短视频、网络直播和手机支付几乎成为都市互联网生活的标配。"何同学"如是评论："4G网络和它所催生的服务已经深深地改变了人们的生活。而在5年前，我们可能会说，只是网速快了一点。人对未来的预测都跳脱不出当下技术和思维的限制……我现在最大的期望，就是当5年后再次打开这个视频，会发现速度其实是5G最无聊的应用。"③ 其中蕴含的逻辑是：快与未来，必然是值得期待的。这就是一种未来感。对于互联网"新基建"，人们可能会投射很多想象，它所带来的结果也很可能会让大家

---

① PLANTIN J C, PUNATHAMBEKAR A. Digital media infrastructures: pipes, platforms and politics [J]. Media, Culture & Society, 2019, 41（2）: 163-174.
② 姬德强. 媒体融合：打造数字时代的基础设施 [J]. 青年记者, 2019（24）: 4.
③ 何世杰. 有多快？5G在日常使用中的真实体验 [EB/OL].（2019-06-06）[2021-01-05]. https://www.bilibili.com/video/BV1f4411M7QC.

出乎意料。但需要思考的是，对未来的承诺是如何组织起来的？谁会成为这一承诺的"受益者"，谁又会成为它的"守护者"？"新基建"当中所蕴含的社会性因素会对社会、经济、文化乃至政治议程产生什么样的影响？未来会是什么样，又应该是什么样？人们总是容易忘记，未来既可能是"乌托邦"，也可能是"恶托邦"，更可能是"异托邦"。

（二）社会加速与互联网基础设施的时间性

每项技术在其创新初始阶段都是重要的变革，"解放了人们对于日常生活时间、空间和速度的感觉"。① 互联网基础设施的"快"所带来的结果之一便是整个社会的"加速"。所谓加速，指的是"单位时间内数量的增长（逻辑上，等同于某一数量所耗用时间的减少）"。② 它改变了人们对时间的体验，促使人们思考无序加速的弊端与良性减速的意义。③ 互联网基础设施与"新基建"促使人们对于时间性产生思考，让我们对"速度"肃然起敬，因为这是人们最先感受到的现实。加速是互联网基础设施的物质性延伸。无论是不断提高的上传、下载与发送的信息传输速率，还是在算法规划下的物流配送效率，抑或是惊觉于各种媒介现实所带来的"震颤"心率，以互联网为基础的社会技术系统已经嵌入原有的基础设施，并开启了对整个社会的全面加速。当然，互联网基础设施并不是加速的"始作俑者"，而只是塑造加速的推动器，在这一进程中存在复杂的政治经济关系，减速反而可能是互联网基础设施可见性的表征。如今，我们身处互联网构建的现实世界，享受着它所带来的种种便利，但支撑这一系统的基站、数据中心、线缆等往往隐介藏形，只有在崩溃时才显现。此时，（被迫）减速成为人们普遍的处境。在加速与减速之间，暗含着互联网基础设施的诸多可能：人们如何在不同的时间节奏中自处，又如何在互联网基础设施中栖居？

---

① 拉金.信号与噪音[M].陈静静，译，北京：商务印书馆，2014：338.
② ROSA H. Social Acceleration：a new theory of modernity [M].New York：Columbia University Press，2013：65.
③ 张磊.社会减速与媒介时间性[J].全球传媒学刊，2020，7（2）：4-20.

(三)数字鸿沟与分配正义

尽管互联网基础设施的设计、建设与使用是不同社会力量协商的结果,因而具有公共属性,且在整体意义上对任何人而言都是平等可进入的,但在具体的实践过程中,数字鸿沟仍是无法逃避的现实,并涉及分配正义的问题。数字鸿沟首先体现为基础设施应用中的不平等。如前所述,"一个人的基础设施变为另一个人的难题"①。基础设施的鸿沟不仅存在于年龄世代方面,也存在于城乡区隔之间。正如有关报道所描绘的,那些偏远山区的孩子有可能被排斥在(正常的)互联网基础设施之外,他们也应该成为被关注的对象。互联网基础设施鸿沟的存在是客观现实,而人类学的观照能启发我们寻找可替代的方案。

(四)数字废墟与集体记忆

除了关注被遗忘的人以外,还应该关注那些被遗忘的基础设施。那些旧的、经过时间的洗礼仍留存的互联网基础设施如"数字废墟"般存在于人们的周围,既包括硬件也包括软件,既有实在的也有虚拟的,既有物件也有协议与标准等。它们从历史中走来,作为互联网发展进程的"物证",凝结着人们对技术的眷恋、情感与集体记忆。中国互联网发展近三十年来,遗存着大量的"数字废墟",从媒介考古学的角度研究其中的铭刻痕迹,融合多种方法挖掘其中的情感、记忆、关系等社会学因素,不仅能够揭示中国互联网发展的历史,而且折射出中国的现代变迁。此外,还应该关注那些被迭代了的媒体与通信基础设施会做何使用。比如,在向5G升级的过程中,既有的4G基站是否会部分废弃?其中必然涉及资源再利用与环保议题。

我们用未来感、社会加速、基础设施鸿沟以及数字废墟等关键词来探讨互联网基础设施研究的多种可能,但这只是研究中的冰山一角。为建设与维护基础设施所付出的人类劳动、互联网基础设施标准之争所引发的跨国竞争

---

① STAR S. The ethnography of infrastructure [J]. American behavioral scientist, 1999, 43(3): 380.

等,都是有待进一步研究的重要议题。

总之,"新基建"重新激发人们对基础设施的关注,也启示人们去理解基础设施之于生存的意义。基础设施可以成为一个元概念,一个分析性概念,一个思想的入手点。当我们将其理解为一种物质和技术的基底性网络,它就与媒介这一元概念产生了应和。例如,远古人类学会了生火这一基本技能,既带来了刀耕火种的农业文明,也在柏拉图的洞穴中投下了影子。互联网将基础设施的实体性和隐喻色彩融为一体,物之存在与人之行动因此难以分割,矿物、电网、地图、算法、电动车和人的身体互相交叠,而未来就在其中生成。

物质性与实践性：基于界面分析的手机主屏幕管理研究[*]

世界上没有两片完全相同的树叶，同样，世界上没有两个完全相同的智能手机主屏幕界面。当工业流水线上生产出来的"千篇一律"的智能手机来到用户手中，会迅速变为"私人定制"的产物。几乎每个人都会下载自己所需的应用程序并对之进行独特的分组排列，且会随着使用日期的增加而以不同的频率更改主屏幕。

这种现象普遍存在且持续发生，却较少出现在媒介研究的主要学术图景之中。究其原因，多半是媒介研究更关注内容、符号再现和效果，而忽略了媒介的物质性以及媒介实践的丰富性和多元性。立足于物质性和实践性的交汇点，手机主屏幕界面（interface）正是这种新技术逻辑的鲜明展现。手机主屏幕的物质性构成该如何理解？它蕴含着什么样的技术逻辑？在技术设计形成的基础上，用户对手机主屏幕管理的媒介实践隐含着哪些值得探寻的深意？本文将一一展开论述。

一、文献综述

（一）手机主屏幕的应用型研究

对手机主屏幕及其管理活动的研究主要处于人机交互（human-computer

---

[*] 本文原载于《福建师范大学学报》（哲学社会科学版）2022 年第 5 期，与孙晗合作，收入本书时有改动。

interaction，HCI）这一学术主题之下。研究者既有学界人士，也有业界的设计者和制造者。研究的核心是用户界面设计（user interface design），计算机工程专家对此尤为关注，这使得相关研究的应用性显得格外突出。研究分成设计和使用两端。一端关注手机主屏幕的工业设计，包括手机主屏幕的主题页面、应用程序图标、交互手势等具体设计①②；另一端则注重对用户的手机主屏幕使用体验进行观察和理解，从而反馈于手机主屏幕设计。相比于前者，后者更关注用户使用行为的表象，包括用户操作手机主屏幕时的视觉体验和情感体验、用户与手机主屏幕页面相关的认知模式和空间记忆等，并试图从中提炼出使用模式和使用规律③④⑤，呈现出理解手机主屏幕管理的多样视角。以应用为导向的研究理论色彩较弱，但提供了关于手机主屏幕管理的两个基础性认识。

　　第一，用户的手机主屏幕管理活动有两项具体操作值得关注，即"选择壁纸"和"排列整理图标"。研究发现，大多数手机用户将人物肖像设置为壁纸，且相较之下青少年和女性用户群体更偏爱肖像。用户还会因担心页面视觉不协调（visual incongruity）而采取措施来避免肖像的人脸被遮挡（如移动图标或小组件）。⑥ 德国学者马提亚斯·布莫尔（Matthias Böhmer）与杰诺特·鲍尔（Gernot Bauer）研究了用户在城市不同地理位置和生活情

---

① CHEN C C. User Recognition and preference of App icon stylization design on the smartphone，HCI International 2015-Posters' Extended Abstracts：International Conference，August 2-7，2015［C］.Los Angeles，CA，USA，2015.
② NORRIE L，MURRAY-SMITH R. Investigating UI displacements in an adaptive mobile homescreen［J］. International journal of mobile human computer interaction，2016，8（3）：1-17.
③ TOSSELL C C，KORTUM P，SHEPARD C，et al. An empirical analysis of smartphone personalisation：measurement and user variability［J］.Behaviour & information technology，2012，31（10）：995-1010.
④ SHEN S T. People and their smartphones-mapping mobile interaction in the modern connected world［J］.Engineering computations，2016（6）：1642-1658.
⑤ TRAPP A K，WIENRICH C. App icon similarity and its impact on visual search efficiency on mobile touch devices［J］.Cognitive research：principles and implications，2018，3（1）：1-21.
⑥ OH Y H，JU D Y.Look at My Face：A New Home Screen User Interface，User Experience，and Usability：Understanding Users and Contexts：6th International Conference，July 9-14，2017［C］. Canada，2017.

境中变换手机应用程序图标位置的行为,① 通过分析用户排列图标的原则及手机相关设计背后的隐含深意,提炼出用户管理应用程序图标的五项原则:使用频率原则(usage-based)、接近性原则(relatedness-based)、可用性原则(usability-based)、美观原则(aesthetic-based)和外部原则(external concepts),并指出这些原则并不完全互斥,用户行为往往同时涉及二至三个原则。②

第二,智能手机及其应用设计发展迅速,手机主屏幕的样貌日新月异,用户的实践活动也千变万化。此类研究的一个问题是容易忽略用户实践的丰富性。设计者为手机注入技术基因,而用户在多种目的、不同情境的操作实践中对手机主屏幕进行创造性的媒介组合实践,让手机主屏幕的管理延伸出更复杂和更丰富的可能,这亟待我们深入探寻。在研究方法上,现有研究多采用定量研究方法和可视化分析方法,主要是对用户同质化行为的归纳总结,试图从大量数据中总结出用户使用模型和规律。在研究目的上,现有研究偏重应用功能,力图为手机厂商的主屏幕和应用程序设计提供服务。笔者则试图探讨用户对手机主屏幕的创造性管理,旨在发现"规范行为"以外的意外性,进一步逃离"界面设计"和"用户反馈"之间的机械论循环。这就要求对"界面"这一概念进行深度理解。

(二)作为界面的手机主屏幕与"技术剧本"

界面被视为处于人机之间的一种"滤膜"(membrance),它既区隔又联系着两个大相径庭却又彼此依赖的世界。③ 它将庞杂晦暗的技术系统遮蔽了起来,

---

① BÖHMER M, BAUER G.Exploiting the Icon Arrangement on Mobile Devices as Information Source for Context-awareness.Proceedings of the 12th international conference on Human computer interaction with mobile devices and services, Sep 7, 2010 [C].Portugal: Lisbon, 2010.

② BÖHMER M, KRÜGER A.A study on icon arrangement by smartphone users.Proceedings of the SIGCHI Conference on Human Factors in Computing Systems, Apr 27, 2013 [C]. Gaithersburg: Maryland, 2013.

③ POSTER M.The second media age [M].Cambridge: Polity Press, 1996: 20.

将复杂的数据运算和流转以图标等符号方式进行可视化处理。界面是人操作技术系统的入口，是机器功能"视觉化"的产物，其背后是一个"技术功能"的世界，而不仅是一个"意义"的世界。①这形成了一个互动过程，"界面将机器的数据、数据流和数据结构展现给人类感官系统，同时为人们的输入与互动建立框架，并把用户的指令翻译并返还给机器"。②斯蒂文·约翰逊（Steven Johnson）则将界面理解为形塑用户和机器之间交流的软件，认为界面就像译者一样，介于两者之间，使得双方互相理解。③换言之，界面操纵的关系是语义学层面的，它体现为意义和表达，而非物质性的力量。当然，界面通常以液晶显示屏为物质载体，以键盘或触摸式屏幕为操作平台。④界面的物质性基础不应被忽视。

这种界面的物质基础在不断转换。从显示屏到触摸屏，从 CRD 到 LCD、LED、OLED，从球面到平面甚至折叠，从单点触控到多点触控，如上文所说，有关手机主屏幕的基础性认识之一就是其快速地变化迭代。手机主屏幕基础形态的改变即生产者对手机主屏幕"技术剧本"的改写，它是技术愿景在社会语境中的叙事性陈述。界面设计者通过技术剧本为用户设计了一系列标准行为和使用情境，并将技术知识嵌入其中，从而引导用户实践，规定了受众应当如何去使用和体会特定的技术物品。⑤然而技术剧本的设定并不能完全框定用户的使用行为。用户对手机主屏幕进行能动性再造，使它更适用于自身，随后再上演日常性的手机使用。人与手机主屏幕，或者说人与界面之间的关系，由此催生出丰富多彩的媒介实践。这种关系以及媒介实践引发了学者们

---

① 祁林. 界面革命［J］. 文化研究，2015（2）：181-198.
② POLD S. Interface realisms：the interface as aesthetic form［J］. Postmodern culture, 2005, 15（2）：4.
③ JOHNSON S. Interface culture：how new technology transforms the way we create and communicate［M］. San Francisco：Harper San Francisco, 1997：14.
④ 祁林. 界面革命［J］. 文化研究，2015（2）：181-198.
⑤ 梁君健，陈凯宁. 自我的技术：理想用户的技术剧本与手机厂商的技术意识形态［J］. 新闻与传播研究，2021，28（3）：75-91，127.

越来越多的关注。①②③

"人－界面－机器"形成一种新的关系。如果人们还陷在界面工程学和人机交互设计的窠臼之中,只强调界面的功能性价值,关注设计的效率成果以及用户体验的满意度,是远远不够的。人不能仅仅被称之为"用户",所扮演的也不仅是机械反馈循环流程中的一个环节或一个刺激因素。人不可以被化简为统一行动者的用户或消费者,界面既不是视觉所见的二维的、光滑的平面实物,也不是如技术黑箱一般不可见的程序语言和指令系统,甚至不是虚拟和现实时空之间的边界。我们应拓宽自身的想象视野来理解界面,走向一个富有哲学和文化意涵的界面进行思考。界面克服了媒介研究中硬件/软件、物理/虚拟、物质/语言这些二元论(dualism)概念,它介于这些概念之上,又将它们相融。

(三)作为复合空间的手机主屏幕

杰弗瑞·温斯洛普·扬(Geoffrey Winthrop-Young)指出:"计算机不愿被纳入习惯性的概念框架。"④ 智能手机作为计算机的变形也是如此。通常,媒介研究者不仅关注智能手机作为一个整体性媒介终端在社会中扮演的角色,也关注编码和各种应用程序的内容与效用。简言之,前者关注硬件(hardware),后者关注软件(software),而围绕智能手机的具身性行为常常被忽略。温斯洛普·扬使用硬件、软件和湿件(wetware)这个三重合一的术语组合来理解计算机。其中具有创造性意义的术语"湿件",指的是与硬件、软件互动,并与计算相关的人的因素。⑤ 通过将数字技术的硬件和软件相连接,

---

① 徐亚萍.运动图像的操作化:对触屏视频流装置及其姿势现象的考古[J].国际新闻界,2020,42(6):55-75.
② 黄华.身体和远程存在:论手机屏幕的具身性[J].现代传播(中国传媒大学学报),2020,42(9):46-51.
③ 宋美杰,陈元朔.为何截屏:从屏幕摄影到媒介化生活[J].福建师范大学学报(哲学社会科学版),2021(1):123-132,171.
④ WINTHROP-YOUNG G.Hardware/Software/Wetware,critical terms for media studies[M].Chicago:University of Chicago Press,2010:186.
⑤ WINTHROP-YOUNG G.Hardware/Software/Wetware,critical terms for media studies[M].Chicago:University of Chicago Press,2010:186-198.

人类成为技术体系中的环节之一；反过来，通过人的介入，又使数字技术得以实现并在复杂的情境中活化。人"盘活"了硬件与软件。因为个人特性和具身化操作各有不同，数字技术的外在表象形成了五光十色的画面。

为了更好地理解它，我们将手机主屏幕视作一种复合空间（hybird space）。阿德里亚娜·德·苏扎·席尔瓦（Adriana de Souza e Silva）指出，计算机形成的是一种静止界面（static interface），然而手机形成的是一种移动界面（mobile interface），它具有移动性和便携性，嵌入了我们的日常生活，模糊了物理空间和虚拟空间的边界，整合创造了新的复合空间。人在使用手机时并不会将之划分成物理空间和虚拟空间，也不会有"进入"虚拟空间的感觉，这与坐在固定屏幕前操作计算机是不一样的。① 因此，手机的屏幕看上去是一个二维平面，但它实际上是一个具有同延性（coextension）的复合空间。我们可以从四个方面来阐释席尔瓦的论断。首先，手机主屏幕的玻璃平面下具有纵深性，敞开了一个虚拟空间，用户就像对待一个真实存在的空间那样进行放置、排列、组合与美化。其次，这一空间是数字化和技术化的。它建立在硬件的物质实体基础之上，实现着控制硬件功能的软件指令，为使用者提供了诸多可能性，与人进行着具身互动，这使它与真实空间区别开来。再次，手机主屏幕的空间居于人的指掌之间，它的便携性和移动性使它成为一个随身的空间。最后，从更大的空间范围来说，手机主屏幕的管理使用融合在人所处的生活环境和情境范围内。总之，在手机主屏幕的二维表面之下，是一个复合型的空间。

笔者从智能手机用户对主屏幕进行管理的微观实践入手，把主屏幕这一界面视为复合空间，把它的设计理解为"技术剧本"，从而探寻这一媒介实践中更为多变的界面空间、更丰富的人机互动、更深切的具身感知，进而探索人与技术之间在现象学存在论上的互动关系。笔者试图回答两组问题。第一，用户面对着什么样的手机主屏幕"技术剧本"？第二，用户需要理解并且参

---

① SILVA A A.From cyber to hybrid: mobile technologies as interfaces of hybrid spaces［J］.Space and culture，2006，9（3）：261-278.

与这一"技术剧本",对复合空间进行操作,这一媒介实践是如何发生的?当用户在管理和重新设置手机主屏幕时,又是如何把自己的文化身份、社会关系和日常生活纳入其中的?

二、研究方法

手机主屏幕管理既涉及界面的物质性,又涉及用户的实践性,这两个属性交织在复合空间之中。笔者主要采用物本分析(objectual analysis)和数字民族志(digital ethnography)两种方法进行探究。

从物质性层面来说,作为界面的手机屏幕几乎没有现成的研究方法,或者说,它需要一种综合式的研究设计。智能手机因 iOS、安卓和鸿蒙等操作系统不同而形成不同的理念、技术基础和外在框架,其中蕴含着"技术剧本",并借助于屏幕的材质及技术而实现,包括玻璃、塑料、金属涂层、触摸点、控制器、线缆、基座,既有液晶显示屏(LCD)、有机发光二极管(OLED)等不同显示屏类型,也有电容式、电阻式等不同触摸技术。为了理解这种复杂的界面物质性,笔者搜集了当前市场上主流智能手机所使用的屏幕的设计原理和物理构成资料,以及苹果、安卓和鸿蒙系统的官方技术剧本(包括手机厂商官网的广告介绍和系统更新日志),并对这些材料进行物本分析,以此来理解手机主屏幕设计及与之相关的媒介实践活动。

所谓的物本分析法,强调从外观/相和功能/灵这两个方面入手[①],对媒介物开展一种基于物性的分析。物本分析法源自海德格尔对"物"的现象学解剖,受到物质话语分析(material dis-course analysis)的影响,又与之相异。物质话语分析力图发现"物质的话语效果与话语的物质效果间的相互建构"[②],其更多是指向对技术符号的分析,而非物质依存状况。实际上,媒介的物质

---

① 张磊.拟人、非人与后人类:论人工智能媒介物与人类的相遇[J].中国新闻传播研究,2020(6):3-17.
② HARDY C, Thomas R.Discourse in a material world[J].Journal of management studies, 2015, 52(5):682.

性恰恰不是以符号方式来展现的。手机主屏幕上不仅有"能指/所指"这个二元结构，还存在着基础的物质性空间的排列组合。物本分析法更注重物质构成带来的基础性影响，采用文本细读式的方法加以审视，力图为理解作为界面的手机主屏幕奠定基础认识。

用户使用的实践性和屏幕的物质性一样复杂。本项研究在数字民族志的思路下，开展参与式的观察和深度访谈。笔者对线上社区豆瓣、微博、知乎及小红书用户所分享的手机主屏幕管理相关内容进行了搜集和观察，其中重点关注豆瓣小组"我的桌面"[①]。该小组现有成员 11 万余人，其内容主要是小组成员分享自己的手机主屏幕及相关管理经验。笔者重点对 22 位手机用户进行了线下或线上深度访谈，访谈问题围绕他们的主屏幕日常管理行为展开，此外还结合他们在线上社区所分享的手机主屏幕管理内容设置了具体的针对性问题，同时收集了来自这 22 位手机用户的 100 余份手机主屏幕截屏和录屏文件展开分析（见表 1）

表 1 访谈对象列表

	化名	性别	年龄	手机型号	手机系统
1	老王	男	40	小米 11	安卓
2	大老师	女	26	iPhone12	iOS
3	张美美	女	24	iPhone11	iOS
4	小葫	女	26	iPhone12	iOS
5	小严	女	21	小米 8	安卓
6	糖糖	女	19	HUAWEI P40	安卓
7	毛头	女	20	HUAWEI nova 8 Pro	安卓
8	海棠	女	23	HUAWEI P40	安卓
9	七七	女	20	小米 10 青春版	安卓
10	Soap	女	20	iPhone X	iOS
11	老张	男	48	iPhone 12	iOS
12	书书	女	33	iPhone 12	iOS

[①] 豆瓣网"我的桌面"小组，https://www.douban.com/group/ymm0001/。

续表

化名	性别	年龄	手机型号	手机系统
13 三水	女	22	OPPO 13	安卓
14 欣欣	女	18	iPhone 11	iOS
15 小陈	女	23	Realme GT Neo	安卓
16 Yolo	女	31	HUAWEI Mate 20	安卓
17 陈磊	男	32	小米 6	安卓
18 翻车鱼	女	25	Samsung Galaxy S9	安卓
19 小朱	男	26	HUAWEI Mate Xs	鸿蒙
20 安娜	女	26	HUAWEI P40	鸿蒙
21 小曹	男	29	HUAWEI P20	安卓
22 关山	男	25	iPhone 12 Pro	iOS

本·莱特（Ben Light）等人在提出手机应用程序的"漫游法"（Walkthrough，一译走查法）时说："分析一个应用程序需要关注其嵌入的社会文化表征，就像其技术特征或数据输出一样，后者也对社会和文化产生影响。"[①] 对手机主屏幕的研究同样如此。我们既要考虑社会和文化的实践，也要考虑技术工具的物质性。两者结合，对具体研究具有一定的启发性。

三、研究发现

（一）理解屏幕：手机主屏幕的物质特性

屏幕不仅是一组光学设备（optical devices），还是一组具备物质实体形态的界面，是一个用户根据技术剧本而进行数字日常实践的舞台。屏幕具备实时交互功能，硬件设计奠定了软件运行的基础，也丰富了人机互动的形态。

屏幕位居媒介的发展历史之中。列夫·曼诺维奇（Lev Manovich）提出

[①] LIGHT B, BURGESS J, DUGUAY S. The walkthrough method: an approach to the study of Apps[J]. New media & society, 2018, 20（3）: 885.

了屏幕谱系学,将屏幕划分为经典屏幕、动态屏幕和实时屏幕三类。[①] 经典屏幕(classical screen)以绘画为代表,是一个矩形的平面,供人们从正面观看。它存在于人类身体所处的日常空间之中,是进入再现空间的窗口。动态屏幕(dynamic screen)以电影银幕为代表,显示历时性的图像。实时屏幕(screen of real time)以计算机屏幕为代表,它显示的图像可以持续地进行实时更新。屏幕的特性是叠加的,而手机屏幕不仅同时具备了这三类屏幕的功能特性,还增加了互动的性质。当然,它的物质形态与其他三类屏幕迥异。智能手机时代,手机屏幕在物质形态上具有三个特性。

第一,手机屏幕是一个长大于宽的竖屏,占据手机的主体部分。1983年最早出现的便携式电话是直立式的,只有能显示一行数字的LED屏幕。随着手机的更新换代,屏幕开始占据越来越大的面积,可以说,手机形态的变化主要体现为手机屏幕比例不断扩大。早期手机的屏幕比例多为4∶3或3∶2,以水平向的"横屏"为主。它们多半只具有显示功能,无法进行触摸互动。从横屏变为竖屏的关键节点是苹果公司iPhone的推出。[②] 伴随物理键盘的消失,电容式触摸屏开始兴起。iPhone取消了占用屏幕空间的物理键盘,主张"用软件来替代硬件",采用灵活而适应性强的触摸屏键盘。自此之后,这种设计逻辑贯穿了智能手机的发展史。许多物理硬件被剔除在手机的技术剧本之外。手机的Home键、耳机插孔、储存卡槽慢慢消失,摄像头也开始隐形,厂商们陆续推出升降摄像头和屏下摄像头。随着无线充电技术的不断普及,未来或许连手机充电接口也会消失。一切都将隐匿在屏幕之下。

第二,手机屏幕是以玻璃为基础材质的。现代电影理论有三个基础性隐喻,即画框、窗户和镜子,[③] 而且它们都免不了要使用具有光学透明性且具

---

① MANOVICH L.The language of new media[M].Cambridge:MIT Press,2001.
② 事实上,世界上第一款配备电容式触摸屏手机并非iPhone,而是LG公司的KE850。它于2006年12月12日首次发布,不到一个月后,苹果推出了iPhone且获得了巨大成功。
③ SOBCHACK A.The address of the eye:a phenomenology of film experience[M].Princeton:Princeton University Press,1992.

有能实现物质区隔的玻璃。手机屏幕同样使用了玻璃材质。手机屏幕颇似画框,这为用户镶嵌肖像或其他图片奠定了基础;但与画框不同的是,手机屏幕里内嵌了一个具有同延性的三维世界。从这个角度讲,它像是面向无限新世界打开的一扇窗户。手机屏幕成为映射自我的一面镜子。它显现了用户的自身需求,是个体私人化的复合空间,也是能够隔绝屏外、自我沉浸的庇护所(shelter)。但是,手机屏幕并不完全符合玻璃的透明本性。透过玻璃,我们本应能看到屏下的手机构造,如传感器模块的触控点、电路板元件、芯片和电池等。然而,以玻璃为材质的手机屏幕遮掩了技术世界。手机在发展过程中化硬件为软件,取消了外在接口等硬件设计,变得越来越纤薄。用户原先可自行更换电池和储存卡,现在变成用户无法自行拆解的一体机,成为一个封闭且隐秘的小型扁平黑箱。"技术黑箱"的概念被手机具象化了。

第三,手机屏幕提供了与人体交互的界面。随着屏幕触摸传感器从电阻式转向电容式,多点触控(multi-touch)这一软件理念得以实现。电容式触摸屏利用人体的导电性,使得手机为人的手指所掌控,而非电阻屏时代可被任何材料操控。基于这一理念的技术剧本取消了作为物理中介的按键和电子笔等,屏幕从系统显示器升级为操作界面,以极佳的灵敏度支持手指控制屏幕的丰富手势,包括滑动(swipe)、轻按(tap)、挤压(pinch)和反向挤压(reverse pinch or unpinch)。多点触控突破了电阻式触摸屏时期的单点触控,拓宽了人与手机屏幕的具身互动,且这种互动越发灵活和生动,人机互动更贴近人与人之间的交流。例如,多点触控中的反向挤压就是手机在用户操作之后给予的反馈。人体的热力和导电性经过技术转译,引发界面操控的变化,硬件、软件、湿件就在物质性层面上建立了可通约性,而这一技术原理,也为湿件的概念意涵提供了鲜明注脚。

基于以上三个特性,手机主屏幕形成了复合空间,也形成了"技术剧本"的舞台。这类技术剧本规定了用户的"手势",引导其具身操演。固然,不同的品牌厂商形成了不同的理念和技术剧本,但在十多年的发展历程中,手机软件系统设计逐渐在美学风格的"苹果化"、功能设计的"安卓化"方面取得统一。苹果公司的 iOS 系统通过各种手势设计，为主屏幕管理提供了基本方式。

手机主屏幕的技术结构是不稳定的、离散的、分布式的，更是具备多个层级的，并通过手势设计形成了三种方式——切换、延伸、嵌入，以此来实现三维空间的建构。"切换"指的是不同页面和模式的更替。"延伸"指的是同一层级的横向拓展。例如，用户可自行设定主屏幕页面的数量，来不断拓宽页面空间。"嵌入"指的是不同层级的垂直拓展。例如，用户将应用程序归类进文件夹，或移动至"App 资源库"。许多主屏幕功能本身也嵌入式地隐藏在页面中，从主屏幕页面右上角向下轻扫，用户即可打开控制中心，可以快速访问包括手机模式、无线局域网、蓝牙等重要功能。手机主屏幕的三维空间在"延伸"和"嵌入"中实现同延，在"切换"中实现移动运转。

（二）封面装修：用户对手机壁纸的设置

手机主屏幕是一个复合空间，现今人们对手机主屏幕的管理不再局限于布莫尔等人所关注的二维页面上的图标排列与整理[1]，而是体现为更复杂与更多变的空间设计。在"我的桌面"豆瓣小组中，小组成员分享自己经验时常常用到"装修"这个动词。人们把手机主屏幕与居住的家庭空间相类比，通过多层次的实践活动，使手机成为自己个性化的私人媒介物。

我们每日起床第一眼和睡前最后一眼看到的图像，往往是手机主屏幕的锁屏壁纸。以往研究发现，人们将手机壁纸视为最接近自己的媒介，并试图通过壁纸来改变自己的外在表情。[2] 访谈对象张美美将壁纸作为一种积极暗示的图像，选择了一张在她看来十分辽阔的景象作为锁屏壁纸。壁纸中央

---

[1] BÖHMER M，KRÜGER A.A study on icon arrangement by smartphone users. Proceedings of the SIGCHI Conference on Human Factors in Computing Systems，Apr 27 2013［C］.2013.

[2] OH Y H，JU D Y. Look at My Face: A New Home Screen User Interface，User Experience，and Usability: Understanding Users and Contexts: 6th International Conference，July 9-14，2017［C］. BC，Canada，2017.

有一个人驾着马车上坡，周围是裸露、宽阔的草坪，后面则是层层叠叠的房屋。

> 我（很久）没有换过锁屏壁纸了。我记得这是有一次我心情特别不好的时候换的，就感觉它（壁纸）很开阔，带给我很多想象的空间。它特别像我高中时期或者是大学还没有毕业的时候，我自己所处的那种期待状态。你随时看到这张图，都会觉得自己好像还有无限的可能性，就是有非常广阔的东西可以去想，这是这幅图对我来讲特别有意义的一点。①

人们在面对手机主屏幕时，即便深知这是一个厚度有限的扁盒子，也明白自己所见无非是一幅二维图像，却仍在有意无意地选择具有纵深感和延伸感的壁纸来打造这一复合空间，去拓宽自身感知和想象的边界，如张美美对应用程序文件夹的命名方式非常别致，第一排用四个月相表情符号（emoji）来命名，第二排分别命名为"Everything""Will""Be""Ok"，连成一句"一切都会好的"。（如图1所示）每一个单词在几何排列中遥相呼应的同时，共同组成的这句话与张美美的锁屏壁纸相呼应，成为她积极暗示自己的方式。作为嵌入日常生活并贯穿各种情境场景的界面，手机主屏幕很多时候超越了实用的技术功能，成为一个自我表达和对话的空间，一面映照自我的镜子。用户们使用图片、文字和表情符号，变换颜色、字体和位置，通过多重的组合和排列，书写着一首首赛博装置诗。

---

① 访谈对象：张美美。

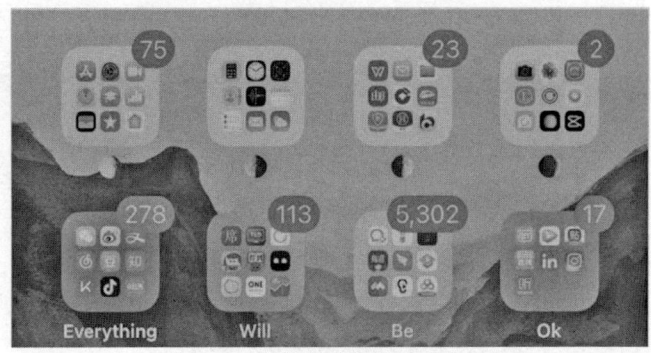

图 1　张美美的文件夹命名

常作为锁屏壁纸的还有人物肖像。① 这与手机屏幕的竖屏特性有关，也模拟了画框隐喻。早期计算机有水平和垂直两种主要视图形式，且名称与两种绘画类型一模一样。水平形式被称为"景观模式"（landscape mode），垂直形式则被称为"肖像模式"（portrait mode）。② 计算机壁纸常采用横屏的景观模式，而手机壁纸常采用垂直矩形的肖像模式。很多用户将家人、恋人和偶像的肖像作为锁屏壁纸。轻轻触摸一下手机屏幕，思念的人即会出现。锁屏页面成为一副相框，其作用就如同老怀表指针后的人像，或者出门远行时钱包里夹着的一张照片。手机不是人体的延伸，也不是延伸的"人体"，而是人体的"器官"。③ 那些附着情感的壁纸和人一道在空间中移动，形成一种陪伴。除了用户自定义和系统默认的静态壁纸外，安卓手机还会提供随机壁纸功能，即每次打开锁屏屏幕时会显示出不一样的图片和配文。有的用户就会重复解锁、锁屏、再解锁这一连串动作，通过看更新的壁纸来打发时间。

相比锁屏壁纸，主屏幕壁纸的图像景物更为简洁，使得应用程序图

---

① OH Y H，JU D Y.Look at My Face：A New Home Screen User Interface，User Experience，and Usability：Understanding Users and Contexts：6th International Conference，July 9–14，2017［C］.BC，Canada，2017.
② MANOVICH L.The language of new media［M］.Cambridge：MIT Press，2001：95.
③ 黄旦."千手观音"：数字革命与中国场景［J］.探索与争鸣，2016（11）：20-27.

标更加清晰可见，以避免出现视觉不协调的情况。^① 同时，应用程序图标和文件夹的排列会因壁纸的不同展现出新的几何样貌。小陈是《创造营2021》选手井汲大翔的粉丝，她把井汲大翔的照片作为自己手机主屏幕的壁纸，并将应用程序的图标和文件夹围绕人像排列，以防挡住人脸。（如图2所示）

图2 小陈的手机主屏幕页面

  这个壁纸比较不固定，我经常会换。这次选井汲大翔是因为追选秀追的他，也给他花了钱。他太可爱了，看他就像看儿子一样，所以就选择把他放在桌面，想要每天都看到他，选了一个直接怼脸的正面照……图标和文件夹的位置一般我都不会太动，但如果换壁纸的时候文件夹挡住人脸了，我就要把文件夹和图标移开。^②

---

① OH Y H，JU D Y.Look at My Face：A New Home Screen User Interface，User Experience，and Usability：Understanding Users and Contexts：6th International Conference，July 9-14，2017［C］. BC，Canada，2017.

② 访谈对象：小陈。

除了将偶像设置为壁纸之外，也有像豆瓣用户"金岛嘤"这样的粉丝，不仅围绕着人像壁纸进行图标和文件夹排列，还将带有偶像照片的小工具纳入其中，并在这些偶像元素的组合考量中，避免空间前后的视线遮挡，以实现复合空间内错落有致的层次堆叠。（如图 3 所示）

图 3　金岛嘤的手机主屏幕页面

访谈对象大老师十分热衷于"装修"自己的手机主屏幕，几乎每两天就要更换一次壁纸，但有两个元素是不会更换的，那就是对结婚纪念日进行计数的 Days Matter 和显示结婚照的小工具。（如图 4 所示）相比频繁更换壁纸，大老师并不挪动这些有着纪念意义的板块。不仅如此，她丈夫的手机主屏幕原本是实用主义风格，也在她的代为管理下匹配上了这些与整体风格有些格格不入的"花哨"小工具。在两个不同的手机终端上，大老师用同样的主屏幕布局设置使得她和丈夫二人处于共在空间之中。手机主屏幕的复合空间特性再次得以凸显，它既承认物理空间中相对距离的遥远，又表现出与虚拟空间的毗邻。①

---

① SILVA A A.From cyber to hybrid：mobile technologies as interfaces of hybrid spaces［J］.Space and culture，2006，9（3）：261-278.

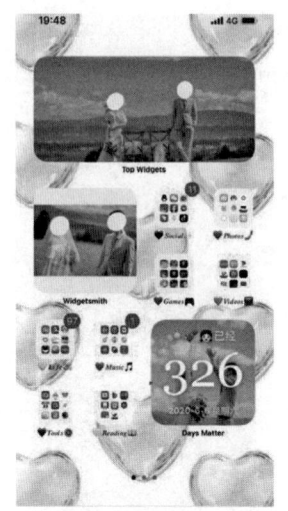

图 4　大老师的手机主屏幕页面

无论是选择"睹物思人"的壁纸,还是通过排列文件夹名称书写的赛博装置诗,抑或是通过主屏幕的相同布局来建立联系,用户们的实践可谓丰富多彩,甚至显得浪费了许多时间和位置来做"无用"之事。手机主屏幕脱离了界面是"功能"而非"表征"的既定框架。① 事实上,界面是可以包含非功能性内容的,对界面的讨论也不能只停留在"界面是否友好"的应用性设计标准之上。从物质性、符号或美学角度来理解界面,是界面文化分析的纲领性主题。②

（三）内部的排列组合：用户对应用程序的创造性管理

基于手机厂商撰写的"技术剧本",用户对个体手机主屏幕进行再造。这种再造并不拘泥于技术剧本的固定逻辑,而是具有高度的创造性。使用频率是最常见的原则,但它不指向真实的使用频率,而是指向对使用频率的期待和想象。布莫尔等人认为,用户会根据自身真实使用应用程序的频次对图标进行排列,将使用最多的应用程序图标放置在第一个主屏幕页面上,使用最

---

① 祁林.界面革命［J］.文化研究,2015（2）:181-198.
② 盖恩,比尔.新媒介:关键概念［M］.刘君,周竟男,译.上海:复旦大学出版社,2015:57.

少的应用程序图标则放置在最后一个页面上。①然而,用户对自身使用时间和频次分配的认知是模糊的。手机屏幕是具有同延性的复合空间,这也就意味着手机所运作的任何程序和页面在时空上没有边界,并且这一复合空间没有中间(in between),一切页面和应用程序之间的切换与抵达是平滑自如、"单击即可"(one tap away)的状态。②"人们拿着手机,常常处于一种疆域无限且心神涣散的场景,虽然有主动的、有意识的选择,但我们不是在一个充满各种歧路的花园中有目的、有计划地散步,而是突发奇想、三心二意地玩一个跳房子的游戏,这个游戏是由许多落点、起跳点以及各种陷阱构成的。"③复合空间的这种特性使得人们常常迷失在原本作为工具的手机里,使用手机常用"玩"或"刷"来形容,手的功能在大脑与眼睛的中枢操作之外凸显出来。"手本身所具有的认知和讲述能力,在数字移动媒介的条件下被彰显和开发。"④这突破了视觉中心主义,也提醒我们开发在所谓理性判断之外的身体潜能。应用图标管理的使用频率原则也因此被瓦解,"常用"的理性判断是暂时的,"随意"的无意识涣散行为弥漫在实际的手机屏幕管理及使用行为之中。

作为无意识行为的反面,也有用户试图通过主屏幕管理这一媒介实践来打破手机使用的病理性习惯。访谈对象小严就力图将自己的手机打造成工作机和学习机,而非游戏机;力图不被手机所操控,而是借手机实现自我管理。作为一名备战研究生入学考试的大三学生,为了减少使用娱乐社交应用程序的频率、进入高效率的学习状态,小严将自己的每日任务、扇贝单词等学习应用程序图标突出排列在第一个主屏幕页面上,将微博、豆瓣等社交应用程序隐藏在了主屏幕末页的文件夹里,甚至直接删除了娱乐应用程序。在学习时间里,小

---

① ZIEFLE M,BAR S.Mental models of a cellular phone menu.comparing older and younger novice users,Sep 13,2004[C].Berlin:Springer,2004.
② SILVA A. From cyber to hybrid:mobile technologies as interfaces of hybrid spaces[J].Space and culture,2006,9(3):261-278.
③ DRUCKER J.Humanities approach to interface theory[J].Culture machine,2011(12):7-8.
④ 徐亚萍.运动图像的操作化:对触屏视频流装置及其姿势现象的考古[J].国际新闻界,2020,42(6):55-75.

严还会将休闲娱乐的主屏幕末页隐藏起来。一般来说，一旦用户确定了手机主屏幕的总体布局，就不会轻易变动。甚至在更换新手机的状态下，用户对手机主屏幕的管理往往也会延续上一部手机的媒介习惯，以满足自身交互偏好，维持跨平台的一致性和私人化管理。① 在形成主屏幕的空间记忆之后，用户适应新的手机主屏幕布局需要时间成本，而小严恰恰就是利用反空间记忆，时常更换应用程序所在位置，变动自己的手机主屏幕布局，来使自己的手机主屏幕陌生化，以达到应用程序的期待使用频率，实现理想的手机使用目标。

你经常点开微博、豆瓣之类的娱乐应用程序，原因就是它在你很熟悉的地方。你无聊的时候下意识就打开手机点开它们了，然后就会花很长时间去玩。我不想浪费这么多时间在那儿，所以我就把各种各样的应用程序混杂在一起，让自己对它们的位置不那么熟悉，就不会经常点开了。②

布莫尔等人将用户划分为新手用户和专家用户，并指出新手用户往往依据手机系统所推荐的归纳方式来管理和命名应用程序文件夹，这就是外部原则。③ 其实，用户对手机主屏幕还有更为消极的管理办法。有些用户任由应用程序图标根据下载顺序自动排列，一页排满后就继续生成新的页面，其余设置则依据手机系统的默认模式不予更改，如访谈对象 Soap 连基本的主屏幕管理功能都不予理睬，不使用文件夹归纳应用程序图标，而是任由这些图标散落在主屏幕页面上。对这些用户来说，厂商技术剧本的设计再丰富也是无关紧要的。诺曼·布莱森（Norman Bryson）在比较传统画框和计算机屏幕视

---

① HÄKKILÄ J, CHATFIELD C.Personal customisation of mobile phones: A Case Study. Proceedings of the 4th Nordic Conference on Human-Computer Interaction: Changing Roles, October 14 –18, 2006 [C].Norway: Oslo, 2006.
② 访谈对象：小严。
③ BÖHMER M, KRÜGER A. A study on icon arrangement by smartphone users.Proceedings of the SIGCHI Conference on Human Factors in Computing Systems, Apr 27, 2013 [C].France: Paris, 2013.

窗时预言："基本上，画框原有的秩序被摒弃了，取而代之的是叠加或平铺的秩序。"① 手机主屏幕的文件夹、App 资源库等分类设计试图形成清晰的逐级收纳，深入垂直空间。然而，如 Soap 一样的用户的手机主屏幕空间试图挑战这种垂直、纵深、叠加的规则，以此形成平铺和延展的平面。

> 可能因为我是"平铺型人格"，我喜欢把所有东西摊在一起横向对比，会感觉比较清晰，但也会被人说很杂乱。这个世界大部分时候是为"堆叠型人格"设计的。②

无论是使用频率原则，还是外部原则，在用户的实际管理行为中都会受到挑战。布莫尔等人总结的五项原则看似清晰合理，却难以解释复杂万端的用户行为。实际上，唯一可能的原则就是"情境化"的原则。手机屏幕的复合空间与用户的地理空间、社会位置、流动性有机融合起来，形成虚实交织的"情境"。访谈对象安娜将大众点评、亿通行、携程旅行、去哪儿、滴滴打车和爱彼迎等应用程序放在同一个文件夹里，并将这个文件夹命名为 dududu。dududu 就是汽车的声音，意思就是"我要出门了"，这些应用程序都是我出门在外所需要用的。③ 访谈对象老王也将海岛奇兵游戏等娱乐应用程序与携程旅行等旅游应用程序归类到一个文件夹，因为对他来说，这些应用程序都是外出路途上的应用，或者有实用功能，或者用于消遣。另一位访谈对象陈磊是一名编剧，外出时常用"京东读书"等应用程序，为了方便单手操作阅读电子书，就将这些程序排列在"程序坞"这一单手操纵最容易接近的主屏幕区域。

正如德·苏扎·席尔瓦所言，作为移动界面，手机主屏幕的复合空间植根于移动性与通信之间的勾连，并通过同步发展于物理空间和虚拟空间的社会网络来实现。④ 手机空间不是独立且割裂的，而是伴随着人的行动在城市或

---

① NORMAN B，2013. Summer 1999 at TATE［EB/OL］［2021-12-12］.http：//artasiamerica.org/documents/6307.

② 访谈对象：Soap。

③ 访谈对象：安娜。

④ SILVA A.From cyber to hybrid：mobile technologies as interfaces of hybrid spaces［J］.Space and culture，2006，9（3）：261-278.

乡间不停移动，主屏幕的使用因此融合在人们所处的空间环境和诸多生活情境之中。如果手机应用图标管理有原则，那么它只能是情境化原则。

（四）走向屏外：手机主屏幕管理与社会文化身份

既然手机屏幕管理是情境化的，那么，社会个体的身份与关系必然会介入相关的实践之中。在调查中，有两类人群引发了笔者的关注，一类是老年群体，另一类是视觉障碍群体。这也引发了学术界有关手机屏幕与人类感官之间关系的讨论。

在手机用户中，老年人多半是新手用户，无论是手机使用程度还是媒介素养，抑或是建立界面心智模型的能力，均不及年轻用户群体。[1]值得关注的是，老年人的视觉能力相对受限。手机厂商因此推出所谓的"老年机"，它的屏幕及管理具有独特性。老年人的专用手机多半是市面上屏幕尺寸最大的型号，在主屏幕管理方面，主要提供的是应用程序排列整理等基础功能，其余多为默认设置。主屏幕页面往往简洁大方，较少使用文件夹，图标和字体大小也被调成最大显示模式，力求在视觉效果方面清晰可见、操作上简单直接。

此外，老年人的手机可能会由子女来进行辅助管理。以在北京工作的老张给自己在山东的父母买新手机为例：

> 我没有直接寄到父母那里，而是先寄到我自己家，我装好App，设置好桌面，再寄给他们。我先问了他们现在用哪些App，然后下载相应的，并且多下载了一些同类的，以及我估计他们会需要的。我把字体设置成"巨无霸"，没有把应用程序分组放进文件夹，而是直接分类罗列在屏幕上……我估计他们最常用的App是4个，微信、电话、短信、相机，所以把这4个放在最底下的常用程序坞。[2]

---

[1] ZIEFLE M，BAR S.Mental models of a cellular phone menu.comparing older and younger novice users，Sep 13，2004［C］.Berlin：Springer，2004.

[2] 访谈对象：老张。

对于视觉能力受限的老年人来说，通过设置"放大显示""粗体文本"等功能，问题相对容易解决。但是，对于视觉障碍人群来说，情况就更复杂了。智能手机厂商普遍设置了"读屏""语音控制"等功能，为盲人提供服务。iOS 等手机系统还为色盲人群提供了"色彩校正"服务，包括为红色盲人群配备了"红/绿滤镜"，为绿色盲人群配备了"绿/红滤镜"，为蓝色盲人群配备了"蓝/黄滤镜"。一位小红书用户有色弱的视觉障碍，手机主屏幕在过去四年里一直使用的是"黑白简约风"，在发现手机色彩校正功能后，他立马将手机主屏幕主题更换成彩色。

> 原来微信是绿色的，TIM 是蓝色的？！原来淘宝是橙色的？！原来真实世界的颜色这么明显。我把色弱校正模式开开关关好多次，来比对前后看到的颜色。①

此外，部分并无视觉障碍的用户也会巧妙使用色彩滤镜为自己服务。访谈对象小葫为了减少使用娱乐应用程序，就打开了手机系统灰度的色彩滤镜，让自己的手机失去色彩，变成完全的黑白色，她将这种方式称为自己的"防沉迷"系统。另外，还有用户为了追求"墨水屏"的阅读效果，在浏览电子书时打开了黑白色彩滤镜。

无论是视觉能力受限的老年人，还是存在视觉障碍的盲人或色弱者，抑或是巧妙使用色彩滤镜的健全人，都提醒我们视觉在手机屏幕管理中的重要性。实际上，屏幕设计中存在着根深蒂固的视觉中心主义。那么，其他人类感官呢？以手指触控动作为主要交互方式的手机屏幕必然涉及触觉问题。

触觉可能会存在肢体障碍问题。屏幕厂商也为有手部颤抖、灵巧度或精细动作控制方面困扰的用户群体开放了多点触控响应方式的调节路径，以识别更快或更慢的触控，以及忽略多次触控。更重要的是，多点触控在考虑到不同生理特性的身体时，也在形塑着人整体的生理姿态，原本拿着笔时右手

---

① 小红书用户页面，2021 年 10 月 30 日，http://www.xiaohongshu.com/discovery/item/617d27ac00000000102a4b4 source=question。

五指的共同行动变成了无名指或大拇指的单独运作。即便回到书本和纸页面前，我们还会陷入翻书页时不自觉戳戳纸张右下角时的恍惚，又或者想要连点两下，放大书本上的某一张图片。这种错乱感提醒我们，界面的技术剧本在迎合着人的身体，而界面的动态本质在重塑着具身行为。这套建构行为把我们的身体和感性装置与一种迅速变化的模式联系在一起，这一切被整合到一种复杂的经验中去。① 这种新的感官体验也深深渗入手机主屏幕的管理。

人持手机时是单手还是双手操作，使用的是左手还是右手，对应着手机主屏幕管理的差异。

一般用户主要以右手单手操作手机，并习惯用大拇指进行点按。屏幕位置不同，手指触摸、点按的难度也有所不同。随着手机屏幕尺寸越来越大，单手操作难度陡增，顶端的应用程序基本处于触控盲区，相较之下，屏幕的下半部分是最容易触及的，并且惯用手的可触及范围更大。因此，用户使用频率最高的，或是在移动状态下单手操作的应用程序，往往被置于程序坞（主屏幕最下方）。人与界面之间的交互还存在"解放双手"的情况。随着自动语音识别技术（Auto-matic Speech Recognition，ASR）的发展，人机交互逐渐实现超时空人际交流的回归。如何启动一款应用程序也会影响图标在主屏幕页面中的位置。访谈对象老王就将依赖语音唤起的应用程序直接放于靠后的页面或页面的边缘位置。

> 除了百度地图以外，我基本上把导航软件都放第二页面了。车载应用基本上都是用"小爱同学"唤起，所以我就不会把它放在主页面上。如果要导航，就直接喊语音助手，它就会出现了。②

传统媒介的感官流程多半是"眼睛观看—大脑理解—手动操作"的机械流程。③ 在管理屏幕时，人置身在界面这一复合空间中，会调用和发展更复杂

---

① DRUCKER J. Humanities approach to interface theory [J]. Culture machine, 2011（12）: 15.
② 访谈对象：老王。
③ 祁林. 界面革命 [J]. 文化研究, 2015（2）: 181-198.

的感官经验。与此同时，五官感觉、身体的移动性、人的能力和行动能力被放大和重塑。①我们未曾意识到的感官体验由此得以显现。

四、结语

手机主屏幕究竟是什么？从外表形态上看，它是形状长大于宽、以玻璃为基础材质、封闭且隐秘的扁盒子；从硬件设计上看，它配有电容式触摸传感器，能与人之间产生灵活的交互；从操作逻辑上看，它以"切换""延伸""嵌入"的方式，实现了二维平面之下的复合空间建构，为用户提供了具身操演的舞台和技术剧本。

对形形色色的用户来说，手机主屏幕又意味着什么呢？它和人体一道在空间移动，甚至成为人身体的一部分，贯穿着用户的日常生活，手机主屏幕成为用户进行自我表达和情感寄托的数字画框、实现理想自我的数字镜子、走向广阔社会关系的数字窗户。从手机壁纸的更换到应用图标的排列，"情境化"是最突出也是最可靠的实践原则。老年人和视障群体有自己的主屏幕管理方式，而无论是生理受限者还是健全人，都随着主屏幕的使用延伸出新的感官经验。即便基于同一个技术剧本，通过手机主屏幕管理这一媒介实践，用户也能创造出独属于自己的数字日常生活。

弗里德里希·A.基特勒（Friedrich Kittler）曾经指出软件之下的专制主义②，这种专制主义恰恰被媒介硬件和具身实践所瓦解。手机主屏幕管理只是当代数字媒介技术得以应用的一个切面，它使我们得以窥见媒介技术世界的纠缠状况。"界面"，既依赖物质性基础，也依赖软件设计，还依赖人的具身行为，它是虚实空间的中介，照亮了人与技术相互关联的另一个面向。软件、硬件、湿件相互连接，在社会情境中成为整体性的媒介装置。

---

① 喻发胜，张玥.沉浸式传播：感官共振、形象还原与在场参与［J］.南昌大学学报（人文社会科学版），2020，51（2）：96-103.

② KITTLER F A.There is no software［M］.Ctheory，1995：10-18.

生成屏幕：视觉媒介终端的未来考古学*

列夫·曼诺维奇（Lev Manovich）早就提醒说："我们所处的社会是一个景观社会还是个模拟社会？这点尚有待辩论，但毫无疑问，我们已经进入了一个屏幕社会。"[①] 当时的世纪末预言，如今已在日常生活中化为现实。在当下，人们的视线几乎无时无刻不面对屏幕，即某个矩形的、平滑的光学设备表面（surface），上演着非即时即地的活动影像。对于生活在移动传播和智能传播时代的人来说，不管是打游戏、看视频，还是远程办公、视频社交，无论眼前的世界多么光怪陆离，首先映入眼帘的都只是一块液晶屏幕。除了最常见的媒介三屏，即电脑屏幕、手机屏幕、电视屏幕以外，我们的生活空间中还存在更多的屏幕。例如，电影院中悬挂着巨大的银幕，电梯里、商业大厦外、公共交通工具中遍布着广告液晶屏，家庭中的各种电器都普遍拥有自己的屏幕，可穿戴式设备的屏幕虽微小但依然不容忽略，车辆空间中也有不止一块屏幕以作控制、信息展示和娱乐之用，学校和公司里大大小小的屏幕成为讨论的主要依托物。实际上，在军事、城市管理、新闻采集、经济生活中，"中控"系统往往具化为一张巨大的屏幕。未来的社会越智能化，屏幕的身影就越无处不在。

这就是"屏幕社会"。所谓屏幕社会，与网络社会、数字社会、智能社会等表达一样，都在强调媒介技术（尤其是数字化的媒介技术）渗透到日常生

---

* 本文原载于《媒介批评》2023 年第 1 期，与孙晗合作，收入本书时有改动。
① MANOVICH L .The language of new media［M］.Cambridge：MIT Press，2001：94.

活和社会发展的方方面面。屏幕成为理解社会变化的切入点，或者确切地说，目光的聚焦点。理论家们已经为此付出巨大的努力，理清屏幕的系谱学[1]，总结它的社会意义[2]，探索它的存在论形态[3]。然而关于屏幕的理解尚有许多空白。一方面，我们过度关注现代媒介屏幕，而容易忽略传统社会中那些"低技术化"的屏幕前身；另一方面，未来的媒介尚未完全"揭幕"，虚拟现实（virtual reality）的到来使得通常意义上的屏幕物质实体趋于消失。前者使我们沉沦于技术化光学设备带来的影像之中，后者使我们难以面对光滑矩形表面之外的情形。"屏幕"的实质究竟是什么？它仅仅是一组表现为矩形表面的光学设备吗？本文试图沿着媒介考古学的思路，回溯"屏风"这一屏幕雏形的意义，推展"虚拟现实"之后的屏幕演进，从而开阔屏幕研究的理论视野。

一、屏风：再现与隔断

现代意义上的屏幕是一组光学媒介技术系统中的终端，即影像投射的表面。唐宏峰对晚清（约19世纪70年代之后）报刊中有关"影戏"的报道加以考察，其中展现了这种屏幕的形制："（小灯）正对堂上屏风，屏上悬洁白洋布一幅，大小与屏齐"[4]"台上设布幄，洁白无纤尘，俄尔电光发射，现种种景色，颇有匣剑帷灯之妙。"[5]唐宏峰指出，这里的"影戏"并非真正的电影，而是幻灯；同时，二者皆是舶来的现代视觉技术。因此，电影的视觉体验并非全然新奇的。"对于近代上海的时髦市民来说，在真正的电影进入之前，人

---

[1] MANOVICH L.The language of new media [M].Cambridge：MIT Press，2001：94.
[2] 利波维茨基，塞鲁瓦.总体屏幕：从电影到智能手机 [M].李宁玥，译.南京：南京大学出版社，2022.
[3] MITCHELL W J.Screening nature（and the nature of the screen）[J].New review of film and television studies，2015，13（3）：231-246.
[4] 唐宏峰.幻灯与电影的辩证：一种电影考古学的研究 [J].上海大学学报（社会科学版），2016，33（2）：40-60.
[5] 唐宏峰.幻灯与电影的辩证：一种电影考古学的研究 [J].上海大学学报（社会科学版），2016，33（2）：40-60.

们已经在幻灯、万花筒、西洋景、诡盘等奇巧玩意儿那里，感受了一种前所未有的逼真而运动变幻的影像。"①

这一媒介考古学的论述，提醒我们屏幕及电影光学设备并非一个固定时间点上的全新产物。那么，我们是否可以沿着这一思路往前追溯，看看这种"前所未有"的体验是否有其铺垫？

"洁白无纤尘"的洋布成为"银幕"，固然有其现代性，但它也与既有的空间基础设施关联在一起，那就是墙壁与屏风，从而将现代视觉活动嵌入堂、园等传统的公共交往空间之中。"屏"与"幕"因此构成新的合成词，前者指向其形制，后者指向其材质。正如袁艳所指出，银幕的材质是一种纺织品，与织纹一起，足以开启纺织媒介研究的新篇章。② 这里姑且按下不表。银幕的形制来自"屏风"，不免令人浮想联翩。"屏幕"一词，在中国古代文字中等同于屏风与帐幕。唐代志怪小说《博异志·张不疑》中，男主角张不疑召唤自己的侍妾春条出来，但"（春条）泣于屏幕间，亟呼之，终不出来"。苏状和马凌曾讨论了"屏幕"之"屏"的词源学，却没有继续追问它们的物质性联结。③ 实际上，中国古代的"屏"作为一种物品是颇为重要的媒介，它的物质性构成部分通过覆盖于其上的洋布得到了继承。

美术史学家巫鸿认为屏风兼具实物（准建筑形式）、绘画媒材、绘画图像三种性质。此处的"媒材"即媒介（medium）。更重要的是，"屏风是一个框架（framework），它的基本功能是将空间区隔开来"④。如果说当代屏幕的主要功能是在实在的物理空间之中浮现出一个虚拟空间，那么，古代屏风就是在物理空间中区隔出一个物理空间，并且通过在上面绘画创造出一个虚拟空间。从这一点来说，屏风就是一种屏幕。

巫鸿详细讨论了屏风的空间区隔与象征再现的关系。屏风是一种准建筑

---

① 唐宏峰.幻灯与电影的辩证：一种电影考古学的研究［J］.上海大学学报（社会科学版），2016, 33（2）：40-60.
② 袁艳.织纹：技术图像的另一个宇宙［J］.国际新闻界，2022, 44（12）：58-83.
③ 苏状，马凌.屏幕媒体视觉传播变革研究［J］.南京社会科学，2014（8）：123-129, 144.
④ 巫鸿.重屏：中国绘画中的媒材与再现［M］.文丹，译.上海：上海人民出版社，2017：9.

形式，是一个隔断物，占据着一定的三维空间并对其所处的三维空间进行划分①，是塑造空间且被所在空间塑造的实物。除了人们于所在之处陈设屏风以外，屏风划分和隔断空间的功能还体现在中国传统绘画中，屏风作为一种视觉隐喻，起到构造画面空间的作用。图画空间的创造往往是和某种透视法——一种能使画家在二维平面上表现出具有三维空间立体感的绘画方式——相联系的。②西方绘画中的"线性"透视方法被高度理性化的几何系统所支配，而中国传统绘画则是在屏风的帮助下进行画面构造，实现空间的分割、连接与延伸。

屏风隔断空间，并不仅仅是划分和并置出两个区域。事实上，屏风划分出三个空间，区隔了两个世界。屏风由屏心、屏裱与屏框三部分构成，一方面屏心和屏框将外部世界隔离，将内部世界遮蔽；另一方面，屏裱又让我们"看见"另一番世界图景。③屏风作为一件实物，区隔了屏框周围的外部世界，而作为一种绘画媒材，又再现了一个丰富的内在世界。"直到宋代，画屏，或者有人会说是裱在屏风上的画，还可以与手卷、壁画一起称作中国三种最重要的绘画形式。"④屏风为绘画提供了理想的平面——它以其矩形边框把内部的各种符号"界框"起来。⑤

一旦屏风区隔了世界，又以绘画再造世界，那必然留出想象的空间。古代志怪小说中，很多神秘之事都发生在屏风之后，或者将屏风画中的形象化为现实。夏可君曾提及屏风带来的"幻化梦游"关系。⑥陆游有诗云："三叠秋屏护琴枕，卧游忽到瀼西山。"韩偓则在《草书屏风》中说："若教临水畔，字字恐成龙。"当代影视叙事被称作白日梦，而屏风早就在守护古代中国的梦

---

① 巫鸿.重屏：中国绘画中的媒材与再现[M].文丹，译.上海：上海人民出版社，2017：1.
② 巫鸿.重屏：中国绘画中的媒材与再现[M].文丹，译.上海：上海人民出版社，2017：15.
③ 苏状，马凌.屏幕媒体视觉传播变革研究[J].南京社会科学，2014（8）：123-129，144.
④ SULLIVAN M.Notes on early Chinese screen painting[J].Artibus asiae，1965，27（3）：239-264.
⑤ 巫鸿.重屏：中国绘画中的媒材与再现[M].文丹，译.上海：上海人民出版社，2017.
⑥ 夏可君.烟影与面纱：走向现代性的无用美学[M].南京：江苏凤凰美术出版社，2022.

境与幻境。如果说当代屏幕在日常生活中开了一扇朝向外部的窗，那么古代的屏风同样在空间区隔和绘画再现的合二为一中具备了在两个世界间游走的可能。区隔与联通、观看与想象、安全感与神游之畅，在媒介的根本价值上，古今并无二致。

屏风虽然是中国传统文化的独特物品，不过，西方的屏幕也不单单是一个光学设备的终端。曼诺维奇在建立屏幕的系谱学时，就是以画框作为起点的，他甚至还一直追溯到柏拉图洞穴比喻里的石壁。巴克利等人也指出，screen 的释义主要强调分离（divide）、过滤（filter）、掩盖（conceal）和遮蔽（shelter），而非再现功能。① 例如，纱门（screen door）和（用于掩盖真实意图的）烟幕（smokescreen），都提醒我们"可见"背后的隐义。他们因此提出"环境媒介"这一概念，以此突破将屏幕视为"光学设备"的简单理解。但在此之前，我们需要先理解作为光学设备的屏幕谱系。

二、光学设备：凝视与隐没

曼诺维奇的屏幕系谱学是一个看似线性但充满断裂的系谱学。他对屏幕的定义是"一个平面的、矩形的、离眼睛有一定距离的"表面，"用户体验到漫游虚拟空间的幻觉，体验到身体在别处的幻觉，以及计算机跟自己打招呼的幻觉"。② 也就是说，屏幕是一个有特定形制的东西，有着隔断与分离空间的功能，划分出两个不同却共存的空间。

曼诺维奇在 1995 年提出这一定义时，正处在计算机技术与屏幕结合并产生重大影响的时期。但他并没有拘泥于计算机屏幕的技术化特征，而是从 15 世纪的绘画出发，前瞻性地讨论了 20 世纪末刚刚萌芽的虚拟现实理念，从而溯源了整个屏幕的发展谱系。他提出了屏幕的三种类型：经典屏幕（classical screen）、动态屏幕（dynamic screen）、实时屏幕（screen of real time）。他还在

---

① BUCKLEY C, CAMPE R, CASETTI F.Screen genealogies: from optical device to environmental medium [M].Amsterdam: Amsterdam University Press, 2019: 8.

② MANOVICH L.The language of new media [M].Cambridge: MIT Press, 2001: 94.

事实上提出了第四种类型——交互屏幕（interactive screen）。需要强调的是，这四种类型并不形成并列和互斥的关系，而是形成从属和包含的关系，即交互屏幕是实时屏幕的子类型，实时屏幕是动态屏幕的子类型，而动态屏幕则是经典屏幕的子类型。①

经典屏幕，以可移动的绘画为典型代表，是静止且经久不变的，供人们正面观看的矩形、平滑的表面。它以一个框架（如画框）划分出两个尺度不同却在某种程度上共存的空间，即我们身体所在的空间和再现空间（the space of representation）。前文所述的屏风也属于经典屏幕这一类型。动态屏幕，以电视荧屏和电影银幕为代表，其中显示的过往图像会随着时间流逝发生变化。动态屏幕要求观者搁置怀疑，完全认同屏幕影像，忽略其以外的空间世界。实时屏幕，以视频监控为例，可以持续性地对图像进行实时更新。区别于动态屏幕显示的是过去的运动影像，实时屏幕显示的是当下的图像。② 交互屏幕是日常生活中我们接触到最多的屏幕类型，它实际上是界面（interface）与屏幕相结合的产物。自交互屏幕起，屏幕就不再只是再现现实的设备，更是介入（intervening）世界、影响现实的工具。③

屏幕作为一种横跨时间长河且历久弥新的媒介，其演变源于社会的种种需求（计算机屏幕最初是为军事用途所开发的）。同时，它将新兴媒介纳入其中，自身所蕴含的功能意涵随之拓宽。曼诺维奇在将屏幕历史划分成不同的阶段时，并非沿袭建构主义视角形成线性的媒介技术史，而是用从属类型的划分方式来还原屏幕类型演变过程中的重叠与覆盖。然而，这四种类型的从属关系仍然存在着断裂与跳跃式的接续，个别具体的屏幕也在跳脱出原本的框架。总的来看，在屏幕"爆炸"的当下和屏幕多样化的过程中，屏幕有三个变化趋势值得我们注意。

第一个趋势是屏幕日益成为复合空间。屏幕再现图像时，从单一走向重

---

① MANOVICH L.The language of new media［M］.Cambridge：MIT Press，2001.
② MANOVICH L.The language of new media［M］.Cambridge：MIT Press，2001.
③ HACKING I.Representing and intervening：introductory topics in the philosophy of natural science［M］.Cambridge：Cambridge University Press，1983.

屏再走向集合。一般来说，在绘画等经典屏幕和电影银幕、电视荧屏等动态屏幕中，单一图像都完全充满了画面。然而，经典屏幕和动态屏幕中都会出现屏幕嵌套的情形，即重屏。巫鸿讨论作为绘画媒材的屏风时，将其著作命名为《重屏》，表面上看是讨论屏风画中的屏风，实则揭示了空间重叠的多样性，如电视荧屏里的人们也在看电视或者看电影等。更剧烈的转变则始于计算机屏幕的出现。计算机屏幕所显现的不再是单一的图像，而是一系列并置或嵌套的窗口，而且计算机屏幕是具有同延性（coextension）和纵深感的，这也就意味着屏幕中窗口的嵌套和并置是无限的。手机屏幕与之相似，也是通过嵌套、延伸和切换来实现二维屏幕下三维空间的无限建构。[1] 此外，计算机屏幕单一窗口中所呈现的也不再只是再现的图像，而是包含了文本、图像和图形元素等数据板块的集合。[2] 值得注意的是，计算机窗口的两个模式类型，即景观模式（landscape mode）和肖像模式（portrait mode），又接续了经典屏幕绘画的视觉惯习。景观模式指的是横向窗口，与绘画中风景画通常的横向画幅一致；而肖像模式指的是纵向窗口，与绘画中肖像画通常的纵向画幅一致。

第二个趋势是屏幕与人的身体日益叠合。屏幕观看模式（viewing regime）展现了观者沉浸程度的起伏以及身体的禁锢与解放。屏幕并不是一个再现信息的中立媒介，这一点在经典屏幕时期隐约可见，而在动态屏幕时期完全呈现出来。它具有主动性，通过筛选、接管感知，营造出"界框"以外世界的不存在感。[3] 具体屏幕建构幻象的完整程度和丰富性有所差异，能够提供给观者的沉浸感也有所不同。同样是充满单一图像的经典屏幕，尺度上有所差异的绘画给观者带来的视觉冲击力是截然不同的。站在敦煌壁画之中与面向画廊的一幅油画，是完全不同的两种审美体验。在影院里看电影，则使观者能够达到最为极致的沉浸。人们处在四周黑暗的空间，面对一块巨大的屏幕，

---

[1] 张磊，孙晗.物质性与实践性：基于界面分析的手机主屏幕管理研究［J］.福建师范大学学报（哲学社会科学版），2022（5）：59-71，170.
[2] MANOVICH L.The language of new media［M］.Cambridge：MIT Press，2001：97.
[3] MANOVICH L.The language of new media［M］.Cambridge：MIT Press，2001：96.

且被要求减少相互间的交谈，观者完全沉浸在银幕世界里（更不要说后续三维、四维电影的出现了）。面对计算机、手机等交互屏幕，由于它显现的不是单一图像，而是无数窗口与元素的集合，观者无法长期聚焦在某个单一的窗口或元素中。观者的注意力在这个过程中过于短暂且不可预计，会迅速地膨胀，但是也会快速地消散。① 这些窗口和要素没有中间（in between），彼此的切换与抵达是平滑自如、"单击即可"（one tap/click away）的状态。② "人们拿着手机，常常处于一种疆域无限且心神涣散的场景，虽然有主动的、有意识的选择，但我们不是在一个充满各种歧路的花园中有目的、有计划地散步，而是突发奇想、三心二意地玩一个跳房子的游戏，这个游戏是由许多落点、起跳点以及各种陷阱构成的。"③

　　观者沉浸程度的起伏伴随着观看主体身体的禁锢与解放。在观看离眼睛有一定距离的屏幕时，为保证视线的稳定，需要观者身体保持相对稳定的静止状态。尤其是面对仅供正面观看的现代屏幕，人们也不用像分别欣赏屏风的正面和背面时那样挪动自己的脚步。在西方屏幕传统中，观看主体往往是被禁锢的。从文艺复兴时期的单眼透视视角，再到暗箱（obscura）和 19 世纪的明室（lucida），观者在观看某一画面时，其身体在空间中必须保持静止状态。④ 最为著名的一个屏幕案例来自柏拉图的洞穴比喻，在那个火光与石壁形成的视觉机制中，人们是被锁链束缚的。"从童年开始，他们就一直待在这个地下的洞穴里，腿上和脖子上绑着锁链，他们不能移动，只能看到他们面前的景象，锁链的束缚让他们无法转头。"⑤ 在移动屏幕出现之前，观者的身体位置由屏幕的相对位置决定，屏幕甚至要求观看主体进入特定的空间。电影观众在座位上望着动态屏幕上随着时间变化的运动影像时，他的身体进入了一

---

① 韩炳哲.在群中［M］.程巍，译，北京：中信出版社，2019：11.

② SILVA A.From cyber to hybrid：mobile technologies as interfaces of hybrid spaces［J］.Space and culture，2006（9）：261-278.

③ DUCKER J.Humanities approach to interface theory［J］.Culture machine，2011（12）：7-8.

④ MANOVICH L.The language of new media［M］.Cambridge：MIT Press，2001：104.

⑤ 柏拉图.理想国［M］.郭斌，张竹明，译.北京：商务印书馆，1986：514.

种新的、体制化的"不动"之中，展现为漆黑的环境、固定的座位、不变的视线和沉默的氛围。观看电影所带来的极致沉浸则是以这种"不动"换来的。观者保持不动是电影幻觉的基础。① 相比之下，移动屏幕带来了身体的解放，观者甚至不再只是观看主体，更是行动主体。手机屏幕并不要求观者处于特定的空间和位置，也不框定观者的某个身体部位须保持静止状态。于是，手机屏幕便可以伴随观者出现在任何空间位置以及任何生活情境之中，而这种密不可分的关系又形成了对观者身体和意识两个层面新的禁锢。

第三个趋势则体现为屏幕的隐没。无论是作为隔断物，还是承担再现功能的屏幕，它与其所在空间都有着清晰的界限（一个框架）。它是空间内部进行划分的界线本身，或是进入另外一个内部空间的窗口。观者与屏幕之间也存在一种泾渭分明的关系。然而，虚拟现实和增强现实挑战了对屏幕的固有认知。这两项技术提供的可穿戴显示器让图像完全填充了观众的视野，甚至一种极端的情形可能会将视觉机制叠加在人的视网膜之上。自此，观看电影不再是观者能够体验的最极致的沉浸。幻觉不再脱离现实空间和外部世界，不再局限于二维表面下的三维空间和内部世界，而是完全将现实空间纳入其中。虚拟现实技术下，现实的物理空间和虚拟的模拟空间重合，观者同时处在这两个空间之中，② 而增强现实则是在现实空间中叠加了一个新的空间。传统屏幕中区隔、遮掩的实物以及现代屏幕中仅供观看的矩形表面都不复存在。屏幕正在走向隐没。

曼诺维奇认识到屏幕是一种文化上的分类，③ 而在罗兰·巴特看来，屏幕更是一个包罗万象的概念。"只要一个主体（作者、读者、观者、窥视者）将凝视（gaze）投射到某一平面上，以其中的一部分作为三角形的底边，以他的眼睛（或者思想）作为三角形的顶点，那么再现就仍然存在。"这一三角形在现实空间所剪切出来的部分就是巴特所认为的屏幕领域。它具有清晰的边缘，其周遭被消匿为虚无，维持着无名的原始状态，而呈现在屏幕领域之中

---

① MANOVICH L.The language of new media［M］.Cambridge：MIT Press，2001：106.
② MANOVICH L.The language of new media［M］.Cambridge：MIT Press，2001：97.
③ MANOVICH L.The language of new media［M］.Cambridge：MIT Press，2001.

的内容被赋予本质、被照亮，从而被观看。① 巴特对屏幕的界定涵盖了几乎所有符号再现形式及前文讨论的四种屏幕类型，甚至包括了非视觉化的再现（文学）。这比屏幕社会所指向的屏幕更加泛化，且仍在强调屏幕的隔断，因此无法囊括虚拟现实等情况。于是，我们不禁思考，屏幕是否拥有一个本体论存在？如果有，它究竟是什么？

三、虚拟现实：附在与透出

从15世纪的绘画到影像技术，再到数字设备，曼诺维奇的屏幕考古学及系谱学研究并不囿于对光学设备和视觉装置的关注，但终归是将屏幕框定在了电影研究和媒介研究之中。即便我们将屏风作为屏幕的雏形与前身纳入讨论，也只是拓展了其外延，而未能穿透其内在。在W.J.T.米歇尔（W.J.T.Mitchell）看来，正是由于屏幕外延之广泛与庞杂，我们无法对其进行系统性的描述，才应当转向对屏幕本体的探寻。更值得重视的是，未来屏幕（如虚拟现实和增强现实）实则溢出了系谱学界定的框架和类别。原有的屏幕考古学从当下出发，其进步史和阶段的划分方式实则阻碍了我们对屏幕基础性逻辑的认知。越是探讨具体、多样和复杂的屏幕技术，越是无法看清屏幕的本质。②

基于此，米歇尔对屏幕本质的探索首先不局限于现代屏幕文化或屏幕技术，而是延伸到前现代文化，甚至超出人类社会的范围，拓展出更大的屏幕实践图景，而这与屏幕考古学相比，向着更深的层次、更久远的时间所进行的探索，并不会依赖历史前后的线性时间顺序，而是对所有屏幕实践进行共时的、并置的比较。米歇尔将已有的屏幕考古学纳入他所提出的屏幕古生物学（screen palaeontology）框架，建立概念上的屏幕本体论，并提出了一些具

---

① MANOVICH L.The language of new media［M］.Cambridge：MIT Press，2001：103.
② MITCHELL W J T.Screening nature（and the nature of the screen）［J］.New review of film and television studies，2015，13（3）：231-246.

体可用以分析的概念。①

在此之前，我们要对屏幕的一个特性进行认知和强调。屏幕不具有完整性（totality），它永远不会单独出现。整个世界可能出现在屏幕上，但屏幕永远不是世界的全部。屏幕不被认为是一个单独的实体，而是存在于大的观看场景之中，或是与图像、其余艺术共在。②根据米歇尔的阐述，我们再回顾前文述及的屏风。作为隔断物的屏风，需要陈设于区隔的空间内部，而作为绘画媒材的屏风，则与屏风画共存。既然屏幕不会单独出现，那么我们就需要将屏幕放置于一个更大的图像中才能理解它的本体。这个更大的图像，就是元图像。

米歇尔提出了三类屏幕的元图像（metapictures）：第一类屏幕元图像是图像附在的表面（a surface on which images are projected）；第二类屏幕元图像是透出图像的筛子、格子或网格（a sieve, lattice, or grid through which images are apprehended）；第三类屏幕元图像则能同时表现出"附在"（on）和"透出"（through）的形式。如果直观地例证，我们又会陷入类型划分的游戏中。比如，属于第一类屏幕元图像的是墙，属于第二类屏幕元图像的是窗户。事实上，我们所面对的情况可能更为复杂，一面墙上画着一扇窗户的错视图像，就能同时出现"附在"（on）和"透出"（through）两种情况。③

我们最为熟悉的"附在"（on）和"透出"（through）的屏幕对比案例，就是电影银幕和电视荧屏了。这两种屏幕分别对应屏幕显现图像的方式，即反射和映像。④电影银幕自身不发光，需要外部光源投射，图像信息从而附在其表面上显现。作为可以反射的表面，屏幕与光之间的关系是准确的，它被要求折中在完美的反射率和全然吸收之间。镜子就是具有完美反射率（一般

---

① MITCHELL W J T.Screening nature (and the nature of the screen)[J].New review of film and television studies, 2015, 13（3）: 231-246.

② MITCHELL W J T.Screening nature (and the nature of the screen)[J].New review of rilm and television studies, 2015, 13（3）: 232

③ MITCHELL W J T.Screening nature (and the nature of the screen)[J].New review of film and television studies, 2015, 13（3）: 232-246.

④ 黄鸣奋.屏幕美学：从过去到未来[J].学术月刊，2012，44（7）: 21-29.

在 80% 到 90% 之间）的平面。任何站在镜子前面的事物都变得可见，我们看见的是镜子里（in）反射的一切，而镜子上（on）有什么呢？那一定是镜子上的划痕或者附着的灰尘等。① 如果将投影仪对向镜子，我们就会被刺眼的光线晃得睁不开眼。真正的电影银幕，它的表面有一层金属粉（这也是为什么它会被称作"银"幕，早期的幕布则是用洒水的方式来提升反射率），整块幕布反射率处于 15% 到 30% 之间，仅反射出图像信息。电视荧幕则是一种传输媒介（transmission medium），自身发光，从其内部透出图像信息。这便是"银"幕与"荧"幕两种屏幕的差异所在。面对仅供正面观看的电视荧幕，观者对其背后的光源则不得而知。当然，银幕与荧幕之间并不是二元对立、不可兼容的。银幕当中仍然可以出现荧幕，电视也可以显现在电影之中，这正是前文所提的重屏——复合空间的一种。

除了共同表现"附在"（on）和"透出"（through）以及互相嵌套以外，两个类别之间也可以相互转换。当路过一家店的橱窗时，在保持一定距离的情况下，我们先是看见反射在橱窗表面上（on）的自己。随着走近橱窗，反射的图像逐渐消失，这家店里的事物便会逐渐从窗口里透出（through）来。这一点同样可以在胶卷相机或即时成像相机的运作过程中体现出来。相机前的光线透过（through）镜头附在（on）胶片等感光纸上，或是显像在（on）底片上。②

到这里，我们会发现，米歇尔提出三类元图像并不是要在我们的认知中建立一个关于屏幕的坚固框架和类别，继而能够囊括并穷尽所有的屏幕实践（过程中可能出现的相互转换致使我们不能对屏幕实践进行简单归类），而是奠定了基础的屏幕逻辑与认知，以屏幕的本体存在视角去理解世界。并且，这个被称为"世界"的对象不仅限于肉眼可见的具体图像，还囊括脑海中抽象的感知与想象。屏幕出现在任何主体与客体碰撞，以及主体与主体的相遇

---

① MITCHELL W J T.Screening nature（and the nature of the screen）[J].New review of film and television studies，2015，13（3）：232–246.

② MITCHELL W J T.Screening nature（and the nature of the screen）[J].New review of film and television studies，2015，13（3）：232–246.

之间。米歇尔认为，感知（perception）符合"透出"（through）这一类屏幕元图像。因为人对外界的感知是透过已有认知模板与框架的。主体相遇时，我们也是透过性别、阶层和相貌等刻板印象的网络望向他者，而想象与记忆则符合"附在"（on）这一类屏幕元图像，是已内化在主体之内，存在于意识与无意识中的。① 米歇尔的理论从根本上揭示了屏幕的本体实质，也在一定程度上回应了虚拟现实对屏幕的挑战。

对于介词的讨论并非一场文字游戏，它更揭示了屏幕与人之间的关系。因为这种关系的存在，人也就存在于屏幕化的世界中了。换言之，屏幕的隐没不是虚拟现实的新产物，而是人在世界中存在的一种方式。屏幕会消失无踪吗？我们在描述屏幕所在的情境时，会使用"在""里""过""后"以及"之间"等位置介词。这就恰恰说明屏幕并未消失，还切实存在于这个世界上，而非日常语言、实践和经验以外的地方。② 长久存在的屏幕，其自身的流变是事物层面上的，也是观念层面上的。此外，屏幕也不仅与人类社会相关，还存在于我们所处的自然环境中。水汽就属于同时显现出"附在"（on）和"透出"（through）的第三类元图像。投影的光束可以透过（through）水汽传播，同时附在（on）水汽的粒子上。③ 这种消散的屏幕形式颠覆了一开始"矩形、平滑的表面"这一稳定的屏幕定义，云、雾、雨是天体投影的屏幕，也在成为越来越多艺术家创作表达的媒材与装置。④ 巴克利等人将其称之为"环境媒介"。虚拟现实可谓环境媒介具象化的最佳展现。如果虚拟现实真的普及，那么"无屏"也就意味着"全屏"了。无论如何，我们所生活于其间的并不只是一个屏幕社会，更是一个屏幕环境和屏幕世界。

---

① MITCHELL W J T.Screening nature（and the nature of the screen）[J].New review of film and television studies，2015，13（3）：232-246.
② MITCHELL W J T.Screening nature（and the nature of the screen）[J].New review of film and television studies，2015，13（3）：232-246.
③ MITCHELL W J T.Screening nature（and the nature of the screen）[J].New review of film and television studies，2015，13（3）：233.
④ CRAIG B，RÜDIGER C，FRANCESCO C.Screen genealogies：from optical device to environmental medium[M].Amsterdam：Amsterdam University Press，2019.

四、结语

屏幕是现代性目光的聚焦点。但是，它绝不仅仅是光学影像的承载终端那么简单。古代的屏风和未来的虚拟现实，无不提醒我们可见屏幕背后的不可见性。沿着屏幕理论家们的思路，同时借用艺术史学家们的讨论，我们可以从一种屏幕系谱学走向屏幕考古学，再走向屏幕古生物学。屏幕不仅是存在（being）的，更是生成性（becoming）的。在历史和未来的光影交汇中，屏幕的本体论实质逐渐显现出来。屏幕是隔断，也是透过光产生的联结。屏幕是附着，也是凸显，终归是人抵达所存在世界的中介物。在屏幕生成史旁逸斜出的庞杂脉络中，我们或许能把握其本质，并发现断裂处的遥遥呼应。

智能媒体的现实图景与未来想象*
——以新闻领域的变化为例

从以机器连接人类的前 Web 时代，到门户兴盛的 Web1.0 时代，到社会化媒体崛起的 Web2.0 时代，再到如今被大数据、云计算、AI、VR/AR 等技术驱动向前的 Web3.0 时代，互联网技术发生了翻天覆地的变化，大众也随之改变了生活状态。近年来，这些新的技术力量已渗透到专业新闻传播的各个环节。本文聚焦于新闻领域的智能化趋势，以大众的新闻需求变化为起点，探讨智能媒体在新闻采集、新闻生产、新闻分发和新闻消费四个层面产生的影响，做出理论反思，探寻智能媒体发展的价值走向。

一、当代社会新闻需求的变化

随着以智能手机为代表的移动互联终端在生活中的普及，当代人获取新闻的典型场景发生了巨大的变化。"场景"可以理解为一个社会个体所面对的地理位置、生活情境和社会环境三个层面交织形成的聚合点，或者如喻国明教授指出的，场景即对用户使用传播时的一种基于时空环境的规定性[1]。从时间和空间两个维度分析，在智能手机大规模普及之前，用户在获取新闻的过程中花费的时间较长，空间相对固定，一般集中在家里的客厅、餐桌或办公

---

* 本文原载于《郑州大学学报》(哲学社会科学版) 2017 年第 4 期，收入本书时有改动。
[1] 喻国明. 用"互联网+"新常态构造传播新景观：兼论内容产品从"两要素模式"向"四要素模式"的转型升级[J]. 新闻与写作, 2015 (6): 39–42.

场所，如今移动技术在时空上解放了阅读者，用户获取信息的时间变得零散且随机，通常在移动的空间里进行碎片化的信息消费①。

新闻获取场景的变化对新闻业提出了新的要求，新要求中同时蕴含着未知的挑战和隐藏的风险。由此，新闻获取需求形成值得关注的四种新趋势，即个性化的新闻获取、碎片化的新闻内容、现场感的新闻体验和贴身式的新闻服务。

第一，个性化的新闻获取。在前 Web 时代，新闻传播呈现从一到多、从点到面的单向扩散态势，而如今的新闻传播越来越体现为以个性化的用户为起点的过程。随着互联网上的信息渠道近乎爆炸式的增长，提供同一化内容的"大众媒体"似乎已成为过时之物，新闻的接受者也不再是被动的"受众"，而是主动进行选择的"用户"，这些已渐成共识。现实生活中用户都有自己独特的生活经验，由此催生了其对世界的特有关注点。个性化的需求逐步浮现，要求媒体不能只是单纯地提供统一化的新闻，而应思考如何为用户提供他们所需要的、感兴趣的个性化新闻服务。比如，利用爬虫技术和智能推荐系统算法的今日头条，会根据用户的媒介使用行为建立起其个人模型，智能化地为用户进行精准的个性化信息推荐。

第二，碎片式的新闻内容。根据中国互联网络信息中心的调查，互联网新闻的阅读呈现出明显的碎片化特征："单次浏览新闻在 30 分钟以内的网民比例高达 62.4%，其中 26.6% 的用户浏览时间在 10 分钟以内。平均浏览场景为 3.1 个，在家休息、睡前、饭后休息时为最典型的浏览场景，占新闻资讯网民用户的比例分别为 69.7%、67%、52.1%；超过 30% 的网民会在早上起床后、乘坐交通工具时、等人排队等碎片化场景下上网看一下新闻。"② 新闻消费场景在时间和空间上的碎片化、移动化，加之用户选择的自由度和开放性高度提升，促使媒体不仅能提供大容量、高密度和集中化的整合性新闻产品，还要对报道内容进行切割细分，或是对新闻题材进行修正。目前，在电视新闻播

---

① 陈昌凤，仇筠茜. 移动化：媒介融合的新战略［J］. 新闻与写作，2012（3）：30-33.
② 中国互联网络信息中心.2016 年中国互联网新闻市场研究报告［R/OL］.（2017-01-17）［2017-02-15］. http://www.cnnic.net.cn/hlwfzyj/hl-wxzbg/mtbg/201701/P020170112309068736023.pdf.

出后进行"碎片化"处理和二次传播,已经成为电视台的常见做法,甚至部分电视机构在新闻采集和编辑的时候首先考虑的就是互联网上的信息碎片化传播的可能性。

第三,现场感的新闻体验。无论是获取新闻还是娱乐,用户总是在不断地追寻现场感和临境感。由于媒体技术和其他相关技术的发展,用户得以摆脱地理空间和现实时间的限制,也逐渐摆脱感官的束缚。在各类新设备中,VR/AR 最引人注目,它们给人类带来了感知世界的新方式,给人们构建出一种超出符号化环境的临场化环境,人们不再只是通过符号间接体验世界,而是直接置身于一个与现实世界感官相同的三维虚拟世界[①]。无论是 VR/AR 技术在构建沉浸感中带来的改变,还是直播在缩短时间差中获得的进步,都得以让人们在很大程度上追求新闻的临界感,同时,这对我们重新思考人与时空的关系提出了新的要求。

第四,贴身式的新闻服务。媒体在不断演化,它不再是固定在某一空间中无法移动的事物,也不是外置于人的某个物品。随着智能终端的发展,媒体越来越频繁地伴随着人们的日常生活。《第 39 次中国互联网络发展状况统计报告》显示,截至 2016 年 12 月,我国网民规模达 7.31 亿,手机网民规模达 6.95 亿,占比高达 95.1%[②]。《中国新媒体趋势报告(2016)》的调查也显示,被调查者中每天使用移动端时间超过 1 个小时的用户占比达 81.5%。新闻消费场景的移动化、获取新闻内容的碎片化,都使得新闻变成一种贴身式的服务,人们在动用更多感官与新闻事件连接,而新闻媒体也使自己进入用户的贴身情境。

时间和空间在变化,用户对时空的感受方式、度量方式和利用方式随之变化,催生了新的场景、情境和环境,导致新闻与人的关系也在发生变化。

---

① 彭兰.未来传媒生态:消失的边界与重构的版图[J].现代传播(中国传媒大学学报),2017,39(1):8-14,29.
② 中国互联网络信息中心.第 39 次中国互联网络发展状况统计报告[R/OL].(2017-01-22)[2017-02-15] http://www.cnnic.net.cn/hlwfzyj/hl-wxzbg/hlwtjbg/201701/P020170123364672657408.pdf.

一方面，用户生活方式的变化要求媒体发生改变，另一方面，媒体本身的变化也影响用户改变生活习性。二者呈现出在整体社会进程中协同进化的关系。美国学者乔舒亚·梅罗维茨在20世纪80年代就谈及，伴随电视的发展，人们可以在家中接触外部世界，社会空间从地理空间中剥离，使人类的整体社会情境发生了变化。到了21世纪的第二个十年，互联网成为生活的基础设施，移动互联成为人际关系的基本状态，人们有了新的情境。也正是在这种情境的变化下，人工智能等技术与新闻传播开始了彼此的嵌合。

二、智能技术带来的新闻领域新变化

目前，智能技术在媒体中的应用还处于较为初级的阶段，更多地具有实验性质。但微小的变化已经蕴含着革命的可能性。我们可以从新闻采集、新闻生产、新闻分发、新闻消费四个环节来观察智能技术在新闻领域中的突破。

（一）新闻采集

传统新闻采集依赖于记者的个人感官捕捉新闻信息，然后将其转化为文字、图片、音频和视频符号。智能技术的应用则有潜力超越人类个体所能触及的范围，可以带来更大量级的信息和更具新意的景象。

以传感器为典型代表的信息采集工具在一定程度上动摇了新闻工作者作为信息采集主体的现实。传感器新闻的兴起在很大程度上依赖于数据成为新闻的主要素材，在美国，《太阳哨兵报》、纽约公共广播电台、《今日美国》《华盛顿邮报》等已进行了多次传感器新闻的尝试[1]。一方面，新闻工作者不再满足于在人类感官所能企及的范围内搜集信息，而传感器延伸了人体的感官系统，以其超越人的感官所能及的广度、深度与持久度超越传统的信息采集模式；另一方面，在大数据时代的语境下，传感器所搜集到的有针对性

---

[1] 许向东.大数据时代新闻生产新模式：传感器新闻的理念、实践与思考［J］.国际新闻界，2015，37（10）：107–116.

的规模化数据不断满足新闻报道中对数据的需求,通过对碎片化的信息进行数据分析以期获取相关规律与趋势的判断,进而提升完整报道的准确性与权威性。

装载图像传感设备的小型无人机作为照片和视频采集工具近年来得到了较为普遍的应用,未来传感器新闻在信息采集中的形态将更为多元。用户根据自身需求"定制"传感器来进行相关信息搜集,打破了以往官方相关机构发布数据这一单一来源的状态。得益于带有传感器的可穿戴设备的普及,"众包"传感器能够捕获更为广泛的用户群体的相关数据,减少了人力采集的成本消耗,还能促进公民参与新闻的发展[①]。进一步说,由政府牵头建设传感器网络来捕捉可靠、实用的大数据,能够为相关工作提供切实可行的解决方案,这能够超越媒体,进入更广泛的社会治理领域。

传感器的发展,对媒体工作者能力结构也提出了要求,亟需跨学科知识与跨领域技能的复合型新闻工作者出现。在此过程中,新闻工作者的主体性更多地转移至对于传感器的使用、对于数据的采集与控制,并规避此过程中涉及隐私的伦理困境,这对其专业性提出了挑战。

借助传感器收集海量的信息与数据将逐步成为一种新常态。传感器采集数据,而数据通过一系列可视化手段融入具体的新闻产品,尤其对于解释性报道、调查性报道具有更大的价值。

(二)新闻生产

人机合一、多元主体去中心化的写作体系将成为新闻生产过程中的主流形态。一个初现雏形的领域就是机器人写作。新华社的"快笔小新"、腾讯的写作机器人 Dreamwriter 等广受关注,"今日头条"在 2016 年里约奥运会期间启用 AI 小记者"张小明"担纲写作体育新闻,受到业界和学界的认可。目前机器人写作还处于初级阶段,但它对数据进行深度挖掘与处理的优势已经凸显出来。

---

① 史安斌,崔婧哲.传感器新闻:新闻生产的"新常态"[J].青年记者,2015(19):81-83.

机器人写作的优势在于，在标准化新闻领域其生产效率更高，且生成的结构性文本精准可读、中立客观；而其易被诟病之处即在于机器写作的判断力与创造力、温度和深度等情感立场表达还有待提升。目前学界与业界对于机器人写作已达成一定共识，认为机器人写作主要集中于高数据密度、高信息透明度以及低情感语境的财经、体育、民意调查和天气等新闻报道，故而机器人写作在一定程度上有能力取代传统新闻工作者较为程式化的工作。但在一些高语境的领域，机器人写作依然是无法与人相媲美的。因此，一方面机器人写作的算法优化及实现深度报道仍需推进，另一方面当前机器人可以通过数据分析成为新闻工作者发现新闻选题、预判新闻内容的新起点。需要明确的是，机器人与新闻工作者的竞争不在当前的存量范围内，而在新的增量领域。

在新闻产品类型上，机器人写作更适用于抽象的文字写作，而非具象的视频与音频编辑。越是具象的内容，越拥有丰富的细节和随机的变化，给智能技术带来障碍。但是，智能技术仍然有可能通过各种方式介入音视频新闻生产。例如，计算机视觉能够在图像的识别、处理、转换和编辑方面带来新的新闻生产潜力。

定制化的新闻生产将作为机器人写作的一种衍生应用逐渐发展起来。用户可以使用个人化的模板，由机器人填充数据来形成满足个人偏好的新闻作品[1]。在机器深度学习算法的推动下，机器人将根据不同用户的行为惯性、场景偏好、社交兴趣等提供精准的定制化新闻生产服务，这种精准化到微观的个体用户是传统新闻工作者无法胜任的。这种定制化的新闻生产与个性化的新闻分发相辅相成，能够进一步满足用户的个性化需求。

（三）新闻分发

目前，在所有新闻环节中，智能技术在新闻分发方面的应用最为成熟。例如，"今日头条"新闻客户端打出"你关心的才是头条"的宣传口号，主打算法推荐机制。它搭建智能新闻平台，通过对用户画像、场景、文章特征进

---

[1] 徐曼．国外机器人新闻写手的发展与思考［J］．中国报业，2015（23）：32-34．

行分析，为每个用户做个性化的新闻推荐，做到了"千人千面"。①

个性化推荐的新闻分发规则将由机器算法从根本上解决信息匹配的问题。传统的新闻分发是与新闻生产完全固定在一起的，而算法的兴起使得用户在不同场景下不同的行为数据被记录、储存成为可能，进而实现对数据的识别、筛选并与用户画像和用户需求相匹配，根据不断优化的算法设置不同用户的个性化议程。

智能技术介入新闻分发，使以"今日头条""天天快报"等为代表的新闻聚合平台具备三个突出的优势。一是通过爬虫技术在全网进行信息抓取，轻松获得海量级的流量入口，使得传统的新闻媒体黯然失色。当然，其中也隐含着是否侵犯版权的风险，值得我们认真反思和完善规制。② 二是通过用户手指的点击与触摸勾勒用户画像，并通过人机对话进行往复优化匹配，用户在新闻获取中生产出更多的行为数据，机器算法则不断抓取用户的需求与兴趣，甚至深层次地追踪这种需求与兴趣的转移情况，带来更智能的新闻分发与订制。三是在双向互动的过程中，该类新闻聚合平台还获取了足够规模的用户数据，打造用户池，完成用户分群、模型建构，同时协同过滤现有的内容平台并打通与其他资源之间的通道，通过多元的内容分发匹配保持用户的黏性，这也进一步带来数据利用、增值和变现的可能性。今后，向用户开展内容的个性化推送的匹配过程会更加智能化，进行更精确的场景化匹配，新闻的分发将会无所不在，并通过一种临场化的方式使得用户进入新闻之中，完成新闻的消费过程。

（四）新闻消费

临场化新闻重塑了用户与现场的新关系，而虚拟现实（VR）、增强现实（AR）等新科技为用户创造了沉浸式的消费体验。VR/AR 技术为用户带来感知世界的新方式，以更为真切的"第一人称视角"进入新闻现场，相比过往

---

① 郭全中，胡洁．智能传播平台的构建：以今日头条为例［J］．新闻爱好者，2016（6）：4-8．
② 魏永征，王晋．从《今日头条》事件看新闻媒体维权［J］．新闻记者，2014（7）：40-44．

广播电视等传统媒体二维式的"观看"过程，用户借助 VR 技术能够以一种"不在场"的方式抵达新闻现场，身临其境地感受新闻事件，减少新闻报道中因多种主客观原因所导致的信息缺失，从而获得更多的互动性与交互性。这种沉浸感不仅仅是身临其境感，更重要的是每一个用户在新闻现场捕捉各种细节，或是基于用户自身的兴趣点获得对于这个事件的观察角度，而较少受到传统的编导视角限制，使得用户获得一个自主的认知视角，对新闻事件产生认识与理解。

VR/AR 技术、直播技术等将不断拓宽其在新闻领域中的应用边界。目前已有较多的 VR 新闻尝试。例如，《纽约时报》2015 年 11 月 7 日制作的作品《无家可归》，通过一些难民的主观视角来讲述新闻事件，用户可以使用 VR 眼镜进入新闻场景，跟随新闻主人公去观察和体验一切。VR 新闻一个有潜力的领域就是体育新闻和体育直播。目前，奥运会、美国职业篮球联赛（NBA）、欧洲杯、世界职业棒球大赛等多个大型体育赛事都已开始尝试 VR 直播。在国内，包括腾讯、网易等门户网站和《人民日报》、央视等传统媒体都在尝试采用 VR 技术。更重要的是，VR 技术有能力重建新闻领域的各种关系，带来业态的新变化。① 同 VR 技术一样，AR 技术具备沉浸感和强交互的特点，在此基础上，美国的《纽约时报》《华尔街日报》，英国的《金融时报》和日本的《东京新闻》等已先后推出增强现实应用，以丰富读者的体验。②

新技术的应用总有尝试期。VR 眼镜尚未普及，在造价、外形和携带方式上有诸多门槛；轻 VR 装备带来的体验感大打折扣。受限于生理条件，用户在 VR/AR 使用体验中易产生眩晕感，因此目前 VR/AR 新闻更多以全景式的静态照片方式与用户开展互动。这些因素在一定程度上影响了用户的热情，也影响了实践的探索，甚至一些过于追求刺激性场景的 VR/AR 产品，还需进一步接受新闻伦理的检验。

---

① 喻国明，张文豪.VR 新闻：对新闻传媒业态的重构［J］.新闻与写作，2016（12）：47–50.
② 王依乔，张淑华.增强现实技术的传播应用及挑战［J］.郑州大学学报（哲学社会科学版），2017，50（1）：146–149.

总之，以模拟人的智慧为核心的人工智能所开发出的新方式、新手段、新趋势，在未来媒体发展中有着广泛的应用空间。在短期内人工智能无法全盘替代人类的劳动，但至少在新闻媒体领域，人工智能已经逐步介入各个环节，并有可能对该领域进行重塑。未来，无数摄像头、无人机、机器人和带有传感器的各种设备将成为捕获与采集新闻资讯的主要来源；高级别的语言处理系统、图像识别系统和深度学习系统能够为我们制作出不亚于现在最高水平记者与编辑所撰写、编辑的新闻；精确的数据系统能够捕捉用户的地点、时间与场景，提供最具个性化、最具贴身性和最具丰富度的新闻内容；在物联网的整体推进下，语音识别系统和可穿戴设备能够解放人的双手乃至身体，使用户身临其境，重塑新闻现场，重塑用户的感官与外部世界的关系。这一切变化将大大扩展人类信息传播的可能性，激发人们认识世界进而改造世界的潜力。

三、智能媒体时代的反思

智能媒体时代即将来临，我们既不能抗拒，也不能对它盲目乐观，唯有在不断反思中前行，才能寻找更好的方向。就智能技术在新闻领域中的应用，笔者有三方面的思考，具体体现如下：

第一，新闻采集的分散化、新闻数据的海量化，使得谣言获得了更大的驰骋空间。人工智能在推动媒体领域发展变革的同时，理应成为一个智能的"把关人"角色，利用更为精准的数据分析手段进行相关的新闻审查，形成相关的新闻核查系统，在海量且碎片化的信息中扼杀谣言，还原新闻的准确性与客观性。

第二，新闻分发的个性化、新闻推荐的定制化，使得"信息茧房"现象更为严重。从人的选择性心理而言，用户倾向于获取与之态度一致的新闻，进而忽略了真实世界的多元性，智能技术应在此基础上有所判断。如何通过技术的应用击破"观念气泡"，使当代人能进行多元对话、批判反思和协商民主？对此问题虽已有相关探索，但仍值得新闻界深思。

第三，智能技术重塑了现实与虚拟的边界，如何审视人的主观世界与外部的客观世界之间的关系成为一个新的命题。李普曼提出的"拟态环境"，随着虚拟现实技术的拓展，从一个比喻变成了具象化的现实。用户能否在"坐地日行八万里，巡天遥看一千河"的时候，仍能批判性地认识到所获得的并非外部客观世界的全貌，避免人类跌入自己制造的陷阱，从而与真实越行越远？用户批判性媒介素养的培养也亟待提上日程，成为社会的重要任务。

人是具有理性的动物，但理性可能为技术的迷思所淹没。如果说工具理性使人创造的工具变成了人的主宰，那么价值理性可以确保工具真正为人类发展服务。在智能媒体时代到来之际，人类尤其需要用价值理性去平衡工具理性，思考当代人类最具有价值的方向所在，据此调整技术的走向、工具的功能和人类的行为，确保智能技术带来更高效的媒体，也给人类社会带来更好的未来。

社会关系的空间化：旅行真人秀节目中的移动性*

从离家求学到外出打工，从商务旅行到假日游玩，从回乡祭祖到移民海外……现代生活被无处不在的移动性（Mobility）包裹着。有学者认为，移动性是现代生活乃至现代性的重要特征。① 移动性与固定性（Sedentariness）反映了现代生活中彼此对立的两面，也构成了关于归属与逃离、安全感与流动性、渴望乡愁与异域想象的基本结构。

电视媒介恰恰成为两极之间的连接点，它虽居于家庭的客厅之中，但也打开了通向世界的窗口。在变动流离的现代都市生活中，电视媒介为家庭生活奠定了稳定的基础。近年来，一些真人秀通过旅行或空间转换的方式，为节目设定戏剧化场景，也为移动性的电视构建提供了最新文本。在当下中国大众文化的语境下，移动性包含了哪些内涵？当移动性变成一种真人秀资源时，电视媒介透过舞台化和表演性，又如何再现甚至再造移动性的生活方式？

---

* 本文原载于《中国电视》2018年第4期，与谢卓潇合作，收入本书时有改动。
① BAUMAN Z.Globalization：the human consequences［M］.New York：Columbia University Press，1998；HARVEY D.The condition of postmodernity：an enquiry into the origins of cultural change［M］.Hoboken：Wiley-Blackwell，1991.

一、作为电视资源的移动性

2000年以来，真人秀成为电视荧屏上的重要类型之一。它以"纪实"和"戏剧"的辩证统一，开创了新的电视叙事话语。① 其中，2014年异军突起的旅行真人秀是一个重要分支，成为电视综艺节目的竞争热点。② 例如，《花样姐姐》《花样爷爷》《花儿与少年》《一路上有你》《我们十七岁》《带着爸妈去旅行》《茶道真兄弟》《黄金线路》《丝路上有你》《出发吧我们》等。

旅行真人秀的引人入胜之处，一方面在于它展示了异国他乡的特色风景、人情风俗、美食特产等，再现了异域和"奇观"；另一方面还在于它将节目参与者置于陌生化的环境中，让人与环境、人与人、人与社会条件之间产生丰富的戏剧冲突。③

移动性是现代生活的重要表征。人的移动性与诸多社会结构的变量紧密相连，经济条件、文化水平和社会关系都能够影响到一个人的可移动范围和移动方式。④ 旅行移动性是"家"与"远方"两个节点之间的循环往复，通过扩展不同于家的新空间——异地来重新认识自己，与此同时，旅行移动性是对原有家庭的再空间化，即构造旅行中的第二个"家"，从而建构认同和意义。

本文选取《花儿与少年》《带着爸妈去旅行》《一路上有你》和《我们十七岁》四个旅行真人秀节目进行文本分析，从主题、性别、年龄和代际关系的多样性等方面，提炼节目对现代生活的再现与阐释。

---

① 苗棣，王更新.纪实话语与戏剧结构：电视真人秀的叙事特点[J].现代传播（中国传媒大学学报），2014，36（11）：78-82.

② 郑娜，单鑫.第二季度综艺节目观察：真人秀：旅行的意义是什么[N].人民日报（海外版），2014-07-04（7）.

③ 郑向荣.从"奇观"到"情境"：旅行真人秀节目的突围与升级[J].中国电视，2015（9）：52-57.朱雯.从多维调研数据看旅行真人秀的创新与方向：以东方卫视"花样"系列为例[J].南方电视学刊，2017（4）：54-56.

④ KAUFMANN V. Re-thinking mobility：contemporary sociology[M].London：Routledge，2002.

二、移动化、场景化、空间化的"家"与"远方"

（一）旅行的动力：脱离日常生活的明星

一般来说，旅行的目的在于将日常生活悬置起来，选取一个特定的时间，到达一个所谓的远方，开始一段异于日常生活的经历。旅行还具有消费性特征，它既花费了人们的休闲时间，也囊括了一系列的物质消费和文化消费。旅行过程中充斥着游客对旅行目的地诸多现象的凝视，一定程度上反映了这些参与者对某种文化体验的追求。①

旅行目的地与日常生活中的"家"不同，它可能处于远方，与日常生活隔绝开来；也可能包含自然奇景或异类文化，使旅行者的感官体验与日常生活迥异。更具体而言，旅行又分为两类，一是"优于"日常生活，即享受型旅行；二是"难于"日常生活，即探险型旅行。综观四档旅行真人秀节目里出现的目的地和人物（见表1）可以发现，《花儿与少年》《带着爸妈去旅行》和《一路上有你》的取景地皆为国外热门旅游地点，如梵蒂冈、西班牙马德里、澳大利亚悉尼等。《我们十七岁》的拍摄地则集中于国内，如广西崇左少数民族村寨、广西北海海岛、湖北武当山以及中国东北端的黑龙江抚远，等等，带有明显的探险式和奇观式特征甚至略显猎奇。

表1　旅行真人秀的目的地与人物一览表

节目名称	目的地或途经地	人物
《花儿与少年》（共三季）	意大利、西班牙、英国、土耳其、阿联酋、巴西、纳米比亚、南非、澳大利亚	不同世代的艺人嘉宾（前两季五女二男，第三季四女四男）
《带着爸妈去旅行》（共两季）	尼泊尔、不丹、意大利、西班牙、法国、韩国、斯里兰卡、澳大利亚	五位艺人及其爸妈
《一路上有你》（共两季）	韩国、老挝、西班牙	三对艺人夫妻

---

① 厄里，拉森.游客的凝视［M］.黄宛瑜，译.上海：上海人民出版社，2016.

续表

节目名称	目的地或途经地	人物
《我们十七岁》（共一季）	越南—广西涠洲岛、广西北海、广西崇左、云南腾冲、黑龙江抚远、湖北武当山、黑龙江饶河、浙江杭州、浙江绍兴、重庆武隆等	六位不同世代的男艺人和其他嘉宾

再来看故事剧本的初始设定。无一例外，旅行真人秀强调节目中的艺人们"卸下光环"，重新出发，重在展示艺人真实的一面。在旅行真人秀中，艺人以"学习""寻找""成长""修复""追忆"为愿望，从日常生活中脱离出来，走上一段戏剧化之旅。

对于众多艺人来说，移动性与固定性是其日常生活的一体两面。他/她们是高机动性人群，很少固定在某个地点，时间节奏变化较快，与普通人的生活节奏不同，其工作、生活也常常被各种移动场景或交通行程填满。艺人给大众的印象之一，就是由于工作属性，较少拥有闲暇时间和私人生活，换言之，他们往往是缺少个人时间和旅行移动性的那部分人。打破这种状态，便成为旅行真人秀的基本设定之一。

旅行真人秀通过旅行过程，实现艺人生活节奏和空间位置的转换，以错置的方式展现其在日常生活中的另一面，如居家场景、平日穿着、生活习惯等。大多数节目会在第一集重点介绍每一位艺人出发前的准备工作，包括与家人的离别、收拾行李的过程等。摄像机镜头也会频频聚焦艺人的居所、陈设、衣橱、厨房和餐桌等。从故事剧本的角度来看，把真人秀场景搬到旅行中，既为打破艺人的一般生活状态开启了一个新天地，同时能描绘和再现不为人知的艺人生活的另一面，一定程度上满足了观众的好奇心理。

因此，旅行真人秀节目延续了旅行的普遍性主题，即"家与远方"的辩证关系——离开日常生活，去一个遥远的地方，或享受难得的轻松闲暇，或体验充满刺激的冒险。

（二）旅行的条件：获得移动性的方式

简单来说，移动性是指"从一个地方到另一个地方的能力"。一般来说，移动性的条件不外乎经济条件、文化水平和社会关系等。[①] 对于电视真人秀来说，其主要的故事张力来自艺人在未知的环境与关系下实现旅行的移动性，并据此展开场景化和舞台化的表演，因而节目一般设定为国内或国外的长途旅行并附加各种目标任务，为参与者的移动性设置诸如到指定地点寻宝、解谜、拯救、竞速等障碍，如《一路上有你》几乎每期都会设定突发环节。在第一期中，三对艺人夫妇中的妻子"失踪"了，丈夫被要求按照提示信息——乘坐地铁、公交然后步行去寻找被"绑架"的妻子。整个过程中，他们要克服交通、语言、体力等一系列障碍。

一般节目中所设置的障碍多来自经费、交通、通信、语言和体能等方面，这些是影响移动性的基本物质条件和文化条件，如几乎所有节目组都会对旅行经费加以限制，典型的例子就是《花儿与少年》。节目一开始就把旅行模式设定为"穷游"，要求参与者共享有限的集体经费。无奈之下，艺人不得不放弃部分观光行程、缩减就餐开销，其中一位艺人甚至向当地路人变相讨要食物。

另一类障碍则源自人物之间的关系。艺人在旅行中既面临资源的竞争与冲突，也面临分工与合作。为此，旅行真人秀会设置一些特殊的任务或游戏环节。《花儿与少年》中，旅行一开始首先分配导游、会计、挑夫等角色。《一路上有你》中，三家人合住一套民宅，生活起居条件各有不同，需要根据每天完成任务的表现来重新分配。《带着爸妈去旅行》里，儿女要通过抽签或比赛，才能获得特定的景点游览权或房屋居住权。《我们十七岁》里，游戏环节更是直接影响到艺人的活动资金、交通方式、居住环境和餐饮质量，每一集的参与者都需要在竞速游戏中完成旅程、奋力争先。

总之，在旅行过程中，真人秀节目组利用各种角色设定和游戏规则，暂时给予、限制甚至剥夺艺人的"移动性"，从而突出参与者在同一时空中发生

[①] KAUFMANN V. Re-thinking mobility: contemporary sociology [M]. London: Routledge, 2002.

冲突的张力。从表面来看，这种冲突来源于艺人个体独特的个性，但从社会结构层面来看，这种冲突更源自代际隔阂、性别关系和家庭结构等内在的差异与矛盾，如《花儿与少年》前两季的设定是两位出生于20世纪七八十年代的青年男性，陪伴五位"40后""60后""70后""80后"的女性一同出行。从整体上看，旅行真人秀的核心仍是"纪实性戏剧"，移动性是真人秀掌控的主要变项，这是它与旅游类纪录片和游记节目最大的不同。通过设定艺人的旅行移动性，节目创造出各种戏剧化的效果。

（三）旅行的意义：重建"家"与社会关系的内涵

旅行对于社会个体而言有着种种意义，包括教育意义、审美意义和劳动力再生产等。但对于电视真人秀来说，嘉宾在到达目的地后，面对自然或文化奇观发出的惊叹以及在这个过程中所享用的美食、美景、风俗等，只是节目吸引嘉宾及其观众的一小部分。从移动性来说，旅行真人秀还附加着社会关系的要素。人们赋予游牧者、偷渡者、冒险者、观光客、导游等身份的移动性以不同的社会意义，同理，人们的各种生活和运动状态与自己的社会身份及社会语境很难分离。[①] 在一些旅行真人秀中，节目的参与者不仅是艺人，更有其年长的父母或年幼的孩子。整个旅行过程中，嘉宾的活动始终与某种社会身份紧密相连。社会身份定义了旅行者的相处规范和整个过程中的核心议题。旅行的最终意义不仅在于感受秀美的异国风光和壮丽的人文景观，更在于展现各种社会关系，如父母对未成年子女的教养，成年子女对父母的孝顺，夫妻感情、亲情、友情的修复与加深等。

旅行前，艺人的光环背后充满了不为人知的生活矛盾。例如，《带着爸妈去旅行》便围绕着艺人的家庭矛盾而展开。"父母在，不远游，游必有方。"其中一位参与者张博宇与同为艺人的母亲吕丽萍和继父孙海英关系微妙，节目一开始便介绍说："再婚家庭的种种尴尬和艺人家庭的种种压力，是作为星二代的张博宇不得不面对的难题，纠结之后他决定带着母亲和继父开启这段

---

① ADEY P.Mobility：key ideas in geography［M］.London：Routledge，2010.

旅行……"另一位艺人陈翔与之不同,其父母都是普通人。他的父亲在节目开始时说道:"从内心来说,我是很关心这个家的,以前条件不允许,现在可以顾家了,我希望通过这次旅行,把家庭的一切矛盾解决掉。"无论是星二代张博宇,还是出生于普通家庭的艺人陈翔,都面临着如何与父母打破隔阂的难题,节目旅途由此获得了意义,即如何化解双方在日常生活中日积月累的矛盾,重建彼此之间的信任与理解。另一个节目《我们十七岁》不涉及亲缘关系,却设定了一种"朋友/兄弟"的关系,通过象征性地重返青春,使得"不同的十七岁轨迹,通过旅行交汇在一起,在这个瞬间,我们向着一个目标前行"。

无论是父母与子女、夫妻与伴侣、朋友与兄弟还是长辈与晚辈,真人秀的旅行过程依赖的重要一环就是社会关系的空间化。通过诸多空间化、场景化的表达,参与者的社会关系在旅行中得到重建和升华。在此意义上,旅行成为一种符号化隐喻。如果说旅行的动力是逃离日常生活,将与家庭、亲友、工作伙伴的真实摩擦、矛盾和冲突暂时抛却,那么真人秀中的旅行是通过化解这种矛盾,象征性地解决日常生活中的深层冲突。在旅行真人秀的整个过程中,参与者之间的社会关系遵从了"逃离—改变—回归"的线性关系,即移动性带来变化,回归代表着成长;但离家也带来怀念和乡愁,归来必然再次面对新的冲突,因此,旅行真人秀在异乡重建了家庭和社会关系,象征性地提供了关系的重建方案,将移动性与固定性重新组合在一起。

高度移动性是现代生活的主调,然而,缺失了稳定性的锚(Moorings),现代人则会缺乏安全感,而最稳定的锚就是家庭。在旅行真人秀中,充满着乘坐各种交通工具、栖居各种陌生环境、步行、骑行等移动场景,与这些运动场景形成对照的是,真人秀节目还会在异国空间里重新布置新的家庭场景,从而在远方创建一个符号性的"家"。例如,集体入住家庭酒店的一整套居室,或入住当地特色的民宿,或在户外搭建帐篷、房车露营等。节目也会加入集体用餐、聚会、篝火晚会、促膝长谈、与家人通信等细节。旅行真人秀节目的叙事主线往往都是在展现缠绵悠长的离愁别绪之后,最终走向大团圆的结局。

附属于"家庭"重建主题的是个人的成长。"读万卷书，行万里路"是提升个人素养、增加阅历的两大重要方式。从离家到远方，再到入住"新家"，真人秀会强调艺人的"改变"，这一点在年轻人身上体现得尤为明显。真人秀节目的惯用剪辑手法是适时穿插参与者的预采、后采以及旁白，形成每一位参与者的前后转变，串联起每期故事的起承转合，展示一个或一些人的"心路历程"。

总之，艺人脱离日常生活，走上一段受到种种限制、充满种种冲突的异域之旅。通过移动性的展示，建构一种叙事和隐喻，试图重新系起参与者之间或亲情或爱情或友情的感情纽带，并借此在充满高强度移动性的现代生活中抛下一副稳定性之锚，使个体之舟不至于在风浪中倾覆。

三、中国文化背景下对移动性的隐喻与叙事

以上通过对四档旅行真人秀文本的观察，提炼出这类综艺文本关于旅行的基本阐释，即旅行的动力是脱离日常生活走向远方，旅行的条件包括物质/文化条件和社会关系，旅行的意义是重建家庭/社会关系并获得个人成长。当然，节目与节目之间、不同期节目之间，叙事也会有所差异，但基本结构是潜藏于文本生产者与消费者的共识之中的。

这一结构也与古今中外相关文学作品中的经典叙事产生互文性。一是中国古典小说《西游记》。唐僧师徒经过九九八十一难取得真经，是众多影视剧的故事来源。二是西方从《奥德赛》到各种超级漫画，其英雄主人公由凡俗世间走向异域世界，经历重重考验、战胜各种神魔鬼怪，最终取得胜利而成为世间的主宰，也是类似结构。

不过，旅行真人秀更是对当代生活中移动性的言说。这些节目都在一定程度上描绘了现代生活方式的节奏与变化，讲述了社会个体在都市生活中看起来不可能调解的矛盾是如何在旅行这一空间转化中得到化解、进而实现"家"与"远方"的合二为一，完成了一种暂时逃离、寻找和回归的过程。其实，移动性隐喻叙事存在于诸多电视节目中。如果说真人秀聚焦于短期旅行，

那么电视剧中则充满着更短或更长时段的移动性过程，如商务飞行、异地求学、外地工作等当下社会的普遍状况，而难民潮、社会迁徙、移民等社会现象，可称为更大规模的群体移动。移动性的呈现，涵盖了当前中国社会生活的多种文化情景。在各种类型的媒介文本中，既有进步的现代化观念，又有寻求固定的传统家庭观念；既有怀旧的乡愁表达，又有对异地的浪漫想象。无论怎样，这些文本都嵌入了高度移动的社会生活之中。当屏幕上的游客在凝视着异乡的奇观，而电视机前的观众也在凝视着媒介中的形象时；当一种纪实性戏剧在讲述悲欢离合的旅途故事，而观众也在集体无意识中走过一段心路历程时，当代媒介的意义生成过程便产生了。

从单向凝视到参与式对望：观察类真人秀节目研究[*]

近年来，《心动的信号》《遇见你真好》《我家那小子》等观察类真人秀节目的涌现形成了一个突出的文化现象，此类节目继承了荷兰电视节目《老大哥》所开创的全天候日常生活监视模式，延续了从《今晚我们相识》到《非诚勿扰》的婚恋交往速配模式，同时增添了一系列新的要素。明星们以"侦探"或"观察员"的身份加入，增添了额外的吸引力；观察室作为中介现场，联通着节目情境内外的观看与互动；节目在互联网上播出，弹幕、评论、点击量和点赞数等数据化、社交媒体延伸等，与节目文本一起交织成媒体奇观。可以说，观察员和观察室的加入是节目的最大亮点，但更值得分析的是，互联网播出的特征是否更改了真人秀节目的基本逻辑与内在机制？互联网世界的参与式文化是否调试或瓦解了节目所再现的意识形态？如果说基于权力的"监视"和基于欲望的"凝视"一直是理解真人秀的基本点，那么互联网真人秀剧场的新变化是否造成了关键性改变？是否需要我们重新寻找新的理论概念和方法工具？

本文通过对《心动的信号》等观察类真人秀节目进行研究，从文本分析转向文化制品分析，力图推进对真人秀节目新样态中所隐含的权力机制的理解。

---

* 本文原载于《中国新闻传播研究》2021 年第 4 期，与方俊合作，收入本书时有改动。

一、文献综述：真人秀与目光机制

真人秀之所以大行其道，与基于欲望的"凝视"（gaze）有关。

"凝视"是20世纪中叶以来西方文论中的重要概念。丹尼·卡瓦拉罗（Dani Cavallaro）指出："当我们凝视某人或某事时，我们并不是简单地'在看'。它同时是在探查和控制。"①"凝视"被定义为"携带着权力运作或者欲望纠结的观看方法"②。在一系列文化理论基础上，凝视成为一种理解大众文化的概念工具。凝视不仅是一种聚精会神的"看"，更重要的是包含了基于权力的监视和基于欲望的凝视两个要素，构成了现代性的目光机制。

雅克·拉康（Jacques Lacan）从"镜像阶段"出发，认为凝视在自我与他者之间搭建起视觉桥梁，使得"理想自我"得以形成。③ 这种精神分析维度在电影与文学批评中应用甚广。以拉康为切入点，我们从米歇尔·福柯（Michel Foucault）的研究中采撷了基于权力的监视。作为现代性批判，福柯的监视是一种全景监狱中的观看状况与权力状况。④ 它在造成弥漫的、控制一切的支配体系同时，留下了自由实践的微妙空间，监视者也在被监视着，就像身体被规训时的快感体验一样。这种基于权力的监视在《老大哥》等真人秀节目中体现得最为明显。另外，劳拉·穆尔维（Laura Mulvey）和其他电影批评家发展了"男性凝视"的概念，认为"凝视"是一种基于欲望、指

---

① 卡瓦拉罗.文化理论关键词［M］.张卫东，张生，赵顺宏，译.南京：江苏人民出版社，2006：127.
② 陈榕.凝视［M］//赵一凡，张中载，李德恩.西方文论关键词.北京：外语教学与研究出版社，2006：349.
③ LACAN J. The mirror-phase as formative of the function of the I［J］.New left review,1968（51）：71-77.
④ 福柯.规训与惩罚：监狱的诞生［M］.刘北成，杨远婴，译.北京：生活·读书·新知三联书店，1999.

向身体的目光机制。① 当然，凝视还被用于其他的地方，如约翰·厄里（John Urry）的"游客凝视"，就是透过旅游经济的表象揭示游客与目的地之间的象征性建构。② 他转向了不同的学术领地，但同样在视觉性、欲望与主体的关系上做文章。这些不同维度都在提醒我们，在现代性的权力体系中，"目光"机制是一个关键面向，它是集中折射出社会意义的技术性装置，在基于权力的监视和基于欲望的凝视之中，形成丰富的视觉效果。因此，无论哪一种维度，都必然涉及技术装置中的视觉影像。技术，尤其是媒介技术，是重要因素。

电视真人秀节目作为一种视觉影像，其所记录的"真实生活"一直都是观众的"凝视"对象。正如电影《楚门的世界》所描绘的一样，真人秀可以成为当代社会的巨大隐喻。瑞秋·杜布罗夫斯基指出，电视真人秀"提供了一种通过监控技术来呈现自我的模式"，它"拥有与公众分享私人生活、想法、感受的欲望和特权"。③ 尼克·考德瑞（Nick Couldry）等以《学徒》节目为例，指出了其中的凝视作用，这个节目总是强调"产生恐惧的时刻"，当面试官凝视着参与者时，参与者会产生紧张的情绪并伴随着脸红、颤抖等身体反应。④ 这种对身体的规训成为凝视的社会效果，呼应了福柯的理论。马克·安德烈耶维奇（Mark Andrejevic）则指出，在数字资本主义和互动经济的浪潮中，真人秀变成了带有"民主"色彩的个人展示，但这种展示被观看、被凝视、被剥削，成为一种新的监控和规训。⑤ 总之，真人秀形成了一个"观看/凝视/窥视/监控"的目光机制，它是象征性的，也是社会性的。

观察类真人秀的设计，延展了这种目光机制，观察员和观察室成为连接

---

① MULVEY L.Visual pleasure and narrative cinema［M］//WARHOL R, HERNDL D P.Feminisms: an anthology of literary theory and criticism.New Brunswick: Rutgers University Press, 1997: 438-448.
② 厄里, 拉森.游客的凝视［M］.黄宛瑜, 译.上海: 上海人民出版社, 2016.
③ DUBROFSKY R E.Surveillance on reality television and Facebook: from authenticity to flowing data［J］.Communication theory, 2011, 21（2）: 114.
④ COULDRY N, LITTLER J.Work, power and performance: analysing the "reality" game of the Apprentice［J］.Cultural sociology, 2011, 5（2）: 263-279.
⑤ ANDREJEVIC M.The kinder, gentler gaze of Big Brother: reality TV in the era of digital capitalism［J］.New media & society, 2002, 4（2）: 251-270.

节目文本实践和互联网监视的桥接装置。孙岩分析了这一类型节目的"演播室视角"和第二现场维度，并使用拉康的镜像理论讨论了其中的自我与他者的关系。① 郑向荣等在此基础上，提示了"观察与偷窥的区别"，强调反身性，拒绝"集体偷窥盛宴"。② 不过，观察类真人秀的目光机制更加复杂而多变，它通过观察室这一新视角和互联网这一新空间的纳入，形成了两个突出的变化，即双向性和参与性。正如孙岩所说："在全媒体时代，观察类真人秀节目以开放的姿态接纳普通受众的参与……符合受众的观看需求和心理动机。"③ 然而，在观察员和观察室的桥接之下，网络观看者是如何与节目文本产生互动的？这能否将亨利·詹金斯（Henry Jenkins）所说的"参与式文化"④ 引入真人秀的目光机制之中？在观察类真人秀的研究中，互联网世界的参与似乎没有引起足够的重视。

如果说目光机制已经渗透到当代社会中，真人秀节目成为它的巨大隐喻，那么，互联网则成为这一机制的新变量。看电视在互联网中的延伸已经获得了重视⑤，它所带来的实质性影响却还需要被持续考察。李和安德烈耶维奇以"第二屏幕"理论开启了关于"现场性"（liveness）的新讨论。"第二屏幕"是指"人们在看电视时使用的配套设备，无论是智能手机、平板电脑、笔记本电脑还是家用电脑"⑥，人们一边看电视一边会在第二屏幕中开展讨论、转发及其他互动，社交平台与节目开发的官方 App 成为参与互动的主战场。这种实践可能会提升观众的批判思考能力。马克·斯图尔特（Mark Stewart）通过

---

① 孙岩.看与被看：观察类真人秀的全新表达空间［J］.当代电视，2019（3）：60-62.
② 郑向荣，张馨宇.互动的"镜像"：观察式真人秀的创作特点探析［J］.中国电视，2019（7）：73-76.
③ 孙岩.看与被看：观察类真人秀的全新表达空间［J］.当代电视，2019（3）：60-62.
④ 詹金斯.文本盗猎者：电视粉丝与参与式文化［M］.郑熙青，译.北京：北京大学出版社，2016.
⑤ HOLT J，SANSON K.Connected viewing：selling，streaming&sharing media in the digital age［M］.New York：Routledge，2014.
⑥ LEE H J，ANDREJVIC M.Second-screen theory［M］//HOLT J，SANSON K.Connected viewing：selling，streaming & sharing media in the digital age.New York：Routledge，2014：41.

"第二屏幕"与"现场性"的观点来研究新西兰真人秀节目的观众是如何一边看电视一边发推特的,以及其中的国家界限发挥了什么作用。在斯图尔特看来,"在电视受众碎片化和时间转移的时代,现场播出的真人秀鼓励受众即时观看,而这种效果被某些受众放大了,他们一边看电视,一边实时发推特,形成了一个散布式的内部渠道"①。这是一种看电视的同时性(simultaneity)与伴随性(companion)行为,将看电视延伸到"第二屏幕"与社交媒体之中,将"看"电视的行为转化成网络行动与社交行动。也就是说,看电视不仅是看电视,还需要被分享和讨论,而后者似乎才是重点,"看"似乎正在脱离电视而变得无足轻重。然而,当越来越多的真人秀节目在网络上涌现时,原来在电视机上播出的内容直接出现在"第二屏幕"中,"看电视"衍变成"看第二屏幕"。对于观看者来说,"看"与网络互动也就更紧密地结合在一起,既提升观众参与的积极性,又带入大数据等新的技术监控手段。那么,当"第二屏幕"干预到"看"的行为时,互联网的参与会让"凝视"发生什么变化?在观察类真人秀节目中,作为中介的观察员与观察室会带来新的目光机制吗?欲望和权力在这种新的机制中又会呈现什么样的新方式?

为了回答上述问题,我们需要对此类节目文本及其所处空间的符号与关系做细致分析。这是一种文化制品分析,不仅注目于节目文本,将在线世界里的各种操作纳入考量,还将观察空间进行抽离与重构,以此对观察类真人秀做综合性的分析。

二、观察类真人秀的人物与空间

孙岩将观察类真人秀界定为"把节目嘉宾的日常生活和他们在特定情境与规则下的行为处事及状态展现在摄像机之下的真人秀节目"②,这一界定比较宽泛,实际上,目前观察类真人秀节目强调演播室作为"第二现场"的介入,

---

① STEWART M.Live tweeting, reality TV and the nation [J].International journal of cultural studies, 2020, 23(3): 352.
② 孙岩.看与被看:观察类真人秀的全新表达空间[J].当代电视, 2019(3): 60.

这是此类节目的根本特征。① 近两年流行的许多真人秀节目相继采用这一观察模式（见表1）。

表 1 观察类真人秀节目一览表

主题类型	节目名称	节目场景	人物 真人秀表演者	人物 中介观察者	播出平台
社交类	《心动的信号》（共3季）	心动小屋+观察室	素人	心动侦探	腾讯视频
社交类	《遇见你真好》	遇见小屋+观察室	素人	恋爱侦察员	浙江卫视、腾讯视频、中国蓝TV
社交类	《恋梦空间》（共2季）	恋梦小屋+观察室	素人	恋商观察员	湖南卫视、芒果TV
社交类	《真心大冒险》	约会情境+观察室	素人	恋爱观察员	芒果TV
社交类	《女儿们的恋爱》（共3季）	旅行空间+观察室	艺人、素人	男性家长/亲友+观察员	芒果TV
家庭类	《我家那小子》（共3季）	生活空间+观察室	艺人	女性家长+艺人观察员	湖南卫视、芒果TV、腾讯视频
家庭类	《我家那闺女》（共2季）	生活空间+观察室	艺人+素人	男性家长+艺人观察员	湖南卫视、芒果TV、腾讯视频
家庭类	《妻子的浪漫旅行》（共4季）	旅行空间+观察室	艺人	丈夫+主持人	芒果TV
家庭类	《我家小两口》	生活空间+观察室	艺人	家长/伴侣+观察员	湖南卫视、腾讯视频、芒果TV
家庭类	《做家务的男人》（共2季）	生活空间+观察室	艺人、素人	亲友+观察员	东方卫视、爱奇艺

---

① 王韵，张梦凡.互联网时代观察类真人秀节目的类型化拓展[J].中国电视，2019（7）：60-64.

与其他真人秀节目相比，观察类真人秀有四个特点：一是观察者成为节目的重要组成元素；二是观察者与真人秀表演者归属于不同时空，彼此不会直接对话；三是这类真人秀多聚焦于恋人、夫妻、亲子等各类亲密人际关系的探讨；四是部分节目在电视频道首播，但是所有节目都有网络播出平台，即都在"第二屏幕"中播出，网络观看者成为主要观看群体。

基于这样的特点，我们对这些节目要做的不仅是文本分析，还要做超越文本之上的文化制品分析；我们关注的不是故事模式，而是讲故事的环境与技术手段；我们关注的不是符号，也不是社会群体如何被再现为一组表征或刻板印象，而是社会关系如何在新型的观看中得到再生产；我们关注的不是文本中的意识形态，而是认为这些文本及其在社会中流通的机制本身就是意识形态。所以我们需要超越现有的符号分析、在线分析、心理分析、互文性分析、叙事分析、意识形态分析，走向一种带有社会性和物质色彩的文化制品分析。对于本文的研究来说，我们认为文化制品最值得关注的三个维度是关系、空间和基于技术的目光机制。因此，我们需要更加注重解读人物关系与空间关系，以及"凝视"在互联网环境下所产生的参与式对望。

观察类真人秀对"看"的突出，让节目中的"凝视"得到更大程度的彰显，而"侦探"和"观察员"成为嫁接观众与节目的"中介"，这打破了以往真人秀节目单向"凝视"的传统，让"凝视"的主体、层次、方向、权力关系都发生了变化。因此，我们认为观察类真人秀节目的核心是双向的"对望"，而不仅仅是单向的"凝视"。

我们从中理出了四重"对望"。一是真人秀表演者之间的"对望"。此类节目多以恋爱或家庭关系为主题，表演者之间存在着潜在或直接的恋爱与亲情关系，这种"对望"成为节目的核心组成部分。二是真人秀表演者与观察员之间的"对望"。指定观察员使其专注地观看和评论成为表演的一部分。三是真人秀表演者与观众之间的"对望"。这种"对望"长期以来都是真人秀表演的基础。四是观察员与观众之间的"对望"。观察员不仅是观众目光的延伸，也是次级表演者，是观众凝视的新对象，甚至其存在正是这一新类型的吸引力源泉。

这些人物身处的空间也发生了变化。通常而言，真人秀节目在其意义流转过程中，分为表演空间和观看空间两部分。前者是显性的，后者是隐形的。现在，观察室的存在使隐形观看空间也出现在聚光灯和镜头之下，它作为"第二现场"成为中介性的空间，把节目文本构置的空间与观众身处的空间连接起来。如果说网络观看者会借助"第二屏幕"来延伸节目观看的话，那么观察室就成为将这一屏幕拉回到节目文本中的一次巧妙嫁接。在观察室里，观察员这一象征性的目光代言人汇总了弥漫在观看空间中散落的凝视目光。观察室和观察员成为互联网讨论空间的"缩影"，从而弥补了电视综艺节目缺乏讨论与互动的遗憾。

由此，我们可以把观察类真人秀的人物关系与空间总结为三重空间交汇之中的四重对望关系（见图1）。它犹如一面多棱镜，形成了权力和欲望借助媒介所编织起来的新目光机制。

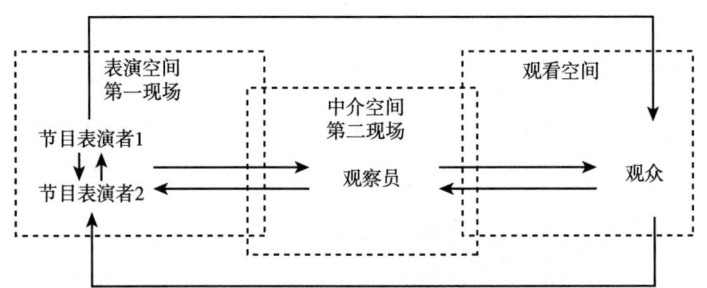

图1 观察类真人秀的三重空间与四重对望关系

三、从单向凝视到参与式对望：观察类真人秀的目光机制

在观察类真人秀节目中，空间成为舞台，而各方参与者成为舞台上的角色。因为空间的多重性，节目的表演超越了欧文·戈夫曼（Erving Goffman）所说的"日常生活中的自我展演"[①]，参与者的关系也显得更为错综复杂。当然，正如拉康在其精神分析学说中所揭示的，即使是一个凝视主体的内外部

---

① 戈夫曼.日常生活中的自我呈现[M].冯钢，译.北京：北京大学出版社，2008.

关系也并不单向。在一种投射的媒介符号制品中，复杂几乎是必然的。我们综合利用拉康、福柯及穆尔维的凝视理论，首先分析参与各方的关系，再对其身处的舞台进行抽象总结。

（一）参与各方的关系

真人秀往往通过设定人物的结构性身份来决定其在"凝视"关系中的位置。以日常生活为背景的节目将社会关系的既存状况及其建立引入节目文本，进行戏剧化再现。性别关系以及建基于此的家庭关系，成为再现的重头戏。观察室带来了新的表演者，也带来了新的关系。孙岩从现象层面总结了真人秀表演者与观察者的关系，将之分为三类：两者存在既定的社会关系（如夫妻、情侣、亲子等）；两者没有既定关系（这种情况下，观察者往往以"专家"的身份出现）；两者是同一人。① 如果说既定的社会关系是性别关系 / 家庭关系的延展，而没有既定关系则往往表现出素人和专家 / 明星之间的社会地位差异关系，那么，观察类真人秀讲述的是这些关系之间的权力凝视。此外，我们不能忽略的还有节目表演者 / 观察者与观看者之间的关系。

1. **性别关系 / 家庭关系**

东西方社会长久以来都是男权主宰社会和家庭，"凝视"的权力多集中在男性手中，"于是女性就成了这种目光暴力的对象，成了男人凝视、幻想和规训的目标"②。但是，现代社会中两性权力结构正在发生变化，男性在凝视女性，女性也在回应式地凝视男性，两性之间呈现出"势均力敌"的对望趋势。正如穆尔维在接受访谈时所反思的，"性"（sexuality）是复杂的、多元的状况，当代电影呈现了更多的女英雄，也带来视觉结构的变动。③ 真人秀节目也是如此。《心动的信号》中挑选的男性素人同样注重相貌、身材和装饰，以

---

① 孙岩. 看与被看：观察类真人秀的全新表达空间 [J]. 当代电视，2019（3）：60-62.
② 吴颖. "看"与"被看"的女性：论影视凝视的性别意识及女性主义表达的困境 [J]. 浙江社会科学，2012（5）：145.
③ SASSATELLI R.Interview with Laura Mulvey：gender，gaze and technology in film culture [J]. Theory，culture&society，2011，28（5）：123-143.

此吸引女性的目光，女性在对男性的凝视中也充满了欲望与渴求。因此，凝视关系已经并不完全由男性来引导和控制，女性带有欲望地"看"日趋明显，男性单向的凝视转向两性的互动对望。当然，与其说这里达成平等，不如说目光交接之中的性别关系更加复杂化。

2. 社会身份差异：素人与艺人/专家

《我家那小子》《我家那闺女》《妻子的浪漫旅行》等家庭观察类真人秀节目主要以艺人作为观察对象，依托于艺人的影响力、号召力和话题性来带动节目的收视率，但节目刻意把艺人塑造成普通人，将其置于日常的生活状态中。此时，观察员是这些艺人的亲人，其身份均是素人。与之相反，《心动的信号》《恋梦空间》等以"社交恋爱"为宗旨的观察类真人秀则以素人作为真人秀表演者，让明星退居二线成为观察员，从以往的凝视客体变成凝视主体。观察类真人秀节目在某种程度上打破了明星与素人的界限，力图通过回归家庭和社交关系，形成一种隐含叙事，让明星与素人的关系趋于平衡，并在凝视主体与客体之间随机切换。如果从拉康主义的角度说，明星可以被看成普通人的"理想自我"，那么，这种操作进一步加强了真实与想象、自我和他者之间的互相凝视。这对社会主体起到了一种既提升又拉近的作用。

3. 观看者与真人秀表演者

无论是真人秀表演者还是观察员，都是以一种"演员"的身份出现在节目的舞台上，而广大的观众成为围观的目光来源。他们已经不再是传统媒体时代的单向"受众"，而是社交媒体时代的参与式的用户/观看者，拥有毋庸置疑的凝视主权。他们和观察员一样，对真人秀演员进行凝视与偷窥，观察其一举一动、一言一行，根据自我经验、喜好与媒体文本的融合而进行个人化的重新解读，并通过弹幕、评论、留言等方式呈现出来，从而建构一种"盗猎式"的主体。

总之，各方人物在互动之中产生了错综复杂的关系，而"观察"作为一种细致入微地"看"，则建立在人物关系的基础之上，呈现出欲望输出与权力博弈的意味。在福柯眼中，监控者可以是流动的，可以由不同人来承担这个角色，从而形成"全景敞视"式的监控①，传统的真人秀节目，如《老大哥》就是应用的这种监视模式，突出"老大哥正在盯着你"的监视感；而在观察类真人秀节目中，凝视变成了双向和多向的行为，凝视的主体可以有多个不同的凝视对象，凝视的对象面对来自多个不同主体的凝视；凝视的主体在某些情况下变成了凝视客体，主客体之间的界限正在逐渐消融。

（二）观察类真人秀的空间

真人秀节目中的多重空间是经过精心策划与设计后的产物，通过限制人物的行动范围来搭建人物之间的社会关系。我们将这些空间分为三重：表演空间、观看空间和中介空间。本文在分析中，将这种空间与福柯的规训社会空间建立一种抽象关联，以理解它在社会效应上的意义。

1. 表演空间

这是真人秀表演者的活动空间，一般是独立于外界的封闭式场景，表演者被要求入住其中，与他人开展互动和交流，在一段期限的相处过程中"自然"产生各类人物关系。在《心动的信号》中，表演者入住同一栋房子，展现了日常生活的基本面貌。例如，厨房成为一个展现亲密关系的空间，让男女嘉宾通过一起准备晚餐来培养感情。在这类真人秀表演中，男女之间"情愫"的产生和发展很大程度上依赖于居住空间。交通工具作为一种移动空间，由于狭小和封闭的特点而容易建立人物关系。当男嘉宾开车接送女嘉宾上班时，狭小的车内空间能够给予两人独处的机会，不知不觉中拉近了彼此的距离，而飞机、高铁、大巴等交通工具能将人物运送到异地，在移动性中重新建立通往家庭的路径。

在这种空间中，隐蔽的摄影机镜头成为隐蔽的"目光"。镜头语言往往运用前景与后景的遮蔽和搭配，通过景深技巧来营造监视的主观视角。例如，《心动的信号》在拍摄人物出场时以模糊的花丛作为前景，后景聚焦清晰的人

---

① 福柯. 规训与惩罚：监狱的诞生［M］. 刘北成，杨远婴，译. 北京：生活·读书·新知三联书店，1999.

物,打造出躲在花丛后面的窥视视角。在约会中,摄像机以"正反打"的拍摄技巧来记录两个人的约会过程,又尽量不让观众体会到镜头的存在,从而避免戳破"真实"。不过,这种设计在日渐老练的观众面前似乎越来越缺乏吸引力。

2. 观看空间

与传统电视观看空间的家庭性、聚集性和统一性相比,网络观看者的观看空间则是散落的、弥漫的、自由的。正如斯图尔特所提到的那样,时移电视的出现导致观众分化的加剧,所带来的影响之一就是削弱了电视的"噱头"(water-cooler)①效果,也就是说,人们观看电视的行为不再是同时性和群聚式的,那么有关电视的讨论也就无法集中起来。

特别是当电视节目落地到网络播出以后,网络观看者的观看空间就更加零碎与自由,我们可以在日常生活中的各个空间与情境之中观看节目,抛弃了观看的仪式感,从而让观看的意义开始失焦。这样一来,当我们重新思考穆尔维和福柯的理论时会发现,福柯的全景敞视已经变成了全景之下的散点扫视,而对于穆尔维所认为的性别的凝视和欲望,也变成了非常个人化的行为。

3. 中介空间

因此,真人秀本质上是一场精心设计的表演。虽然表演空间会被伪装得尽量真实并贴近日常生活,但从根本上来说表演的仍然是日常生活。与此相对,观看者身处的空间才是真的日常生活,然而因为它过于真实,反而会失去意义的聚焦点。所以我们才需要一个中介空间,从假的表演空间中提取出意义,从而成为真的散落的日常生活的牵引绳。换句话说,当传统的收视习惯——人们在同一时间守候在客厅里等待电视播出同一节目——这种单向凝视的方式失效之后,互联网式的观看使得凝视难以聚焦。我们需要新的中介来完成真实与虚拟之间的连接。

---

① STEWART M.Live tweeting, reality TV and the nation [J].International journal of cultural studies, 2020, 23(3): 352.

首先，观察室这一元素成了过渡性的中介空间，它是目光汇聚之地，是意义的提炼、放大和传送的装置，嵌入新的互联网观看语境里。在此之中的观察员有两重身份。一方面，他们是观众的化身，其目光就是观众目光的延伸；另一方面，他们本身也被观众审视。"观察室"既像"全景敞视监狱"中的瞭望塔，是凝视权力的象征，也是被凝视的欲望对象。更进一步，它将传统的权力空间弥漫化了。吉尔·德勒兹（Gilles Deleuze）早在1990年就对福柯的"规训社会"进行反思，提出了"控制社会"（society of control）的概念。① 在他看来，在新的社会生活中，体制化的监控和控制无论在时间上还是空间上都更加持续不断，使得控制范围毫无间隙。观察员在交流时经常用"我注意到""我观察到""你看"等句式，以此放大和强调某些细节，引导观众甚至是鼓励观众去窥视。另外，他们又被赋予一定的任务，遵守一定的规则，甚至要彼此竞争，从而增添了游戏真人秀的元素。观众的乐趣，一部分来自凝视真人秀的表演者，另一部分来自观察员的言论和互动。这种中介空间打通了演员与观众、表演与真实、封闭与开放、拍摄与观看的界限，与发生在互联网时代的观看空间相连，形成了更复杂的互动关系。

与此同时，"第二屏幕"建构了交流与讨论的网络虚拟空间，使得分散在日常观看空间中的目光超越空间和时间的界限而汇聚在一起。观看者们纵然不是面对面交流，但是可以通过操作电子键盘或触屏来发表意见和参与互动。"第二屏幕"突破了地理空间的界限，甚至突破了阶级、年龄、性别的差异，成为散落的观看者集聚观看的"大客厅"，将"观看"变成了共享仪式。这种共享性和参与性还体现在时空不同步上。时间与空间的对应关系发生了变化，虚拟空间中的时间变成了非线性的概念，不同空间的观众既可以在同一个时间内交流，还可以"超越"时间进行交流。一般而言，网络节目的播放时间是固定的，但是人们观看节目的时间可以是不同的，观看者们在不同的时刻，按照各自习惯的方式展开凝视。这些凝视的目光不断被分解和分散，又通过互联网这个新的场域汇流在一起。

---

① DELEUZE G.Postscript on the societies of control [J].October，1992，59：3-7.

总而言之，互联网提供的新观看空间已经不仅仅局限于观看，而是具有极高的参与性，分布在各个视频网站、社交媒体与私人存储空间之中，暂且不论其意义生产，其行为就呈现出"盗猎"与"游牧"的状态。人的现实空间是物理性与社会性融合、真实性与虚拟性交织的状态，不同空间的叠加或并合塑造了多重的社会关系，互联网的虚拟特性强化了这种因素。回到节目本身，观察室作为浓缩的、固定的地点，以中介空间的方式将表演文本与观看文化实践勾连在一起。

（三）参与式的目光机制

观察类真人秀吸引大众的不仅是文本和视频，还有其在社交网络中的触碰和延伸。无论是节目制作团队，还是其中的观察者、表演者，都在社交媒体中创建了账号，由此展开多个屏幕之间的联通。屏幕多重性其实就是机械之眼的弥散化。

1. 多屏性与跨屏性

网络观看者的目光不再仅仅停留于电视屏幕，而是在电视、手机、平板电脑等多个屏幕之间来回流动，而那些原本在网络上播出的观察类真人秀节目，使得观看者的目光在"第二屏幕"的多个社交媒体中游动，如微博、微信等，表演者、观察者和观众三者之间的互动有了新的社交渠道，甚至延伸出了"第三屏幕""第四屏幕"。

微博是"第二屏幕"中的重要社交软件，《心动的信号》第一季的表演者都使用微博并公开身份与观众进行交流；作为观察者的艺人与专家也有自己的微博账号。本文收集了表演者在节目播出期间和之后与观众的微博互动，发现 8 位表演者中有 6 位频繁开展互动，发布的相关帖文在 5~8 条，尤其是在关键事件发生后做出回应，这进一步延伸了节目的剧情，丰富了节目的效果。将视频文本延伸到社交媒体之中。例如，表演者之一王靖雯（@王靖雯只吃肉）在 2018 年 10 月 15 日的一个帖文中说："……今天看了节目后，从第三人称的角度看自己却是这个样子，感触很大，感谢 @ 官鸿 Kuan@ 朱亚文 @ 张雨绮节目组的嘉宾老师们，让我更加了解了自己，还有谢谢一直给我私信的小伙伴鼓励我、安慰我,谢谢你们,有你们在我真的很开心,谢谢你们[米奇比心]。"观众们则通过点赞、转发、评论、私信和@当事人等方式来介入节目,从单向的观众/凝视者变为主动的粉丝/介入者。

除此之外,节目不仅在官方平台播出,其短视频或片段也流通于微信等社交媒体中,延展了节目的传播渠道,从而吸引更多粉丝参与。这造成两个方面的效果:一方面,节目本身不再是独立的文本,而是文本和各种衍生文本以及各种实践勾连在一起所形成的文本组合与文本综合体。另一方面,节目文本具有开放性和包容性的特点,使得原来观看的传受二元关系被打破了,文本变成观众实践当中的一个元素。文本不再是平面的,而是立体性的、带有物质性的文化制品。

2. 丰富的观看选择

"第二屏幕"上的观看,使得看的内容和形式变得丰富起来。"第二屏幕"的视频播放页面成为吸引目光、留住目光的开放性大门。当我们在互联网上登录《心动的信号》节目页面时会发现,这不单是一个视频播放的流媒体,还是一个布局精细、功能完备、层次分明的文本综合体,包含视频播放窗口、往期视频、热门评论等板块。此外,还有快进、暂停、小屏等许多点选按键,带给网络观看者丰富的选择。

"第二屏幕"的功能之一就是提供信息,以及给观看者提供讨论的素材[①]。例如,在腾讯视频App中,节目播放窗口之下就是"每期看点"和"花絮资讯",提取节目中最有话题性的内容来吸引观看者的目光。当我们浏览其他内容的时候,视频播放器则会以独立小窗的形式跳出来,让观看者在持续观看视频的同时,能不断寻找新的目光索引。李和安德烈耶维奇认为,浏览器和App在提供信息的方式上有所不同,如果说浏览器是"吸引"导向的话,那么App则是"推送"导向,即将重点内容优先推送给观看者,成为目光的

---

① STEWART M.Live tweeting, reality TV and the nation [J]. International journal of cultural studies, 2020, 23(3): 352-367.

牵引绳。① 但无论怎样,"第二屏幕"正在丰富着观看者的观看秩序与机制。

慢速、倍速、暂停、快进、倒退等点选按键,让观看者的目光投射发生了新的变化。观看选择的增加,让观众和文化制品的关系不是简单的文本消费,而是既可以调控自己的目光,也可以调控自己欲望投射的对象。例如,观看者看到偶像时,可能会暂停、回放、截图或慢速播放,这些都是仔细凝视,甚至可以用"舔屏"的隐喻来表达欲望的集中迸发。换句话说,当我们移动鼠标或者在触摸屏上滑动手指时,实际上是把一种触觉象征性地介入视觉当中。

3. 被监控的弹幕

弹幕是"第二屏幕"的重要元素,也是观看者发表意见和参与讨论的公共场域。据本文研究者统计,截至2020年12月2日,《心动的信号》第一季十期节目的平均弹幕数为345,469条,其中弹幕数最多的是第三期节目,为487,527条,反映出观看者较高的参与积极性。在第六期节目中,向天歌递给奥斯卡一张"求约会"的小纸条,观众对这一举动褒贬不一,有支持也有质疑,这些评论都以弹幕的形式叠加在这张小纸条的画面之上,体现出观众基于主观视角对节目文本的"参与式"理解。由于参与渠道的拓展和参与门槛的降低,观看者的参与达到了一种前所未有的程度。

不过,观看者都是利用数字身份在互联网空间中游走,而数字身份既可以是虚假的,也可以是不断变化的,每个人还可以拥有多个数字身份,这使得观众可以在互联网空间中隐藏自己。例如,《心动的信号》官方微博于2018年11月5日发布的数据显示,第一季十期节目的总播放量已经突破10亿次;2020年11月10日发布的数据显示,第三季弹幕发表总量超过283万。但是我们无法确切知晓到底是哪些人观看了节目,视频下方的评论栏里显示的全是网络昵称,掩藏了真实身份,视频弹幕只显示出评论内容而没有显示发送者。由此可以看出,弹幕既是将凝视转化为意义表达的形式,也是一场戴着

---

① LEE H J, ANDREJVIC M.Second-screen theory [M] //HOLT J, SANSON K.Connected viewing: selling, streaming & sharing media in the digital age.New York: Routledge, 2014: 40-61.

面具的互联网狂欢。

当观看者在凝视文本时，生产者也在凝视着观众。互联网提供的空间在为观众提供新的目光机制的同时，带来的是生产者对于观众新的凝视和观看的可能性。这些流淌在视频之上的弹幕将观众"暴露"于生产者的凝视之下，节目生产者可以通过意见反馈来窥探观看者的心理活动，并随之调整节目以满足观众的需求。以《心动的信号》第四期节目为例，新加入的郭如彬对胡金铭频频示好，形成对胡金铭与周游早已组成的CP的挑战，这引起了许多观众的不满与失望，"愤怒"的弹幕像倾盆大雨一般袭来。于是在后面几期节目中，胡、周二人增加了约会的次数以"重修旧好"，观众的期待又重新得到了满足。从此可以看出，观众一直在凝视着真人秀表演并试图参与其中，而节目也在监控着观众的动向，并将其视为真人秀"剧本"调整与转向的依据。

与此同时，观众在互联网空间中的活动痕迹在网络运营商的监视之下变成了有利可图的数据信息，而这些数据信息进入商品市场能够成为定制营销的依据。许多观众在弹幕中追捧表演者和艺人观察者的服饰，某购物平台上随即同步推出了"向天歌同款衬衫""奥斯卡同款背包"等爆款商品。

结语：机械之眼的重构

视觉科技持续改变着人们的观看方式。摄影机加剧了视觉中心的特权地位，让观看被真正媒介化，人类的自然之眼逐渐被机械之眼取代。麦克卢汉认为媒介是人体的延伸，而基特勒则提醒我们，媒介决定了人的生存处境。[1]那么我们是否可以说，人同样变成了媒介的延伸？机械之眼不仅扩大了观众的观察范围，突破了"观看"的时间和空间屏障，而且改变了观众审视一切的方式。在《心动的信号》中，刘泽煊带着向天歌乘坐热气球飘浮在天空中，

---

[1] KITTLER F A.Gramophone，film，typewriter[M].California：Stanford University Press，1999：39.

摄影机拍摄了空中俯视的美景画面——这是日常生活中人类的眼睛无法看到的场景，使得人的观看体验比以前更加丰富和自由。

对于摄影机而言，屏幕是影像的最终载体，而当前影像的重要特征之一是多屏化，并且触摸屏增加了点击与滑动的拟态参与。无论是通过电视大屏、电脑中屏还是手机和平板电脑的小屏，观众对于屏幕的凝视不再是静止被动的，快进、倒退、暂停、2倍速播放、点播、评论、留言、弹幕等屏幕功能丰富了观众的参与方式。弹幕将评论即时覆盖于画面播放之上，产生瀑布信息流的效果。当观众通过摄影机的镜头去关注表演者时，表演者及背后的摄制组也通过屏幕上的弹幕信息来观察观看者的动态。凝视主体与客体不再是二元对立，而是形成了相互的对望，主体与客体之间呈现出互动、交织与融合的趋势，直至界限模糊。

机械之眼和人类之眼的最大区别在于人类之眼可以自主调节观察对象与焦点，而机械之眼的焦点体现的是操作者的权力意识。一方面，所有的运镜拍摄都带有生产者的主观思维，机器拍摄到的画面实际上是经过主观操作后的产物。另一方面，摄影机可以多机位24小时不间断录像，但必定要经过筛选、剪辑、包装等后期制作才能传递给观众。这并不意味着节目生产者才是真正拥有强大幕后权力的"上帝"，恰恰相反，为了获得点击率与收视率，节目生产者必须将观众的兴趣与需求放在首位。由此可见，"机械之眼"的运作是在互联网的传播机制下幕前与幕后权力关系重新博弈的结果。

在观察类真人秀节目中，观察室与观察员的参与打破了原有的空间壁垒和关系模式，形成了三重空间中的四重对望关系，塑造了新的目光机制。表演者、观察者、观众之间两两对望，表演空间、中介空间和观看空间互相交织，文本与文化实践彼此介入。凝视进一步从单向的权力输出变成参与式互相建构的结果。"此"关系中的凝视主体也可成为"彼"关系中的被凝视客体，意义在"游牧"和"盗猎"中日益丰富、多元、碎片化、飘浮化，并加深与日常生活的勾连。如果说真人秀是一场社会景观，那么这种景观是包含了从表演者、观察者到观众在内的，它的舞台也从电视延展到互联网空间。当人凝视他人时，也在表演自己，并被他人凝视。

实践性与物质性：粉丝文化研究的新理论框架[*]

在过去二十年间，粉丝文化及其研究日渐兴起，已经从小众文化走向广阔的大众视野。它勾连起政治、经济、社会、文化诸种维度，不仅激发了丰裕的生产与消费，而且已经在重大社会公共事件中崭露头角。那么，在社交媒体广泛普及的今天，如何进一步阐释和理解形形色色的粉丝文化？在这一研究范畴中，是否仍存在值得反思的思想误区或盲点？如何获得持续的理论驱动力？本文从媒介实践和媒介物质性两个理论点着手，拓展粉丝研究的理论框架，以寻求新的阐释可能性。

一、粉丝文化研究的盲点与误区

2005 年是中国粉丝文化兴起的重要一年。《超级女声》等选秀节目的兴起使人们突然意识到，平时"不登大雅之堂"的追星行为具有引人瞩目的巨大能量。大众话语中形成了对粉丝文化的主流判断，虽然热情和肯定性越来越明显，但其深层观念需要认真审视。有一些声音依然是大众媒介时代的回声，有一些则是新媒介时代的变调，但都存在着盲点和误区。

第一个误区是对粉丝文化的问题化。任何一种新兴文化现象都必然挑战

---

[*] 本文系韩国崔钟贤学术院"国际学术交流支援项目"（2019—2020 年度）的资助成果，原载于《教育传媒研究》2020 年第 4 期，收入本书时有改动。

既存文化秩序的基础，也因此招致各种批评。从新闻媒体的报道到学术研究，都易把粉丝文化当作某种社会问题，或者"社会病症"，甚至加以鞭挞。

第二个误区是对粉丝文化的神秘化。成年人认为是小孩子的事情，父母师长认为是青春期的事情，社会舆论则把粉丝文化当作某种"神秘事物"，认为这是某种特定生命阶段、某些特定人群、某些小众圈子里的独特事务，不问、不了解、不操心，见怪不怪、其怪自败。

第三个误区是对粉丝文化的商品化。资本及其代言人将之当作"富矿"，认为是一种商机，可以挖掘出大量商业化价值，甚至在粉丝经济的伪概念包装下行剥削之实。

问题化、神秘化、商品化都是父权体系的观念，将粉丝及其文化行为视为他者、边缘、另类，或忽视，或贬抑，或寻找方法加以利用。借用海德格尔的话来说："最响亮的闲言与最机灵的好奇'推动'着事情发展；在那里，日日万事丛生，其实本无一事。"[1] 这种流俗的理解形成了遮蔽状态。它不仅不利于理解粉丝文化的全貌，而且为相关社会工作进一步发展造成阻碍。学术研究需要对此作出充分回应。

中国的粉丝文化研究者常从两位美国学者处汲取理论养料和概念，一位是约翰·费斯克（John Fiske），另一位是亨利·詹金斯（Henry Jenkins）。费斯克强调大众文化消费者的主动性，与消费文化的后现代主义思路结合，呼应"粉丝经济"的浪潮，开启了对"粉丝消费"和"快感"的研究。[2] 詹金斯的"参与式文化"和"文本盗猎"的概念则更适用于互联网及社交媒体平台化的新时代，为从弹幕、韩流到电子产品营销的各种现象研究提供了理论依据。[3]

实际上，粉丝研究的理论光谱极为广泛。陶东风主编的《粉丝文化读本》

---

[1] 海德格尔.存在与时间[M].陈嘉映，王庆节，译.北京：生活·读书·新知三联书店，2014：202-203.

[2] JOHN F. Understanding popular culture[M].London，New York：Routledge Press，2010.

[3] HENRY J. Textual poachers：television fans and participatory culture[M].London，New York：Routledge Press，2012.

就呈现了西方理论的丰盛资源[①],而胡岑岑则在总结了粉丝研究的三次浪潮和两个偏向之后,提出了围绕网络社区、狂热消费和免费劳动形成的新趋势[②]。作为一个例证,冯应谦以周杰伦粉丝为对象,从"劳动"概念入手进行研究,融合了各种理论资源,形成了中国语境下的新范式。[③]随着互联网介入带来的新变化,研究焦点逐步超越文本及其消费,走向身份认同、劳动、社群建构、社会表演等方面。

本文将探索一种"作为实践的粉丝文化"观念,一方面将社会学中的实践理论引入视野,以整合式理解中国当前粉丝文化研究的新走向;另一方面用"文化实践"这样一个普遍的、正常的、熟悉的概念,把粉丝还原到正常位置,让他/她们的行为是可理解的、正常化的,而不是异化的。

二、走向媒介实践理论的粉丝文化研究

实践理论在哲学与社会学中有着悠久的发展历史。从马克思主义的唯物论,到海德格尔的现象学,再到布尔迪厄的实践感、惯习、社会场,实践充满着丰富的内涵。在中国的语境中,从"知行合一"的思想到毛泽东的《实践论》,再到"实践是检验真理的唯一标准",实践一直是中国当代的合法行动,借用这一概念可以让粉丝文化正本清源,也有了与文化及意识形态两相呼应的契合点。

英国学者尼克·考尔德利(Nick Couldry)曾提出,应该将媒介视为实践,形成新的学术范式。[④]他认为,将媒介作为"实践",而不是"文本"或"生产结构",可以有效超越既有的学术争议,使媒介研究与更宽广的社会理论联系起来。他借用社会学家安·斯瓦德勒(Ann Swidler)的理论,提出媒

---

① 陶东风.粉丝文化读本[M].北京:北京大学出版社,2009.

② 胡岑岑.网络社区、狂热消费与免费劳动:近期粉丝文化研究的趋势[J].中国青年研究,2018(6):4-12,77.

③ ANTHONY F. Fandom, youth and consumption in China[J]. European journal of cultural studies, 2009, 12(3): 285-303.

④ NICK C. Theorising media as practice[J]. Social semiotics, 2004, 14(2): 115-132.

介实践理论的三个要点。第一,它重新解析文化,着重从行动和话语两个维度展开。第二,它尽可能保持开放性,并不画地为牢,媒介实践不是接触使用媒介的狭义行为,而是勾连起更丰富因素的社会行动。第三,它承认在这种丰富的实践中存在组织性,有的实践成为其他实践的"锚",框定了其方向。在考尔德利看来,媒介实践往往成为其他实践的"锚",尤其是惯例性、仪式化的媒介实践。这种思路超越了功能主义,承认媒介实践的多样性,并指出它在一系列实践行为中的秩序效应。考尔德利在不同论著中反复谈到这个概念①,虽然尚称不上是一个成型的框架,但是这一理论通过与媒介仪式、媒介权力等概念的结合,已经形成了富有延展性的学术点,并激发了一系列研究。②

考尔德利也论述过偶像与粉丝文化。他认为,仅仅将偶像与粉丝问题聚焦在"身份认同"上是不足的,与其说存在一个整体性的社会认同,不如说每个粉丝都有自己的认同实践。理解这种文化实践的"锚定"角色更为重要。伊丽莎白·伯德(S. Elizabeth Bird)在回应考尔德利的理论时说:"粉丝卷入了极为多样的实践,这些实践是主动性的,又是与媒介相关联的,将他/她们所选取的文本、其他的文本(如媒体评论、网络帖子、同人文等)进行连接,彼此镶嵌在一起。它绝非静止的,亦非线性的。"③理解粉丝的媒介实践及文化实践,也就是将偶像/粉丝文化放置在更广阔的脉络,尤其是更具体的显微镜之下,理解其丰富性,而不是妄下断言。

从这个角度讲,作为"实践"的粉丝文化研究,凸显了三个重要的关键词。

第一,它强调了粉丝文化中的"主体"。

---

① NICK C. Media, society, world: social theory and digital media practice [M]. Cambridge: Polity Press, 2012.

② BRAUCHLER B, POSTILL J, BRUCHLER B. Theorising media and practice. Vol.4. [M]. New York: Berghahn Books, 2010.

③ ELIZABETH B. From fan practice to mediated moments: the value of practice theory in the understanding of media audiences [J]. Berghahn books, 2010: 89.

在文化研究中，自斯图亚特·霍尔奠定了编码/解码模式之后，随后的研究往往围绕文本开展，形成一组二元对立，即编码/解码、写作/解读、传送/接受、生产/消费。这个模式强调受众的能动性，即"主动的受众"。按照艾伯克龙比和朗赫斯特的总结，这是"抵抗/收编范式"，而新的"观展/表演范式"则超越了之前的二元对立，使得主动性更加张扬。①

粉丝的主动性无疑是最为彰显的。早在电视时代，詹金斯就指出了粉丝的参与性和主动性，而互联网更是提供了广阔的空间，让粉丝的创造更具变革性。例如，《哈利波特》已超出自身的小说文本，不仅形成了一个跨媒介叙事网络②，而且激活了庞大的同人创作宇宙，甚至形成了一种粉丝行动主义③。在网络世界中，同人文、自制表情包、科普性帖子等一系列衍生文本，粉丝应援活动，各种粉丝社团和组织，再加上关键事件发生时的行动力，都使我们反思：当他/她们在面对原生文本的时候，怎么可能是毫无抵抗力的受众呢？

第二，它强调了粉丝文化中的"个体"。

媒介实践概念拒绝把媒介使用当作单一的、割裂的行为，它是与更广泛的社会行动相联系的，也是非常多元化的。在解释社会行动时，吉登斯指出了"结构"与"动力"的辩证关系。他认为，社会结构具有二元性，它既限制了社会动力体的各种行为，又是它的产物。因此，必须对动力做充分讨论。④

这就意味着媒介实践中必须强调个体的多元性或多样性。考尔德利列举了观看电视足球比赛的例子。他说，对第一批来说，这意味着对足球的热爱或者对某个球队的热爱；但对第二批人（如这个足球迷的妻儿）来说，看电

---

① NICHOLAS A, BRIAN J L. Audiences: a sociological theory of performance and imagination [M]. Sage Publications, 1998.
② 赖玉钗. 奇幻经典之跨媒介网络建构及叙事策略初探：以《哈利波特》故事网络为例 [J]. 新闻学研究, 2018 (137).
③ 陈天虹, 胡泳. 文化针灸模式的粉丝行动主义 [J]. 新闻爱好者, 2018 (8): 30-32.
④ 吉登斯. 社会学：第5版 [M]. 李康, 译. 北京：北京大学出版社, 2009: 84.

视只是和这位足球迷分享经验的行为;对第三批人来说,在公共场所看足球比赛是群体团结的一部分;而对于第四批人来说,只是消磨时间。① 推而广之,各种"迷"首先是个体性的行为,因此具有了多元性。就像看足球比赛的媒介实践各有不同,热衷于此的"足球迷"同样有所差别。那么,热衷于某个游戏是不是与看电视足球比赛类似?某个偶像的粉丝是不是跟足球迷一样,都是非常多元而个体化的行为?

对动力个体的强调,不能掩盖对结构的关注。足球是一个巨大的产业,背后有政治、经济结构的支撑。偶像工业同样映射着各个维度的社会权力,并非仅仅提供了创造力的引爆点。各种媒介更是深深嵌入政治、经济体系之中,无论是造成大众仪式的电视,还是供粉丝游牧与盗猎的互联网,都概莫能外。个体化的粉丝行动,同时具有集体力量。因此,聚焦个体及其多样性,同时不忽视背后的结构性因素,是媒介实践理论需要把握的平衡点。

第三,它强调了粉丝文化中的"行动体",或者说"身体"。

粉丝文化不仅事关文本,还是一系列行为、行动、活动、过程。它已经脱离了文本、符号、观念、脑海的范畴,转变为具体的行动。

可以说,当前所有的粉丝文化都具有行动性。例如,偶像的粉丝们不仅会看其出演的电影、电视剧,聆听其唱片和演唱会,阅读其书籍和文章,观看其写真并脑补各种奇怪的东西,而且会转发相关的新闻消息,会写同人文,还会跑到机场去接机,形成在线或线下的粉丝团体,安排各种应援活动,在偶像生日时分工协作。再如,二次元(ACG)文化的粉丝们喜欢COSPLAY,动漫大会更成为年度的集体狂欢,这种跨越次元界限的行动已远远超越文本,成为一种具身实践。②

行动的主要载体是身体,因此,粉丝文化实践是"具身性"的。在B站等视频网站上发送弹幕,与其说是发送符号文本,不如说是虚拟身体实践。

---

① NICK C.Theorising media as practice [J]. Social semiotics, 2004, 14(2): 115-132.
② YIN Y, XIE Z. The bounded embodiment of fandom in China: recovering shifting media experiences and fan participation through an oral history of animation-comics-games lovers [J]. International journal of communication, 2018 (12): 18.

从"前来报到"到"颜表立",再到"弹幕护体",文本即实践,实践即文本。用朱迪斯·巴特勒的概念来说,其中富含"表演性"(performativity)①。粉丝们通过具身化实践,来建构自己的身体、性别、认同和社会关系。这是身体表演,也是社会表演。② 涉及身体,还必然牵涉感官、情感和体验。"情感"(affection)取向的粉丝研究勇于挑战对粉丝文化的刻板印象,也与女性主义、酷儿研究、身体研究形成了对话。③

在这些讨论的基础上,我们也可以对粉丝文化实践进行界定。它强调从三个维度出发去理解粉丝文化。首先,它强调"主体",强调粉丝们的主动性、生产性、参与性;其次,它强调"个体",既承认社会结构的制约性,又强调粉丝个体行动的多元性乃至碎片性;最后,它强调"行动体"乃至"身体",强调在文本之外的行动、过程、姿态与身体,强调粉丝行动的具身性、表演性和情感性。这就构建了一个粉丝文化实践的理论分析清单。(见图1)

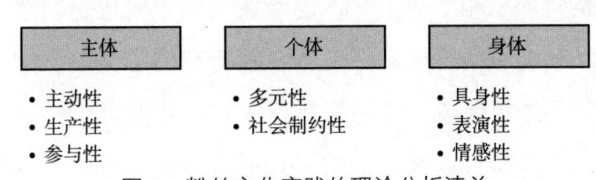

图1　粉丝文化实践的理论分析清单

三、以物为中心的粉丝文化实践研究

媒介实践理论强调开放性,尽量扩大受众、用户、粉丝行为的外延,也就不免使得研究焦点显得泛化。究竟什么才算是粉丝文化实践,又怎么形成有深度且有秩序的理解与阐释?研究是否可以找到一个入手点?本文认为,

---

① JUDITH B.Performativity, precarity and sexual politics [J]. Revista de antropología iberoamericana, 2009, 4 (3).
② 杨盈龙,冯应谦. 社会表演理论视角下的粉丝文化研究:以偶像养成类节目《创造101》王菊粉丝为案例 [J]. 新闻爱好者, 2019 (11): 60–70.
③ NICOLLE L.Productive fandom: intermediality and affective reception in fan cultures [M]. Amsterdam University Press, 2018.

"物"可以成为有效的抓手，开启相关的经验研究。

粉丝文化中充斥着各种物，既包括文化工业流水线上生产出来的千篇一律的周边商品，也包括粉丝自制的手工物；既包括纯粹的收藏品，也包括带有实用性质、融入日常生活的用具；既充满象征意味，又直接参与实践行动。这些物勾连起了情感、身体、日常生活、记忆，连接了个体、集体与社会结构。

以周边商品为例，它既有物的特性，又连接了感官和身体。塑封的唱片、带有签名的铜版纸海报、遵循主题颜色的应援灯、印有偶像头像或大号字母的 T 恤衫与帽子、憨态可掬的 Q 版公仔，这些形形色色的周边商品，交织出欲望、梦想、亲密关系、自我认同等一系列社会特性。粉丝们将它们嵌入自己的日常生活，也装饰着自己的身体，从白天的衣服和饰品，到夜晚床上的抱枕。在演唱会、见面会或者粉丝们的聚会中，她/他们凭借这些周边商品确认同伴（和"对手"），也确认自己。周边是粉丝乐趣的重要组成部分，其中既杂糅着情感要素，又契合着新自由主义消费的逻辑，在追求新鲜和怀旧之间不断扩张成一个流行美学宇宙，把粉丝们的时间、金钱、劳动、身体、社会关系整合起来，借助实践形成丰富的意义。要想理解粉丝的文化实践，就必须理解周边商品，理解这种"物"在其中扮演的角色。

关于物的粉丝研究早已有之，我们可将其称之为"粉丝物质性"（fandom materiality）或"物向粉丝研究"（object-oriented fandom）。2014 年，《衍生作品与文化》（*Transformative Works and Cultures*，*TWC*）曾经以"物质性与物向粉丝"为主题编写了一组稿件。编者鲍勃·里哈克在导言中说："物品打开了一扇窗，让学者可以观察特定的构造，包括地点、目的、表演等使用的语境，而跨学科的理论光线可以照亮它，一个明显的起点来自马克思主义对商品形式的评论，但更多光亮可能来自人类学、民族志、心理学和跨媒介研究等。"[1]

这样，粉丝研究就与物向存在论（object-oriented ontology）等哲学思潮

---

[1] BOB R.Materiality and object-oriented fandom[J].Transformative works and cultures，2014（16）.

和媒介物质性（media materiality）等媒介理论有了连接的可能性。从海德格尔对物性、用具、操劳和上手状态的论述出发，经过格雷厄姆·哈曼的"用具化存在"（tool-being）以及布鲁诺·拉图尔的"行动者网络"（ANT），物获得了哲学上的体认。在物向存在论、新物质主义和马克思唯物主义基础上，媒介的物性获得重视，媒介研究同样出现了"物质性转向"。① 粉丝文化实践中存在着重度甚至饱和的"恋物"现象，我们恰恰可以从中汲取理论滋养。

以物为中心还具有方法上的优势。一个民族志研究者完全可以借助物来进入田野并沉浸于其中，由此进行参与式观察；而一个口述史研究者同样可以以物为线索理清个人生活史的繁杂材料。这正应和了海德格尔的现象学思路。通过理解"物的聚集"，理解"物之为物"，曾经被遮蔽的东西显露出来。"物化之际，物居留大地和天空，诸神和终有一死者；居留之际，物使在它们的疏远中的四方相互趋近，这一带近即是近化。"② 这正是海德格尔所追求的现象学领会。

值得一提的是，英文的 object 既可以指"物"，也可以指"对象"。把粉丝着迷的东西视为对象，这一阶段已经过去，所以有"后对象粉丝"（post-object fandom）③ 甚至"无对象粉丝"（no-object fandom）④ 一说，强调了从"顺从消费型"（affirmative）到"变革创造型"（transformative）的转向。变革创造型的典型例证，就是 OTW 再创作组织（Organization for Transformative Works），这是一个粉丝同人自发建立的非正式组织，以同人创作基地 AO3（Archive of our own）而闻名，《衍生作品与文化》也是它创办的期刊。它于 2019 年获得了科幻文学雨果奖的"相关工作奖"，亨利·詹金斯以此为起

---

① 章戈浩，张磊.物是人非与睹物思人：媒体与文化分析的物质性转向[J].全球传媒学刊，2019（2）：103–115.

② 海德格尔.演讲与论文集[M].孙周兴，译.北京：生活·读书·新知三联书店，2005：185–186.

③ REBECCA W. Post-object fandom: television, identity and self-narrative [M]. Bloomsbury publishing USA, 2015.

④ SEDGMAN K. No-object fandom: smash-ing kickstarter and bringing bombshell to the stage[M]. Berlin: Springer, 2017: 145–172.

点,指出粉丝文学开启了网络时代表达的新形式,它是集体创造的,而非个体占有的。① 这也体现了互联网的 "众创"(crowd creativity)② 或 "算法集智"(collective wisdom with algorithms)。③

网络成为变革创造的基地,虚拟世界同样需要物质基础,从档案到算法,各种数码物都具有物质性,数字物质性同样应获得粉丝文化研究的重视。④

结 语

粉丝文化研究具有重要的社会意义和理论价值。这篇文章从对大众话语的三个误区——问题化、神秘化和商品化开始谈起,通过引入"实践理论"来加以扭转。媒介实践理论并非一套成形理论,因此笔者试着在既有基础上,对粉丝文化的经验面向进行解析,构建主体、个体、身体三个维度上的分析清单。在粉丝文化中最有力量的并非文本,而是丰富多彩的社会行动,它们才是意义生产的基础。实践概念为之正名,却也因追求开放性而走向泛化,因此,笔者用"物"作为物质世界之锚,在理论上与媒介物质性等理论建立连接,在方法上找到研究的入手点与方法论上的通达之路。即使是在虚拟社区成为变革性粉丝活动基地的今天,数字物质性依然发挥着重要作用。

值得反思的是,这一套理论是否拥有太多的西方文化理论色彩,而忽略了中国粉丝研究的内生性质?我们追求的不是普适性,而是深入透彻理解那

---

① HENRY J. "Art happens not in isolation, but in community": the collective literacies of media fandom [J]. Cultural Science Journal, 2019, 11(1): 78–89.
② 胡正荣. 内容生态及其良性发展 [J]. 新闻与写作, 2018(10): 1.
③ KATERINA C, WILLIAM U. COLLECTIVE WISDOM: Co-creating media within communities, across disciplines and with algorithms [EB/OL], https://wip.mitpress.mit.edu/collectivewisdom.
④ YIYI Y. An emergent algorithmic culture: The data-ization of online fandom in China. [J]. international journal of cultural studies, 2020, 23(4): 475–492.

些活生生的文化状况。中国的粉丝文化聚合着社会群体的创造力、互联网基础设施的可能性、政治和经济力量的扭结环境，既丰富复杂，又充满活力。通过实践性和物质性两个关键点的介入，我们有可能脱离文本，走向更开阔的理论地带，进一步理解这种光怪陆离又光芒四射的文化形态。

现代化与个体化：电视机进入中国家庭的口述史研究*

自1958年电视工业在中国诞生以来，迄今已逾半个世纪，电视机早已经成为司空见惯之物。虽然在21世纪受到新兴媒介的极大冲击，但它仍然是中国使用者最多的第一媒体，并且仍然在人们的日常生活中扮演着重要角色。关于电视是否还能存活下去的质疑仍不绝于耳，而恰恰是在这一时刻，对其历史作一番梳理，可以帮助我们理解电视与中国社会变迁的深切勾连。中国电视史研究已经有相当多的积累，不仅包括通史类著作[①②③④]，也包括专题史研究和史志资料的汇集[⑤⑥]，还有论者将电视媒介的历史追溯到民国时期进行探索[⑦]。但有一种历史始终处于学术视野之外，那就是电视的社会史研究，更确切地说，是电视进入家庭的日常生活史研究。

莱文认为："电视在我们的生活中的存在是如此普遍，而我们对它与家庭

---

* 本文原载于《口述历史在中国：多元化视角与运用》，广西师范大学出版社2016年版，收入本书时有改动。

① 郭镇之.中国电视史[M].北京：文化艺术出版社，1997.
② 徐光春.中华人民共和国广播电视简史[M].北京：中国广播电视出版社，2003.
③ 赵玉明.中国广播电视通史[M].北京：北京广播学院出版社，2004.
④ 刘习良.中国电视史[M].北京：中国广播电视出版社，2007.
⑤ 胡智锋，周建新.从"宣传品""作品"到"产品"：中国电视50年节目创新的三个发展阶段[J].现代传播（中国传媒大学学报），2008（4）：1-6.
⑥ 郭镇之.从服务人民到召唤大众：透视春晚30年[J].现代传播（中国传媒大学学报），2012（10）：7-12.
⑦ 谢鼎新.民国时期国人对电视的认知[J].新闻与传播研究，2006（2）：61-65，96.

在视觉和空间上的亲密结合却没有太多注意,这实在让人惊讶。有两种电视史,一种是正式的叙述,即关于电视机变化的年代表;另一种是非正式的叙述,它是个体经验的汇集,讲述了电视机如何伴随我们成长,如何进入家、进入家庭、进入我们的休闲时间。"① 如她所言,这段历史是"一个有关亲密关系的历史,它事关我们如何围绕着电视来设计我们的空间、习惯甚至情绪"②。

电视是一种典型的家庭媒介。一方面,它立足于家庭空间,而不是像广播、笔记本电脑和手机那样更具个人性、移动性或随身性;另一方面,家庭生活也在很大程度上以电视机为中心而展开。笔者问过周围很多人一个问题:"当你布置自己的新家时,首先放置的家具或电器是什么?"答案通常是"电视机",或者是"沙发"——而沙发往往是与电视机位置相对的。这意味着电视机位于家庭空间的中心位置,成为开展家庭生活的核心。那么,电视是如何进入中国家庭的?它的位置经历了什么样的迁移?在这个过程中折射出中国社会的何等变化?

本项研究力图通过口述史的方式回答这一系列问题。它与通常的电视史研究有所不同。第一,这项研究并不针对"电视"这一大众媒介事业,而是聚焦于"电视机"这一物品。第二,这项研究回归电视的微观关系,将电视与家庭、空间和日常生活相勾连。第三,这项研究致力于脱离宏大的"线性历史",而是通过普通人的自身建构来建立一种"分叉历史"③。因此,笔者和团队访问了数十个中国当代家庭,选择其中三位受访者的口述,以此展开分析。④

---

① LAVIN M. Television design [M] //BOWES E, HORSFIELD K, LAVIN M, et al. Receiver to remote control: the TV set. New York: New Museum of Contemporary Art, 1990: 85.
② LAVIN M. Television design [M] //BOWES E, HORSFIELD K, LAVIN M, et al. Receiver to remote control: the TV set. New York: New Museum of Contemporary Art, 1990: 89.
③ 杜赞奇. 从民族国家拯救历史:民族主义话语与中国现代史研究 [M]. 王宪明, 译. 北京:社会科学文献出版社, 2003: 39.
④ 之所以选择这三位的口述历史进行分析,是因为这三个故事有着相当大的差异。按照社会学方法论中的"求异法",本文希望通过三个尽量不同的故事探索电视机与家庭关系的丰富可能性。参见:潘绥铭, 黄盈盈, 王东. 论方法 [M]. 北京:中国人民大学出版社, 2011: 194.

一、电视机：现代性的象征物

在 20 世纪六七十年代，电视机是稀有之物。除了极少数特权家庭拥有之外，大部分家庭都只能在各级"公社"或"单位"（如军队、工厂、学校、医院等）来观看电视。这种新奇的光影设备富有吸引力，在 20 世纪 70 年代末改革开放之后，物质的极度匮乏让位于消费主义，当时的中国人普遍产生了一种拥有电视机的渴望，无论在城市和农村均是如此。

访谈对象孙晓雅（化名）对当时自己对电视机的渴望记忆犹新。她于 1976 年出生于江南某省会城市，父亲是医生，母亲是大学教师，如果放在 21 世纪，这是典型的中产阶级家庭，但在改革开放尚未完全展开的时期，城市人口的财富水平几乎没有明显差距，在她的记忆中，家里过着捉襟见肘的日子。

> 我们家当时买不起电视机。居住条件也挺差的。当时我家只有一个房间，是我妈的学校宿舍。我爸住在医院宿舍，因为比较远，所以每周见一次面。之前，黑白电视机时代的电视节目，我都是在邻居家看的。每次去看都不好意思，我妈也不愿意让我去。我还蹲在人家门口看过电视。①

她对购买电视机的年份已经难以确定，但试着用记忆中的电视节目来进行定位："记不得具体时间了，但那个事情印象还是蛮深刻的。好像是我小学的时候？《射雕英雄传》是哪一年播的？（1983 年）那时我家还没有电视。第一部《铁血丹心》、第二部《东邪西毒》的时候都还没有。但我上小学五年级的时候肯定有了。大概是 1984、1985 年吧。"

---

① 访谈过程中的一个小插曲可以帮助我们理解这位访谈对象对电视机的童年渴望甚至迷恋。访谈进行的时候，孙的男友回家了，笔者邀请他加入访谈，但被他拒绝了。这位出生于地方高级官员家庭的男友说："电视机？有什么好说的？我都没印象了。"孙立刻大叫起来："你们这种特权家庭的孩子，当然没法理解我们的体会了！身在福中不知福。"

另一位访谈对象朱永年（化名）1956年出生于北方某地农村。当我问起他是哪一年购买了自己的第一台电视机时，他已经说不清楚具体年份，但他非常清晰而且骄傲地宣称，他是村子里第三位拥有电视机的人。

> 我买电视……排序的话，可能是第三。哪一年我忘了，朱强（儿子）最多上二年级。实际上我买这个电视的时候，长年（堂兄）比我早买一年，延年（堂兄）又比他早买一年。……丰年（堂弟）得排在第四。（经纠正发现丰年买得更早。）……当时在石卫东（村供销社负责人）那里，一共来了四台。一个是我，还有其他的三个人，那时候还走后门咧，俺四个一个人一台分了。那时候我开拖拉机，多少有点照顾。别人走后门还走不上咧。那时候供销社就在个人的宅子里，我开拖拉机，经常给他拉货（就可以走后门买电视了）。吃了后晌饭，我去抱了来的。

后来经过家人反复回忆和验证，朱永年应该是在1986年前后买的电视。他之所以买这台电视机，是因为家里的孩子们都爱看电视。

> 长年家有电视，朱强和朱丽（女儿）到了后晌就去人家家看电视。那时候好停电，九点钟来了电，他们还要去看。我心里想，那就买吧。那时候电视机刚兴过来，也不贵，七百来块还是六百来块。我都忘了什么牌子。去年我刚卖了，不出人影了，卖了二十块钱。（笑）实际上很了不起啦，我虽然没买在前头，但在后街上（算是早的），到了后晌，我那个天井里人都坐满了。

他的叙述，反映了电视机初入农村家庭生活的两个有趣现象：第一，电视机的购买是一件"露脸"的事情，它反映了购买者在本村拥有财力、地位和人脉关系。第二，因为并非家家都拥有电视，所以前期购买者的家中常聚集了家族成员、邻居和附近的人，这使得当时观看电视成为一种"集体行为"。

电视机是消费主义社会的重要象征之一，在世界各国都不例外。无论是在20世纪50年代的美国[①]，还是在20世纪80年代的中国[②]，它都作为宣告富裕生活来临的信使，不仅为它的主人带来莫大的心理安慰，而且起着彰显身份的作用。有人类学家在斯里兰卡观察到，当地明明电力匮乏，刚刚富裕起来的渔民却买回崭新的电视摆放在家里，以彰显自己迈入现代化生活[③]。奥迪纳·里尔[④]则发现，在巴西，越是工人阶级的家庭，越是喜欢将刚刚购置的电视机摆放在甚至窗外的路人都能注意到的地方，以宣告自己阶级地位的提升。玛格丽特·莫斯曾说："在这个空洞的电视机里，在这个无限的盒子里，存在着一个私人的圣物箱，里面储藏着圣物，或者说圣骨，横亘在日常生活、商品世界和我们的共同文化之间。"[⑤]在第二次世界大战之后，电视机在世界各国的普及有早有晚，但普遍经历了这一特殊时期，即它成为现代化、富裕、先进生活的代名词。

詹姆斯·鲁尔对20世纪80年代的中国电视展开了观察。他发现电视在当时恰可嵌入中国主流话语之中，即"两个文明"：物质文明建设和精神文明建设。它是物质文明的象征毫无疑问，而它还负载着期待，能够将精神文明的话语播散到千家万户。基于这样一种双重责任，电视机成为中国家庭渴求的消费对象，从北方到南方，从城市到农村均不例外。

不过，并非所有的人都对电视机那么热爱。有的人对这一新奇事物带来的冲击甚至"危害"持有警惕心理。

---

① LYNN S. Make room for TV：television and the family ideal in post-war America [M]. Chicago：University of Chicago Press，1992.
② JAMES L. China turned on：television, reform and resistance [M]. New York：Routledge Press，1991.
③ ALFRED G. Newcomers to the world of goods：consumption among the muria gonds, in appaduraied, the social life of things [M]. Cambridge：Cambridge University Press，1986：110–139.
④ LEAF，O'DINA F.Popular taste and erudite repertoire：the place and space of TV in Brazil [J]. Cultural Studies，1990，4（1）：19–29.
⑤ MORSE M. The end of the television receiver [M]. Receiver to remote control：the TV Set. New York：New Museum of Contemporary Art，1990：139.

另一位访谈对象赵言秋 1971 年出生于北方某农村，父亲在外当工人但早逝，他和母亲、哥哥、两个姐姐住在家乡。他说：

> 买电视是在 1988 年春天。那年我 18 岁，正在读高中。当时和妈妈、姐姐、哥哥住在一起。之所以买电视，是因为我马上要高考，要离开家，已经不会影响学习。妈妈和哥哥是经济来源。妈妈主张买的。家里 80% 的意见是她拿。电视机是用妈妈的退休金买的。但买电视的助推力是姐姐。当时电视剧已经丰富起来了，我有印象的有《红楼梦》《雪城》。在周围算是前、中期买电视的人家吧。（那时候）大概 30%、40% 的村子家庭已经有了电视。

这位访谈对象说，他的母亲是一位很有主见和教育理念的人。她认为新兴的电视带来的不仅是"物质文明和精神文明"，也会对自己所恪守的传统道理形成冲击，如"万般皆下品，唯有读书高"。因为丈夫的去世，她感觉自己有更大的责任来防止子女偏离正轨，所以尽量推迟电视机进入自己家庭的时机。所谓现代化的生活，对她而言不是美妙的乌托邦，而是蕴含着未知的担忧与焦虑。实际上，这并非空穴来风的想法。詹姆斯·鲁尔在《中国打开了电视》一书中就指出，20 世纪 80 年代的中国电视传递了一种混合甚至自相矛盾的意识形态，在上一瞬间的电视新闻中仍在宣扬社会主义式的勤俭作风和集体主义，下一瞬间的广告则开始渲染消费主义的生活方式。① 电视机的消费即使在美国也曾经引发警惕。②

因此，在回顾电视机刚刚进入中国家庭那段历史的时候，我们可以说，它是伴随着对物质消费与现代化的渴望应运而生的，但这种渴望夹杂着忧虑，无法完全用一种进步观加以解释。早在 1979 年，黎澍曾经发表了题为《消灭

---

① JAMES L.China turned on: television, reform and resistance [M]. New York: Routledge Press, 1991: 210.

② LYNN S. Make room for TV: television and the family ideal in post-war America [M]. Chicago: University of Chicago Press, 1992.

封建残余影响是中国现代化的重要条件》的文章，强调改变封建主义生产方式和封建思想是赢得社会主义现代化胜利的前提条件。即使到了 2006 年，俞可平仍然认为"从整体上说，现代化的这些政治、经济和文化要素与中国的传统文化是格格不入的"①。但不可否认的是，中国在 20 世纪 80 年代的现代化进程是有其独特性的，既离不开改革开放带来的新自由主义思潮之影响，又无法离开社会主义的思想遗产而解释，也无法忽视传统儒家思想的长期浸淫。它渗透进人们对于电视机这一现代化象征的态度之中，也影响了一个非常具体的实作层面，即电视机究竟应该摆放在家里的哪个位置？

二、电视机在家庭空间中的旅行

中国电视机的旅行起点不是家庭内部空间，而是集体公共空间。如前所述，最早的电视机是公家拥有物，被放置于公共场所。采访者孙晓雅表示：

> 我爸医院会把唯一一台电视机放在院子里，大家都搬着板凳去看。就像露天电影一样。后来黑白电视普及了，就不太有可能了。我觉得部队、医院、工矿等通常习惯于过集体生活的（场所），就会发生这种情况，但一般城市可能就没有。

实际上，笔者在访谈中发现，大部分出生于电视机普及之前的人，都有着集体观看电视的经历。单位曾经在很长一段时间内成为中国人生活的基本单元，在这里，生产活动与家庭消费同置一个空间，工作时间与闲暇时间遇到的几乎是同一批人，公与私的界限并未那么分明。

早期拥有电视机的家庭，也不得不敞开私人空间，接纳外来的观看者。孙晓雅讲述了自己曾到邻居家中"蹭电视"的经历，在自己家拥有电视后，类似的情形也一再发生。"当时我妈的一些学生，有体育比赛就会来我家

---

① 俞可平. 现代化和全球化双重变奏下的中国文化发展逻辑[J]. 学术月刊, 2006（4）: 14-24.

看。其实我妈特别烦他们,她不喜欢别人来我家看电视。"

赵言秋说:"很多人会来我家看电视。姐姐的玩伴、妈妈的朋友,都会来看电视。但高考之前,我回家复习,家里来人会减少,因为我妈怕耽误我学习。总体来说,不是很多人来看电视。可能是交际圈的问题。过年过节的时候,有人来。但是平时不会有人专门来看电视。我们也从来没有把电视搬到院子里来过。"

朱永年的家庭,却与以上两个家庭在对待电视机的态度上略微有些不同。"到了后晌,我那个天井里都坐满了。都在那里站着看。我记得很清楚,那时候有个电视剧叫《卞卡》,都在那里站着看,演完了这个演的是《射雕英雄传》,哎呀那个人多的,椅子一直搬到门口。怪稀罕。我觉得二十人以上稀松平常,三十人以上不成问题。后街上的人都去。我都没有(足够的)座位(给他们)。……他们去看的时候,我把座位放到天井里,那天线挂在枣树上,也有站着的也有坐着的,演广告都不走。现在这时候你寻思寻思,你就是搭上酒我都不去看去。"(笑)

他也承认,并不是每个拥有电视机的家庭都欢迎人去围观的。有人家"买了电视,四邻八舍都去看去。第一回第二回第三回还行,不说再一再二不再三,到第四回,就犯了恶了。……费电钱,熬眼,具体我没经历过,但我知道有这样的例子"。这一家采取了一种特殊的"人际治理技术"来解决这个问题。"下了挂面,荷包鸡蛋,这是来客才吃的。你来看电视,看到不早了,我下了给你喝上。赶明天晚上,你还好意思去啊?这就是说,你可别再来啦。"这跟农村里的"下茶叶"是一个道理,客人眼见主人家费时费力招待他们,识趣的就必然立即告辞。看电视的人被主人大张旗鼓招待,第二天如果再去,就是冲着挂面荷包蛋去的,脸皮薄的人便会就此绝足。

朱永年说自己的态度不一样:"我愿意有人来,我觉得怪骄傲的。"

从访谈对象的口述中,我们能发现对于接纳邻居看电视的抗拒心理。与其说这是关于电费、时间、招待等方面的成本考量,不如说,这时候人们有着越来越强烈的"私人空间"的占有感,相应也就对突破界限的行为有了反感。公与私,边界划分得越来越清晰。

在城市，它与商品房的兴起、宿舍的缩小导致的单位实质性解体密切关联。在农村，这与"分家"行为的变化是有着一脉相承之处的。王跃生通过对 20 世纪 50 年代以来冀南农村家庭结构变化的分析指出，自集体经济以来，"婚后即分家"的时间越来越短。他是从公与私的对立解读加以阐释的："集体经济时代，为了加强集体组织的地位，防止损害集体利益的行为，'私利'和'私心'是整个社会正统舆论强烈鄙视和批判的观念。在我看来，它们不但未被消除，而且对民众心态和行为起着更大的左右作用。对社员来说，生产组织的'公'与家庭生活的'私'处于明显对立状态。它不仅表现在人们对集体利益和财产的行为态度上，而且体现在家庭内部成员关系上，或许这与生活资料的相对短缺有关。"① 在改革开放之后，物质生活水平提高，家庭财富逐渐积累，但人们又不愿意与其他人共享自己的劳动成果，必然要求将"私"的界限划分得更加清晰。阎云翔②③ 对黑龙江下岬村的田野调查也佐证了这一状况，他将之与中国社会的宏观趋势联系在一起进行分析，称之为社会的"个体化"（individualization）。

随着这种"私有"界限的日渐清晰以及电视机的普及，集体观看模式逐渐消失。取而代之的是电视机成为私人家庭的拥有物，观看电视也成为家庭内部的行为。那么，电视机进入私人家庭后，又取得了什么样的位置？这中间又折射出什么样的社会结构性变化？

在 20 世纪 80 年代，由于居住空间普遍有限，电视机只能在既存的家居空间体系中寻找一个栖身之所。

孙晓雅详细描述了自己童年时居住环境的变化，以及电视机在其中的位置旅行：

---

① 王跃生. 集体经济时代农民分家行为研究：以冀南农村为中心的考察［J］. 中国历史，2003（2）：88-98.
② 阎云翔. 私人生活的变革［M］. 上海：上海书店出版社，2006.
③ 阎云翔. 中国社会的个体化［M］. 陆洋，译. 上海：上海译文出版社，2012.

现代化与个体化：电视机进入中国家庭的口述史研究

  我和妈妈、妹妹睡一张大床，然后有一个沙发，对面是一个五斗柜，电视机就放在五斗柜上。后来我去上体校了，我妈和我妹就回到了我爸宿舍区住。那时候我和奶奶住一间屋，爸妈和妹妹住一间屋，电视放在第二间屋子里，就放在写字台上。当时家里没有什么家具，也没有电视机柜。我上初中的时候，又搬家了，是一个两室一厅，比原来的房子要大，而且有客厅了。电视机就放在客厅里。当时，我家特意隆重制作了一个电视机柜，是当时最流行的样式。是一个大概2米高的柜子，有一个板子可以抽翻，把电视机藏在里面。当时大家都做这种柜子。这是为了保护。有人是用电视机罩的。这体现了当时对它的稀罕。

  朱永年则把那台让自己"骄傲"的电视机放在"北屋"（堂屋）的正中央，正对着屋门，而且郑重地盖上一块布作为防尘罩。"别说电视机了。那时候买个收音机，四十二块钱，还得花四五毛钱买块毛巾盖上。怕土。……（电视机）当然是放在最显眼的地方。那时候不是兴四抽桌，搁到那正位上，也怪威风啊。"（笑）

  与朱家不同，对电视机素来有警惕心理的赵言秋的母亲，则选择把电视机"藏"起来。

  "她把电视机放在正门旁边的位置，这样坐在炕上正好可以看电视，另外也不会那么显眼。"

  "堂屋的中心位置放了什么？"

  "中心位置是条案、八仙桌、四把椅子。条案上有瓷瓶子、花瓶、鸡毛掸子、相框（家族的照片）、我妈妈的照片、收音机。"

  "想过把电视机放到那边吗？"

  "没有！电视是娱乐的东西，为啥要放到待客的地方。大姐就是这么摆。我妈妈觉得不对，那是迎接客人的地方。"

不过,赵家也特意为电视机做了一个柜子,高度刚好比炕高出一点,以便获取看电视的最佳视线。

无论是谦逊地适应,还是骄傲地展示,抑或是谨慎地避免冲突,电视机在进入中国家庭既有的空间及物品体系时,都需要经历一个寻找位置的过程。如果电视机是有生命的,我们可以将这个过程理解为"驯化"(domestication),就像一个家庭接纳新的宠物、新娘或者新生儿。家庭空间中,物的秩序反映了每个家庭的独特安排,也拥有丰富的文化内涵,它既是一种内化了的象征体系,又是外显的文化表征和社会关系。以赵家为例,在母亲的主导下,这个家庭遵从着中国农村传统的家居秩序,将堂屋的核心位置留给"礼"所要求的神圣性。

实际上,在笔者对朱永年一家进行访问时,环顾四周,会发现电视机并没有放在客厅的正中央(一进门正对着的位置),而是偏居一隅。客厅中央放置着一对沙发,墙上挂着一幅中堂。在过年(以及婚丧)的时候,这对沙发会被移开,取而代之的是一张八仙桌,背后墙上会挂上"忠厚持家远,诗书继世长"的对联。过年时,这里是放置祖先牌位,并且进行祭祀的地方,整个家族的人都会来此参加祭祀活动。由此可见,在电视机给朱永年带来的"骄傲"逐渐褪去之后,它终究还是让位于更传统的家居体系安排。在访谈中,朱永年表露了一点焦虑,因为他和妻子正在考虑是否搬到城市,和儿子一家一起居住。"成为一个城里人"是他长久的期盼,却也使他充满忧虑。笔者问他,如果进城后,不用在过年时祭祀祖先,电视机会怎么摆?他回答说:"就像城里人那么摆呗。"

如果说在农村保留了更多的中国传统家居体系,那么在城市的商品房之中,现代化的空间安排已经占据主流。孙晓雅和赵言秋两位访谈者后来在完成学业之后,均在北京定居,也均购买了自己的房产、建立了家庭。在他/她们各自的家庭中,电视机居于物之体系的中心位置(当然这并不是物理空间的中心,而是一种象征体系的中心)。房子自然是按照居室体系分为客厅、餐厅、卧室、卫生间、厨房,而电视机与沙发这一对主导者是客厅的核心,虽然主人根据自己的美学风格、实用需求和财政实力布置了独一无二的物之体系,但采取的均是中国都市居民普遍采用的框架。①无论如何,电视机都是"客厅"的核心,当中国家庭已经彻底变成"私人领域"时,电视机是否在家庭内部创造了一处"微型公共领域"?随着中国城镇化程度加深,随着越来越多的农村居民搬入城市空间、学习和适应所谓的"城里人"的生活方式,电视机有可能取代八仙桌和祖宗牌位,成为文化的新核。

当然,这并不意味着一个整体划一时代的到来。笔者在安徽曾经看到一个有趣的现象。当地人习惯在堂屋的正中央放置一张条案,上面摆放着座钟、花瓶、镜子,取其谐音为"终生平静"。虽然有发明传统、吸引游客的嫌疑,却是一个普遍存在的家居设置;而有一个临街的家庭,在这种摆设之前,增加了一张桌子,上面放着一台电视机,其家人背对着大门,边嗑瓜子边看电视。这种空间设置的"混杂性"(hybridization)表明人的创造性实践(practice)终归是五花八门,也是千变万化的,消解与重构永远在同时发生,而最可靠的结论无非是电视机的位置必定与社会、文化的实践相勾连。

20 世纪 70 年代末以来,电视机在中国普通人的生活空间中大致经历了这样一场旅程:"集体空间"——"半开放的家庭空间/半集体空间"——"私密的家庭空间内部的微型公共领域"。它是否还会迁移?事实上迁移已经发生了,越来越多的家庭拥有不止一台电视机,家庭成员(特别是老人)可以在自己房间里观看电视,而成年人和孩童将越来越多的时间交付给了更加个人化的电脑和手机。由此看来,家庭内部的微型公共空间也趋于消亡。这是一个空间瓦解的过程,也是一个社会急剧"个体化"的过程。法国哲学家亨利·勒菲佛(Henri Lefebvre)在《空间的生产》②一书中,认为空间是人的创造物,它既是社会实践的产物(production),又充满着生产性(productive)。一方面它是在各种理念体系和社会关系的综合作用下形成的,而不单单是出于实用性和美学所作出的理性安排,从这个意义上讲它是社会实践的产物。

---

① 然而赵从小受到的影响依然存在。在装修自己的房子时,他竟然忘记了要在客厅里留有线电视接口,还是装修工人提醒了他。装修工人还询问他是否要在卧室里也留一个接口,他虽然同意了,但并没有在卧室里放电视机,对他来说,电视机只属于客厅。

② HENRI L. The production of space [M]. London: Wiley-Blackwell, 1992.

另一方面，空间又具有生产性，它生产并再生产着日常生活的种种实践，而文化、象征、符号、意涵、关系在空间实践中得以产生、复制、重组、挪用和勾连。大到国家疆域、城乡二分，小到家居空间里的电视机位置，均具有丰富的社会意涵生产性。因此，通过理解空间安排，我们可以理解更宏大的社会结构变迁，即如电视机位置变化背后所展现的公与私的再界定、城与乡的分化、传统和现代的冲突与交融等；更进一步，我们可以试图在此基础上寻找更具创新性乃至革命性的空间安排，以此寻求社会生活的再造。

三、在空间和时间经验上再造家庭

在一个访谈对象的家中，我们看到了这样一幅景象。电视机虽然摆放在客厅中央，但已经失去了聚集家人的作用。女主人正把电视机当作电脑的显示屏来更新自己的博客，男主人手持 iPad 玩网络游戏，孩子守着自己的玩具，老人抱着一台笔记本电脑看电视剧。这就是社会"个体化"之后的家庭典型一景。我们也不断观察到，当家人、朋友聚在一起，却各自低头摆弄自己的智能手机。新媒体的冲击来得剧烈，它伴随着社会变迁，重组了社会空间乃至社会关系。当城镇化已是大势所趋，单位逐渐解体，邻里互不往来，家庭成员也各自划定内部空间，是否意味着我们进入了另一种现代化乃至后现代化的生活图景？

但既然空间是生产性的，它必然能够为人的主体性再造提供舞台。大卫·莫利[①]指出，如白南准（NanJunPaik）等艺术家把电视机还原为普通之物，甚至转换为容器，创造为机器人形象，瓦解了这种媒介背后的权威性，带来了新的媒介体验。那么，无论是先锋艺术还是日常生活实践，都可以通过重新组织电视机与家庭空间来寻找新的可能性。

口述史则在另一个层面上提供了重构主体性（subjectivity）和家庭的可能。笔者的访谈对象大部分都对接受这样的访谈非常热衷。他/她们通过重

---

① 莫利.传媒现代性与科技［M］.郭大为，译.北京：中国传媒大学出版社，2010：287.

新记忆、讲述、连接，把个人生命史、物的迁移史、社会和家庭的变化史合而为一，再次理解和构造自己置身其中的日常生活。对电视机的渴望、热爱、迷恋、安置、装饰、疏离、排斥和忽视，犹如一叶知秋，揭开了个人对生活谜语的独特感悟。正如一位访谈对象所言："通过这次访谈，我也重新梳理了自己的生活。"口述史与正史相比，往往支离破碎、漏洞百出，甚至讲述者连基本的年份、人物和事实都忘记或者弄错，但它对讲述者本人的意义远超正史。媒介不过是物，而传播可以是记忆。在这种时间经验上的记忆重组了人的生命以及鲜活的家庭与社会关系。如果这种"分叉历史"具有价值，那它最大的价值正在于此。

第二部分
国际传播理论

第二部

自然を愛する

帝国、天下与大同：中国对外传播的历史检视与未来想象*

随着中国经济实力和国际地位的不断提升，包括对外传播能力在内的文化软实力建设已经成为国家战略的重中之重。2006年，《国家"十一五"时期文化发展规划纲要》中明确提出了文化"走出去"战略，中国媒体在海外开办分支机构、国家形象宣传片在纽约时代广场播映、孔子学院纷纷设立、电影等文化产品销往世界各地、文化与教育交流活动频繁开展，都是这一战略的具体实践。

不过，这一战略背后蕴含着双重挑战。一方面，文化与媒体"走出去"并不是一帆风顺的。笔者接触的一名来自非洲的留学生直言不讳地说："中国如果想得到非洲的认可，必须证明自己与西方殖民者有区别。"汪晖曾经指出，中国在非洲做了很多事情，但非洲人最大的困惑是："不清楚中国在非洲、在世界上希望建立一种怎样的秩序，中国人到底要干什么，追求的是什么？"[①] 另一方面，如果只是强调"走出去"，却忽视思想逻辑的探索，未免陷入国力较量的陷阱，成为传统国际竞争的翻版。

本文认为，中国的文化与媒体走出去带来了对外传播的新景象，也必须面对不断的新挑战，它必须提供一种关于世界秩序与全球图景的理论想象。本文通过对中国对外传播核心逻辑的历史梳理与检视，首先反思当前民族国

---

* 本文原载于《南京社会科学》2015年第6期，与胡正荣合作，收入本书时有改动。
① 汪晖."21世纪中国文化的困境与出路"论坛发言[J].文化纵横，2012（5）：22.

家竞争中延续的"帝国"或帝国主义逻辑，其次回顾中国的历史资源，从"天下"体系的角度进行观察，最后从近代思想中寻求"大同"思想的可靠性与解释力，从而探讨中国对外传播的新理念。

一、"帝国"逻辑与帝国主义

帝国，从字面意义上来说，是以帝制为政体的国家组织形式；就历史脉络和学术史而言，这个概念早已超越它的字面意义。从前者来看，世界各地对帝国都不陌生。古罗马帝国、拜占庭帝国、奥斯曼帝国、金帐汗国都曾盛极一时，在中国，嬴政在称皇帝之前，就已经开始了"普天之下莫非王土"的政体实践，直至清朝被民国取代方告终结。这种"前现代"的帝国具有两个重要特征：第一，权力集中在皇帝（及其同位者）手中；第二，始终存在对疆域和领土的渴望。因此，彼此征伐是帝国对外扩张的基本方式。地理疆域恰恰也提供了屏障，形成了数个文明中心，东方和西方的认识论基础也由此形成，另有广泛的领土与人口（非洲、拉丁美洲、大洋洲）则遗落在世界体系边缘。

在世界范围内，帝国成为一个现代概念并建立一种国际秩序逻辑，是与资本主义、殖民主义和民族意识的兴起彼此勾连的。资本急欲扩张，占有新的土地商品和劳动力商品，殖民便成为必经之路。18世纪至19世纪的大英帝国是典型的例子，它建立了横跨澳大利亚、中国香港、印度、非洲、英伦三岛、美洲的"日不落帝国"。由此延展出的现代"帝国"概念具有三个特征：权力集中在少数族群和阶层手中；领土疆界跨越了民族界限；存在帝国内的不平等乃至殖民。现代帝国表面上是古代帝国的延续，但实际上是资本主义在全球殖民的产物。

为了跨越地理屏障，广义的"互通"（communication），包括交通与传播，都不断创新出工具与系统，打破了时间与空间的双重限制，成为现代帝国的基础设施。1845年，英国政府颁布法令规定了铁路的标准轨距为4英尺8.5

英寸,形成了一种国际标准;格林威治标准时间成为世界标准时间;英语成为国际商务与政治中的通用语言。"车同轨、书同文"方能"行同伦",近代殖民者与秦始皇在这一点上达成了一致。赵月枝举例说:"事实上,一个曾统治澳大利亚的英国殖民总督就把电报叫作'伟大的帝国维系力量',而当1932年BBC建立最早的海外广播时,这一机构官方名称就是'帝国服务'(Empire Service)。"① 詹姆斯·凯利则详细论述了电报如何为交易系统带来变化,成为资本投机与牟利的新工具,建立统一的价格体系,而"价格体系的传播是努力开拓殖民地的一部分"。② 电报将资本盈利点从时间转换为空间,也将运输与通信分离,这使得资本控制更辽阔疆域成为可能。

恰恰是殖民主义的有力武器,带来了它的激烈反应物:民族主义,以及民族国家的兴起。18世纪末至19世纪初,在北美和拉美,由于殖民地与宗主国之间的不平等,独立建国的呼声渐起,并建立了一系列非帝制的共和国。按照本尼迪克特·安德森的观点,这是现代民族国家和民族主义的起源。直至第一次世界大战之后,基本上所有的王朝(帝国)都落下帷幕或退居幕后,民族国家成为现代国际政治的单元。他认为,民族是一个"想象的共同体",它之所以在某一个社会有机体中形成,一方面是因为认识论的变化,即时间观念从神谕式时间转向横向的历史;另一方面,"资本主义、印刷科技与人类语言宿命的多样性这三者的重合"促使基于某一世俗语言的共同体形成。③

虽然民族国家在20世纪初替代了帝国成为国际政治的主体,但帝国的逻辑并未断绝。一部分新建立的民族国家延续了古老帝国的"帝国主义",而另一部分新兴的殖民地解放潮流带来的民族国家则成为帝国主义的附庸或对抗者。少数欧洲国家在全世界建立了霸权,这种全球体系蕴含着不平等与边缘化,即使国家与国家之间的权力此消彼长,但竞争与较量、干涉或同化、领土占有或经济控制等普遍存在。这种逻辑是资本主义"自由竞争"与社会达

---

① 赵月枝.传播与社会:政治经济与文化分析[M].北京:中国传媒大学出版社,2011:144.
② 凯利.时间、空间和电报[M]//克劳利,海尔.传播的历史.北京:北京大学出版社,2011.
③ 安德森.想象的共同体:民族主义的起源和散布[M].吴叡人,译.上海:上海人民出版社,2005.

尔文主义"优胜劣汰"思想在世界体系中的变种，也是"同质而空洞的时间"碾压全球文明之后的产物。列宁由此将"帝国主义"视为资本主义的垄断阶段，认为金融资本的全球垄断是其最核心特征。①

实际上，帝国主义在当今世界仍阴魂未散，因此欧洲批判传播研究的新领军人物克里斯廷·富克斯认为列宁的理论远未过时。2008年美国次贷危机引发全球金融危机，便展示了资本的当代面貌：全球渗透、高度垄断，且建立了不平等的金融依附关系。大卫·哈维曾引用乔万尼·阿瑞吉的理论作出剖析，他认为帝国的权力有领土逻辑与资本逻辑两种，两者之一占据某段历史的主导地位。第二次世界大战瓦解了领土的占有，但重建了资本经济的依附体系，造就了"新帝国主义"（也是新自由主义带来的变种）。②

在哈特和内格里合著的《帝国》一书中，则提出了一种去中心化的全球帝国系统，以美国、部分超国家组织和金融垄断资本为顶端，建立了世界统治体系。③这种帝国所建立的秩序与"全球化"不谋而合，也印证了对它的一种批判，即这种全球化实质上是一种"美国化"的版本。自2001年"9·11"事件之后，美国借反恐之机再次确立全球霸主地位，一方面直接动用军事力量捍卫以自己为核心的"全球秩序"，另一方面也影响了世界性的舆论风向标。然而，当代美国霸权已经不仅是帝国时代的武力征伐，而且是以文化为先行军。好莱坞电影、跨国媒介集团、互联网巨鳄、畅销商品，无不在有意无意地扮演资本扩张的急先锋和价值输出的主力军，小约瑟夫·奈的所谓"软实力"，仍然在遵循着帝国主义逻辑。

这正是众多左翼学者所着力批判的"文化帝国主义"或"媒介帝国主义"。赫伯特·席勒在《大众传播与美利坚帝国》（1969）中指出："大众传播目前已经成为正在浮现的美帝国的支柱。'美国制造'的讯息在全球传播，发挥着作为美国国家权力以及扩张主义的神经中枢的作用。"④

---

① 列宁全集：第27卷［M］.北京：人民出版社，2017：401.
② HARVEY D.The new imperialism［M］.Oxford：Oxford University Press，2003.
③ 哈特，奈格里.帝国［M］.杨建国，范一亭，译.南京：江苏人民出版社，2008.
④ 席勒.大众传播与美利坚帝国［M］.刘晓红，译.上海：上海译文出版社，2006：142.

总之，帝国逻辑或帝国主义仍然是当前世界体系的主导性内容，传播、媒介与文化成为新的阵地。正如赵月枝所言：

> 尽管世界传播的现代形式的兴起带来了世界大同的乌托邦想象，这个过程却一直是作为一种社会经济体系的西方殖民主义和资本主义向全球扩张过程的基本组成部分①。……现在，在经过了一段民族解放运动和后殖民民族国家崛起的中间过程以后，世界秩序有可能被归入一个新的帝国——一个再也没有了"外部"的存在。因为所有的地域都已被纳入了帝国逻辑，它就没有了边界，世界政治经济权力也不能像殖民时代那样，将"外部"纳入殖民目标。②

二、历史中国的天下体系

近三百年间的西方历史形成较为清晰的脉络，即"帝国—民族国家"的国际政治体系中蕴含着帝国逻辑的脉络。但是，中国的历史给这种帝国分析带来了挑战：历史上的中国是否是一个典型意义上的帝国，充满了领土渴望与外部、内部的殖民？中国又是在何种意义上成为（或者不成为）一个"民族国家"的？中国是否建立了一个有别于西方的国族传统？在此基础上，古代中国的对外传播存在哪些有别于现代国际传播的理念与实践？

这些问题并不容易回答。"中国"并非一个固定不变的概念。它涵盖了复杂的区域性和文化族群，在漫长的时代不断扩大与收缩，变换文明的外貌，也在各种叙事中沉淀与隐藏，而站在任何一个时间点回顾"历史"，实际上都是在重建历史。

---

① MATTELART A.Networking the world, 1794–2000［M］.Minneapolis: University of Minnesota Press, 2000.
② 赵月枝.传播与社会：政治经济与文化分析［M］.北京：中国传媒大学出版社，2011：143-144.

梁启超在《中国史叙论》中将中国分为上世史、中世史、近世史三个阶段：上世史即"自皇帝以迄秦统一"，中世史即"自秦统一至清代乾隆"，近世史为"自乾隆末年以至于今日"。他的划分标准是基于中国与世界的不同关系，这三个阶段分别体现了中国之中国、亚洲之中国和世界之中国。用葛兆光的话来说，前两个阶段是"以自我为中心的想象时代"，第三个阶段则是"一面镜子的时代"，即以西方为鉴。[①]

在上世史中，只有中国，而没有世界，甚至"中国"概念也并非一个独立的国家，而是一个区域。无论是考古学的器物研究，还是语言学的文字起源分析，都发现"中国"这个词含义众多，可指中原、京师、朝廷等[②③]，它常指九州之地，与华夏、中华、神州等同义，与之相对的，是"四海"或"四夷"。《尔雅·释地》说："九夷、八狄、七戎、六蛮，谓之四海。"东夷、西戎、南蛮、北狄是对于中原地区之外族群的称谓，它们最大的特征是"未开化"，即所谓"化外之民"。然而这并不意味着夷狄与中原就绝无交集，也不意味着九州之内就是铁板一块。当时中原之人并无"世界"的意识，"自我"与"他者"界限模糊，也谈不上有明确的国族观念。《论语·颜渊》说："四海之内，皆兄弟也。"《礼记·大学》说："古之欲明德于天下者，先治其国；欲治其国者，先齐其家；欲齐其家者，先修其身……身修而后家齐，家齐而后国治，国治而后天下平。"用费孝通的"差序格局"来理解最为恰当，"身—家—国—天下"构成了一个序列，按照文化的亲疏远近对不同族群进行排列，构成了一个同心圆的结构。这是一个带有政治性的结构，但更是一个文化的结构。最终的理想就是孔子所说的"天下大同"。

既然这一时期"天下无外"，那么现代意义上的"对外传播"或"国际传播"也就无从谈起。在春秋或战国的各诸侯国，自然有交流、沟通、宣传与说服，有外交辞令，有民间交往，但它并没有那么强的竞争性和差异性，而是在同一类文化内部的信息流通。《史记》中所记载的李斯《谏逐客令》颇能

---

① 葛兆光.宅兹中国：重建有关"中国"的历史论述［M］.北京：中华书局，2011.
② 洪成玉.中国及其别称考源［J］.汉字文化，2006（1）：20-24.
③ 杨怀源.再说"中国"［J］.辞书研究，2009（3）：79-82.

展示当时的情形。秦国所招纳的各国士人，有来自宋、晋、魏等邻国者，也有来自西戎等中原之外者。李斯以宝物、美色和音乐为譬喻，其中谈及郑国、卫国之乐在秦国的流行，侧面展示了文化交往的普遍性。最后，他归结到一点："王者不却众庶，故能明其德。是以地无四方，民无异国，四时充美，鬼神降福，此五帝三王之所以无敌也。"换言之，国与国、中原与四夷之间的差异并非泾渭分明，关键是要"明德"，才能承运成为"天子"。总之，春秋战国期间，诸侯国之间的传播与交往颇为频繁，且呈融合之势，只是存在文化共同体内部的政治斗争。

到了中世史，即秦统一六国之后，"天下"既获得了拓展，也发生了变化。以同心圆的框架来进行由内而外的观察，可以发现"中国"作为一个共同体概念其边界越来越清晰。秦朝修筑长城，与北方游牧民族隔离，建立了一个象征性的边界；宋朝与辽、金、西夏等划定边界；明朝更是将长城加固，退守地理屏障之内。北部、西北、西部、西南政权并起，屡有更迭，伴随着与中原王朝彼此国力消长，或羁縻、或朝贡、或征战、或贸易，甚至外部族群入主中原。朝鲜半岛、日本、暹罗、琉球等处于中华文明圈更外缘的位置。14—15世纪朝鲜王朝与明朝的关系被认为是典型的朝贡关系，进一步形成了东亚文明共同体。[1] 更远方的印度、波斯乃至欧洲则通过间断的交流与持续的想象双重渠道被纳入中国人的天下认识之中。

"想象"对于理解这一漫长历史阶段期间中国的"天下"观念是非常重要的。中国认为自己居于"天下之中"，拥有最高的礼仪与文化，因此"怀柔远人""羁縻不绝"成为基本策略，外邦来朝贡即可，无须进行直接统治。葛兆光通过分析中国古代建构异域想象的三种资源（神话传说、职贡图和旅行记），剖析了这种想象的形成及其实质，并通过对地图的分析描绘了这一观念世界。他同时指出，唐朝中叶之后这种想象不断受到挑战，尤其在宋代发生了剧烈转变。[2]

---

[1] 郑容和.从周边视角来看朝贡关系：朝鲜王朝对朝贡体系的认识和利用[J].国际政治研究，2006（1）：72-87.
[2] 葛兆光.宅兹中国：重建有关"中国"的历史论述[M].北京：中华书局，2011.

这一转变相当重要，这使得传统中国的华夷观念和朝贡体制，在观念史上，由实际的策略转为想象的秩序，从真正制度上的居高临下变成想象世界中的自我安慰；在政治史上，过去那种傲慢的天朝大国态度，变成了实际的对等外交方略；在思想史上，士大夫知识阶层关于天下、中国与四夷的观念，也从普天之下莫非王土的天下主义，转化为自我想象的民族主义。

想象是由传播所建构的。宋代之前的对外传播较为开放，如汉代张骞出使西域、唐代玄奘西游取经、鉴真东渡传道，既有官方色彩的传播活动，也有民间意义的文化往来，既涉及外交，又以文化与宗教活动为主。更广泛的贸易、移民、和亲乃至征战，都促进了此类传播，如李颀诗云"年年战骨埋荒外，空见蒲桃入汉家"。到了宋代，由于中原王朝与周边诸国建立了对等的敌国关系，直接的文化传播大受限制。宋代皇帝屡下禁令，除了九经疏外，不得将各种书籍（尤其是论及时事的书籍）带入与辽国的交易市场。① 例如，元丰元年，皇帝下诏："诸榷场除九经疏外，若卖余书与北客，及诸人私卖与化外人书者，并徒三年，引致者减一等，皆配邻州本城，情重者配千里。许人告捕，给赏。著为令。"高丽人、交趾人也都获得了跟辽人同类的待遇。即便如此，文化交流依然连绵不绝。吕思勉说："文化是有传播的性质的，而其传播的路线，往往甚为迂曲。"

清朝是另外一个剧烈的转型期。满人入关之后，更改衣冠象征着对传统中原文化的改造，引发了东亚文化共同体和朝贡体系的进一步崩溃，而西方力量更是彻底打破了中国的"天下想象"，将这一古老传统从它的固有时间与空间观念中剥离出来，纳入现代资本主义的国际体系。这也就进入近世史的"世界之中国"阶段。东方与西方、传统与现代构成了中国现代性问题的基本层面。

总之，中国历史传统建立了一种与现代帝国逻辑不一样的国际秩序，或者国际秩序想象。我们试着回答本节一开始提出的问题。

---

① 刘浦江.文化的边界：两宋与辽金之间的书禁及书籍流通［M］//张希清.10—13世纪中国文化的碰撞与融合.上海：上海人民出版社，2006.

第一，历史上的中国采取帝制，但它并非一个现代意义上的扩张型帝国。如前所述，中国曾经有漫长的帝制传统，也有对外拓殖的冲动（吴文藻语），但它与资本驱动的现代帝国有着本质差异。

第二，如果说欧洲乃至第一次世界大战后殖民地独立带来的民族国家的确是一种资本主义的新兴事物，那么中国早已在宋代就确立了较为明确的民族意识。如果说西方民族国家是"想象的共同体"，那么中国的想象似乎有更悠久的历史和更坚实的基础。如果说前者是政治性的，那么中国则是文化性的共同体。

第三，这导致了历史中国对于"国际关系"（姑且用这一概念）的想象与西方有着根本性差异，其中最为核心的就是"天下观念"与"朝贡体系"。中国与周边附属国建立的文明共同体，既不是对等的国际外交，也不是纯粹的帝国治理或殖民体系。① 郑容和指出："朝贡体系虽然是以中国为中心的国际秩序，但其维持并非依靠中国单方面的强制或施惠，而是根据各自的利害关系来参与其中并依赖各周边国家的共同努力。"②

第四，历史中国的对外传播不是文化帝国主义的头脑控制，也不单纯是文化软实力的吸引，而是一种文化的波状扩散，其中有来往，有同化，有抵制，有融合。它对周边地区的影响，像是容器中水满之后的"溢出"效应。

19世纪西方列强来至东亚，将中国从"东亚之中国"拉入"世界"，这也促使中国新一轮民族国家的建设，以及参与国际秩序的行为调整。然而，历史中国留下了丰富的思想资源，与现代性思想及实践相连，可能带来更具想象力的国际秩序理念。

---

① 茹莹，官玉振. 东亚朝贡体系的文化内涵：与西方殖民体系的比较［J］. 滨州学院学报，2009，25（2）：51-56.
② 郑容和. 从周边视角来看朝贡关系：朝鲜王朝对朝贡体系的认识和利用［J］. 国际政治研究，2006（1）：72-87.

三、天下大同：重新想象世界

"救亡"是中国近代的重要主题。由天朝大国沦为落后挨打的国家，由天下的中心变为欲求立于世界民族之林而不可得，这种巨大的反差促使中国近代的思想者与行动者不断寻求新的道路。从维新运动、洋务运动到共和革命、社会主义革命，一个突出的特点是借用西方来反照自身，重新为中国设立"他者"。但中国人对于世界秩序的想象从未抛弃历史传统，而是将其与现代思想流派融合进行理论推演。

维新变法的代表人物康有为、梁启超也是中国传统知识分子向现代转型的代表。1901—1902年，康有为流亡海外，在此期间写下了《大同书》，借用孔子的"天下为公"的"大同"思想，按照公羊三世（据乱世、升平世、太平世）的框架勾勒了一个未来的乌托邦，甚至提出要消除国界，合为一个大同世界："去国而世界合一之体……于是时，无邦国，无帝王，人人相亲，人人平等，天下为公，是谓大同。此联合之太平世之制也。"其持论广涉古今中外上下五千年，美则美矣，但康的思想建立于儒家"内圣外王"的范式，又颇受社会达尔文主义影响，以至于提出要按照优胜劣汰的法则，由"文明国"灭"野蛮国"，就未免是一种"庸俗的历史进化论"了。[①] 正如毛泽东所指出："康有为写了《大同书》，他没有也不可能找到一条到达大同的路。"与之类似，梁启超也论及"世界主义的国家"，提倡"不能知有国家，不知有世界。我们是要托庇在这个国家底下，将国内各个人的天赋能力尽量发挥，向世界人类全体文明大大的有所贡献。将来各国的趋势都是如此"，但同样是流于空想。

革命者孙中山虽然与维新派道路不同，但对孔子之"天下大同"概念的偏爱并无二致。他曾经多次在演讲和文章中提及这一概念，由此构成了其建国思想的核心之一。例如，1924年《三民主义》的演讲中指出要"用固有的道德和平做基础，去统一世界，成一个大同之治"。他的大同世界构想是与

---

① 李泽厚.论康有为的"大同书"[J].文史哲，1955（2）：10–15.

"民族、民权、民生"三民主义密切相关的,实现了民族平等、人人平等、贫富均等,也就是在实现大同社会。他的思想将资产阶级共和民主观、儒家传统道德甚至社会主义熔为一炉,体现了一种调和性,但也隐隐透出民族主义情绪。1921年12月,他在对军队的演讲中说:"预料此次革命成功后,将我祖宗数千年遗留之宝藏,次第开发,所有人民之衣、食、住、行四大需要,国家皆有一定之经营,为公众谋幸福。至于此时,幼者有所教,壮者有所用,老者有所养,孔子之理想的大同世界,真能实现,造成庄严华丽之新中华民国,且将驾欧美而上之。"①

若言"天下大同"是理想国,那它与另一个"理想国"——共产主义在很大层面上可以达成一致。1946年6月30日,毛泽东发表了《论人民民主专政》,谈及了"大同":"工人阶级、劳动人民和共产党,则不是什么被推翻的问题,而是努力工作,创设条件,使阶级、国家权力和政党很自然地归于消灭,使人类进到大同境域。"②他认为康有为并没有找到真正的大同之路,唯有"经过人民共和国到达社会主义和共产主义,到达阶级的消灭和世界的大同"。这在国内要求实行社会主义革命与改造,而在国外则是"联合世界上以平等待我的民族和各国人民,共同奋斗"。新中国成立后,天安门城楼上挂的标语最终定为"中华人民共和国万岁"和"世界人民大团结万岁",就体现了社会主义国家的国际秩序观。它一直渗透在中国的核心方针与外交策略中,从"共产主义理想"到"和谐社会""中国梦"的构想,都隐含着社会主义的大同理想,而中国用来解决香港与澳门问题的"一国两制"方针,蕴含着"天下理念",超越了民族国家的基本框架,也为朝鲜半岛等地区解决冲突提供了启发。③

当然,这种"天下合一"的观念并非中国独有,从奥勒留、康德到乌尔里希·贝克,从古希腊的"理想国"到印度的"世界一家"等,均有类似论述。从某种意义上来说,"大同"与"世界主义"(cosmopolitanism)有着殊途

---

① 黄明同.孙中山大同社会建设蓝图及其启示[J].广东社会科学,2006(5):114-120.
② 毛泽东.论人民民主专政[M]//毛泽东选集:卷4.北京:人民出版社,1991:1468-1482.
③ 郑容和.从周边视角来看朝贡关系:朝鲜王朝对朝贡体系的认识和利用[J].国际政治研究,2006(1):72-87.

同归之处。然而，中国特有的历史传统可以为当代国际政治提供独特的思想资源和替代性的实践。

中国当代思想界近年来多有理论反思。赵汀阳的"天下体系"理论指出，"天下"最重要的一层含义即伦理学/政治学意义，指向一种世界一家的理想，设想了超越国家的政治单位，也提供了不同于民族/国家的价值尺度。①②王铭铭 则回到吴文藻和费孝通关于中华民族的论述，通过中华民族独特性的切入，提出"超越新战国"之说。③费孝通所提出的"各美其美，美人之美，美美与共，天下大同"含有"和而不同"的基本原则，值得成为一条国际新秩序的纲领性原则。④

这就为中国的对外传播提供了新的想象力。例如，新华社前社长李从军在美国《华尔街日报》上发表了题为《构建世界传媒新秩序》的文章，强调"在相互依存的当代世界，人类共同体的确需要一种更加文明的信息传播规则和秩序"。提出建立一种媒体交流与协商的机制，并将其称之为"媒体联合国"，就具有超越民族国家的设计。⑤

四、结语

当代中国的对外传播，具有战略需求的必要性，关于其策略、途径、技巧、效果的讨论已然不计其数。然而，一种根本性的世界秩序想象可能为其提供了更深厚的根基。"帝国—民族国家"的基本架构作为主流值得反思，其中隐藏的帝国主义争霸逻辑必须为世界战乱与纷争承担重要责任，而历史中国的"天下大同"有潜力提供一种替代性的世界想象。

---

① 赵汀阳."天下体系"：帝国与世界制度［J］.世界哲学，2003（5）：2-33.
② 赵汀阳.天下体系：世界制度哲学导论［M］.北京：中国人民大学出版社，2011.
③ 王铭铭.超越"新战国"［M］.北京：生活·读书·新知三联书店，2012.
④ 费孝通.百年中国社会变迁与全球化过程中的"文化自觉"：在"21世纪人类生存与发展国际人类学学术研讨会"上的讲话［J］.厦门大学学报（哲学社会科学版），2000（4）：5-11，140.
⑤ CONGJUN L.Toward a new world media order［N］.The wall street journal，2011-06-01.

在社会普罗大众的话语体系中,"中国崛起"经常被与历史上的"汉唐盛世"相提并论。然而世异时移,当前世界政治、经济和文化体系已经与千年前大相径庭,中国崛起的思想资源也远远不只是古代社会逻辑所揭示的那么简单。如何"通三统",在思想资源整合的基础上寻找中国自立于世界民族之林的核心逻辑,就是中国寻找"道路自信"的题中应有之义,①而中国对外传播的思想逻辑也可以从中得到启示。

---

① 甘阳.通三统[M].北京:生活·读书·新知三联书店,2007.

走向人类命运共同体：历史视角下的全球传播秩序变迁与重建[*]

在21世纪的第二个十年行将结束之际，人类社会正经历巨变。全球传播秩序也面临三重变化：一是全球权力格局转移，二是传播媒介体系更迭，三是传播价值理念重估。

在过去的三百年间，全球权力在东西方、南北方之间发生微妙地流变。近年来，一方面西方世界兴起"逆全球化"的浪潮，另一方面中国以"一带一路"倡议揭开了新一轮全球化的序幕。在这种情形下，全球传播的面貌、格局、秩序发生了什么变化？如何理解和评估当代全球传播秩序的历史与现状？如何探索全球传播秩序的新方向、新价值、新逻辑？"人类命运共同体"理念对全球传播秩序的重建有什么意义？本文先回到历史上的四个年份，探索人类传播格局的历时性变迁；再聚焦当下，思考全球传播秩序重建的可能性。

一、1776年："天下体系"与民族国家体系

在谈到国际传播研究的想象力时，李金铨教授提出了一种基本的思路，即"以历史为经，以世界为纬"。他说："历史增加我们思考的宽度和深度。……1776是美国独立建国的年份，华盛顿的时代正是中国的乾隆时期。

---

[*] 本文原载于《国际传播》2019年第2期，收入本书时有改动。

记住这个年份，美国从衰到盛、中国从盛到衰的历程便有崭新的意义。"①这一思考方式为本文提供了切入点和方法论。正如黄仁宇以"万历十五年"发生的事为切片描绘了明朝的历史全景，我们采用一个年份切入，也可以见微知著，开启对历史的重新审视与对世界的崭新比较。

公元1776年，正是清朝乾隆四十一年，这一年乾隆皇帝平定了大小金川之乱，终结了川藏边境的内乱。这场内战涉及满族、藏族和汉族等多个民族，用现代的眼光来看是族群之间的战争，被当作大一统王朝的内部冲突加以处理。与之相比，1776年美国独立战争发生在殖民地和宗主国之间，战争双方的主体都是盎格鲁—萨克逊人，却被当作一场国与国的外部战争记入史册。这反映了什么认知差异？当时的清朝看待世界与欧美诸国有什么不同逻辑？

中国古代的世界观，可以用"天下"二字来总结。费正清说："很难把中国传统的世界秩序称为'国际的'，因为参与的各方使用的观念，与西方的'民族''主权'或'国家平等'等观念完全不同。"②天下，既是一种地理的界定，也是一种人类生存空间的想象；既是一种统治思想，也是一种世界格局。赵汀阳说："立地为主的人仰望天象，俯察地形，环视天下四方，这种上下四方的环视方式产生了定于一点而无限极远的世界图像，或者说是完整世界的视觉想象，进而化为立于地中而尽收天下的政治眼光（中国的'中之国'观念也与此相关）……环顾八荒四合的世界观就是天下观。"③他在此基础上生成了"天下体系"的哲学体系。

我们将这一"天下"观的哲学和社会伦理层面的意涵进行简化，聚焦在世界格局上，可以说，"天下"是一个对世界格局的整体性描摹。它有四个特点需要关注。第一，它认为"天下无外"，虽有列国诸强，但具有大一统的性质，族群争霸的色彩并不那么强烈。第二，它的核心是"道"，即天赐的规

---

① 李金铨，张磊.以历史为经，以世界为纬：中国国际传播研究的想象力［J］.国际传播，2016（1）：45-53.
② 费正清.一种初步的构想［M］//费正清.中国的世界秩序：传统中国的对外关系.杜继东，译.北京：中国社会科学出版社，2010：4.
③ 赵汀阳.惠此中国［M］.北京：中信出版社，2016：152-153.

则，内化为儒家的伦理观，外化为家国一体的差序格局。第三，它形成的与其说是一个政治体，不如说是一个文化共同体。虽不可否认战争与异族统治的残酷一面，但文化的吸引力和同化过程更为显著。以中国为核心，朝鲜、越南、琉球乃至日本在内的"朝贡体系"，在经济上并没有表现出太强烈的盘剥。第四，它是建立在"想象"之上的世界体系。葛兆光在《宅兹中国：重建有关"中国"的历史论述》中探讨了"中国"这一历史性的建构。他分析了《山海经》《职贡图》和旅行记中关于异国的想象故事，还以古地图作为分析对象描绘了中西之间的互相想象。在他看来，宋代的"天下"已经由实际政治转为观念想象了。①

要探讨古代的全球传播格局与秩序殊为不易。一是因为"全球"的概念并不成型，二是因为"传播"并不是独立的领域，它总是与政治、文化、教育交融在一起。但我们可以从一项技术的流传大略体会彼时的全球传播路径，这就是印刷术。印刷术被认为是由中国人最早发明的，它建立在拓印和雕版的物质性基础上，在宋代有了活字印刷，并很快在朝鲜半岛获得了更新换代，金属活字取代了木活字成为更经久耐用的印刷工具，再经过广义上的"丝绸之路"传到西方。托马斯·卡特根据史料详细再现了这个路径，并称之为一个"继续不断的有往有来的关系"②，从这个意义上讲，当时的中西方交流虽然并不像如今这么频繁深入，却更具有平等的性质。来自南亚的佛教和西亚的伊斯兰教的影响已经深度嵌入中国文明，而中国的智慧和技术以印刷术为代表，则广泛传入西方，随后撬动了现代文明。古代的传播活动和传播秩序带有一种自然流动的性质，在分隔开来的不同文明中往来共享，犹如自然界的水流，遵循"水往低处流"的规则进行传播。

在东方印刷术的启发下，德国人古腾堡发明了近代印刷术，它对于现代文明的影响如何评价都不为过。没有近代印刷术，就不会有新教及其伦理，不会有近代书籍、报纸，不会有启蒙运动，不会有想象的共同体，也就不会

---

① 葛兆光.宅兹中国：重建有关"中国"的历史论述［M］.北京：中华书局，2011.
② 卡特.中国印刷术的发明和它的西传［M］.吴泽炎，译.北京：商务印书馆，1957：103.

有现代的民族国家及其形成的世界体系了。本尼迪克特·安德森认为，随着世界性的宗教共同体、王朝和神谕时间的衰落，人们开始想象一种世俗的结合，在"印刷语言"的推动下，民族国家由此而生。① 以1776年正式宣告独立的美国为代表的美洲殖民地形成国家，正是民族主义的第一波浪潮。当中华文明在清朝年间继续维持着想象中的天下统治之时，西方成为资本主义文明萌发的温床。新的社会制度和生产力状况催生了对世界全然不同的理解和诠释体系，它与殖民活动和战争相伴，与资本扩张和全球贸易相伴，与自由市场理念的拓展相伴，也与科学话语和科学实践的建构相伴。很快，中华文明遭遇它的挑战。

1783年（清乾隆四十八年），英国使节马嘎尔尼访华。乾隆皇帝要求马嘎尔尼按照臣礼双膝跪地，而马氏拒不肯从，认为自己代表大英君主而来，应采用平等礼仪。最终双方各退一步，以单膝跪地为礼。"它不是文明或文化冲突，而是两大帝国构建之间的冲突。这两个帝国中的每一个，都怀着包举宇内的雄心和支撑这一雄心的复杂的玄奥的体系。"② 礼仪细节，反映了双方对于彼此关系体认的差异，同时也是两种世界观念的差异。天下体系的迷梦，终被民族国家争霸的号角所打破。

二、1870年："通讯社联环同盟"与帝国主义传播格局

现代以民族国家为基础的世界体系的产生，是与资本主义时代的到来密不可分的。资本有一种扩张的本性，它希望在尽可能广阔的范围内寻找原料、劳动力、土地和市场，因此，与古代帝国不同，它并非以政治统治或文化共同体为目标，而是以经济榨取为主要目标。少数国家成为现代帝国，无论它是否以君主制为基础，都以对外不平等统治为重要特征，然而吊诡的是，它

---

① 吴叡人.认同的重量：《想象的共同体》导读[M]//安德森.想象的共同体：民族主义的起源与散布的新描述.吴叡人，译.上海：上海人民出版社，2003：9.
② 何伟亚.怀柔远人：马嘎尔尼使华的中英礼仪冲突[M].邓常春，译.北京：社会科学文献出版社，2015：20.

们总是打着自由平等的旗号，这就为殖民地抗争留下意识形态缺口，新兴民族国家纷纷独立，新的全球体系就此建立。

报纸、通讯社等新闻业和电报等通讯业，既是资本竞逐的战场，也是它的得力助臂。一方面，它以信息流通建构了资本的全球网络，形成了信息基础设施，与交通基础设施并驾齐驱。例如，如果没有电报系统，全球股票市场就无法成型，也就没有大英帝国的"日不落"式的全球统治。另一方面，它贯彻着言论自由，以新闻内容和新闻实践把资本主义核心价值观植入现代观念体系。这种观念体系的核心之一就是"自由竞争、优胜劣汰"。它援引达尔文的进化论、亚当·斯密的市场自由竞争学说、洛克的社会契约说、弥尔顿的出版与言论自由理念等，结合基督教理念打造了资本主义作为"天定命运"的必然性。故而新闻通讯业是服从于整体资本主义秩序的。

全球传播秩序也因此出现了新的景象。少数欧洲资本主义强国在全球瓜分殖民地，同时通过政治和经济控制，实现了信息控制。一个典型的例子就是1870年法国的哈瓦斯社、德国的沃尔夫社、英国的路透社以及美国的联合通讯社所签订的《通讯社条约》（*Agency Treaties*），也被称为"三社四边协定"或"联环同盟协定"。当时，就像英、法、德（普鲁士）在全球瓜分殖民地一样，三国各自最大的通讯社也力图建立自己的势力范围。这个势力范围基本上与国家的势力范围是重合的：哈瓦斯社负责法国、西班牙、意大利和葡萄牙等地中海北线各国的殖民地范围，沃尔夫社则掌控了德国、奥地利、俄国、斯堪的纳维亚国家及其殖民地的信息流通，路透社获得的当然是大英帝国控制下的殖民地和半殖民地的新闻采集权。[①②] 新兴的美利坚合众国也有自己的联合通讯社，即以纽约报业联合会为主体而形成的"联合通讯社"（后来的美联社）。但是，它只能报道国内的新闻以及美洲的新闻。李彬评论说，这就像当今一样，是一种不平衡、不平等的新闻传播秩序，"只不过当年的

---

① 李彬.全球新闻传播史（公元1500—2000年）[M].北京：清华大学出版社，2005：224-225.
② 迈克尔·埃默里，埃德温·埃默里.美国新闻史：大众传播媒介解释史：第八版[M].展江，殷文，译.北京：新华出版社，2001：213.

'被压迫者',如今得势之后早已成为当年它所抨击的'压迫者'了"。①

1870年还见证着世界政治格局的变迁。在中国,当时是清朝同治九年,"天津教案"引发了法、英、美、俄、德、比、西七国的抗议,清政府以赔款、惩治官员和杀人的方式取得和解,中国的半殖民地程度进一步加深。普法战争重塑了欧洲大陆的权力格局,德国统一之后不断挑战英法的全球霸权。美国在内战之后经济实力逐渐跃升,也力图"门户开放、利益均沾"。在这种状况下,新闻媒介成为新帝国主义的急先锋。一个有代表性的人物和事件,就是威廉·赫斯特和他的《纽约新闻报》。1895—1898年,赫斯特的《纽约新闻报》密集报道古巴事件,利用古巴瘟疫事件、西斯内罗斯小姐事件、"缅因号"沉没事件等鼓吹战争,推动了美西战争的爆发,也使得美国以古巴为跳板,将整个拉丁美洲纳入自己的后院。赫斯特身先士卒,率领报社的记者、画家、摄影师在古巴前线进行采访报道,利用船只及更先进的电报手段传输新闻,这成为报纸为美帝国主义扩张服务具有象征意义的一幕。②③

19世纪末20世纪初,帝国主义的扩张达到了巅峰,这也为接踵而至的两次世界大战埋下了伏笔。两次战争期间,心理战与军事战几乎并驾齐驱,宣传成为重要手段,包括海报、宣传画、报纸、广播、电影在内的诸多手段被广泛应用,对内凝聚人心、鼓舞士气,对外瓦解敌人、打造联盟,传播的场域成为全球霸权争夺的重要阵地。

三、1946年:铁幕下的传播帝国主义

1946年,英国首相丘吉尔发表"铁幕演讲",将战后的斗争矛头指向苏联及各国共产党,揭开了两大阵营冷战的序幕。美国的杜鲁门主义如影随形,

---

① 李彬.全球新闻传播史(公元1500—2000年)[M].北京:清华大学出版社,2005:225.
② 迈克尔·埃默里,埃德温·埃默里.美国新闻史:大众传播媒介解释史:第八版[M].展江,殷文,译.北京:新华出版社,2001:232-240.
③ WILKERSON M.Public opinion and the Spanish-American war:a study in war propaganda[M]. Baton Rouge:Louisiana State University Press.1932.

 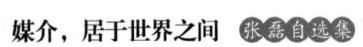

美国在各方面均成为世界霸主,"马歇尔计划"和北约的成立构成了西方资本主义政治经济同盟,美国带领西方资本主义阵营占据了全球优势,唯一能与之抗衡的就是以苏联为首的社会主义阵营。美苏争霸与冷战成为时代主调,全球传播秩序是服从于这一整体秩序的。

美国为冷战时期的宣传投入了大量的金钱,成立了统一的领导机构和各种媒介机构,并构建了一整套话语体系。占据核心地位的就是美国新闻署（U.S.Information Agency,简称USIA）,它成立于1953年艾森豪威尔总统任职期间,一直持续到1999年,统领了美国的对外宣传和文化交流工作。它在广播、图书展览、新闻和电影四个领域开展工作。① 广播领域包括美国之音（VOA）、自由欧洲电台、自由电台、马蒂电台等,1970年美国之音建立了92个发射台,推进了40种语言的广播节目,听众人数达到4300万人。海外的美国新闻处在70个国家开设了图书馆、阅览室,发放各种宣传品并举办展览活动,指导着"富布莱特教育和文化交流项目"。20世纪五六十年代,其在新闻领域以22种语言出版了66种杂志、报纸和小册子。王维佳指出:"美国的宣传策略不是一些简单的元素和体系,而是创造了非常多元的、富含政治话语的文化体系,意在使全球国家相信线性历史达到的终点就是以美国为代表的一套经济文化制度。"②

这种宣传的确产生了强大效果,日本作家村上春树的小说中就有通过美国电台收听爵士乐的情节,而爵士乐等美国流行文化也深深影响了许多国家的年轻人。更具有影响力的还包括好莱坞的电影。虽然好莱坞并没有完全彻底地与美国政府合作并为其服务,但冷战思维还是渗透到从《洛基》到《007》等一系列电影之中,苏联及共产主义政权成为假想敌。相比之下,苏联的冷战宣传似乎总是处于守势,主要工作是抵消美国文化的影响力。

在20世纪50年代,参议员麦卡锡领导的众议院"非美活动委员会"是反共宣传的领导者。迈克尔·埃默里和埃德温·埃默里指出:"对国际共产主

---

① 迈克尔·埃默里,埃德温·埃默里.美国新闻史:大众传播媒介解释史:第八版[M].展江,殷文,译.北京:新华出版社,2001:436-437.
② 王维佳.重塑秩序:美国冷战宣传的动力与机制[Z].北京:中国传媒大学,2018-11-20.

义的恐惧、苏联在美国间谍活动的曝光以及众议院非美活动委员会的猛烈抨击，使美国的报刊和电波中充满了各种指责与反指责。像1918—1920年'恐赤病'时期一样，恐惧取代了理性。"①值得警惕的是，美国一方面以"自由"为旗帜对共产主义大加鞭挞，另一方面却造成了对言论自由的实质性损害。这也引发了美国新闻业的反弹。一个著名的案例是爱德华·默罗在1954年3月9日的《现在请看》电视节目中，对参议员麦卡锡进行了抨击："我们自称在国外捍卫自由，实际上我们也是如此，尽管这自由已所剩无几。然而我们不能一面在国外捍卫自由，一面在国内抛弃自由。"②非美活动委员会甚至提出议案，要求具有"颠覆"色彩的组织将其印刷设备登记，新闻工作者I.F.斯通评论说："我们现在对印刷文字竟变得如此害怕了。"③

美国的大众媒介不仅占据信息传播的制高点，而且成为新兴国家模仿的样板，从发展传播学范式的兴盛可见一斑。但是，在传播政治经济学者看来，这实质上是"传播帝国主义"或"媒介帝国主义"。赫伯特·席勒在《大众传播与美利坚帝国》中指出，大众媒介已经变成美国扩张的核心支柱。④李金铨也反思了媒介主权的失落。⑤与赛义德提出的"文化帝国主义"批评相呼应，传播帝国主义批判为这一时期的反思提供了理论动力。

20世纪80年代，尤其是"苏东剧变"后，美国的中心地位得到了强化，并且演化成具有迷思性质的"全球化"。大卫·哈维认为1978—1980年是一个革命性转折点，全球进入了新自由主义时期，这是市场经济的全面深化。⑥全球媒体都在经历"放松管制"。一方面是资本的重新活跃，另一方面是卫

---

① 迈克尔·埃默里，埃德温·埃默里.美国新闻史：大众传播媒介解释史：第八版[M].展江，殷文，译.北京：新华出版社，2001：407.
② 迈克尔·埃默里，埃德温·埃默里.美国新闻史：大众传播媒介解释史：第八版[M].展江，殷文，译.北京：新华出版社，2001：427–428.
③ 迈克尔·埃默里，埃德温·埃默里.美国新闻史：大众传播媒介解释史：第八版[M].展江，殷文，译.北京：新华出版社，2001：430.
④ 席勒.大众传播与美利坚帝国[M].刘晓红，译.上海：上海译文出版社，2006：142.
⑤ CHIN-CHUAN L.Media imperialism reconsidered：the homogenizing of television culture[M]. Los Angeles：SAGE Publications，1980.
⑥ 哈维.新自由主义简史[M].王钦，译.上海：上海译文出版社，2010.

星电视、有线电视、电信通信以及互联网在全球跨越地理疆界，传播进入了"全球化"阶段。

传播全球化的理论源头经常被追溯到麦克卢汉，但它与更广阔的理论及意识形态互相关联，描摹了一种看似理想化的世界体系。这种世界体系掩盖了国家、民族、社会和群体之间的不平等，包括传播状况的不平等。准确地说，这一时期的全球化实质上是"全球美国化"。

四、1980 年：麦克布莱德报告的未竟事业

有压迫，就有反抗；就像资本主义为工人运动提供了温床一样，信息霸权也在全球催生出自己的反对者。1980 年以联合国教科文组织为首所推动的"世界信息与传播新秩序"（NWICO）运动是世界新闻传播史上浓墨重彩的一笔，可惜的是，它并未在实质上改变全球传播秩序。

早在 20 世纪 70 年代初，发达国家与发展中国家之间的信息传播不平等问题就引起了关注。"不结盟运动"和第三世界国家的兴起提供了政治背书。1976 年，在突尼斯召开的不结盟国家传播问题讨论会上，首次提出了"世界信息与传播新秩序"的概念。这场运动得到了全球激进知识分子和媒介从业者的关注，以联合国教科文组织为主要阵地，进行了热烈的讨论。1980 年，在第 21 届联合国教科文组织大会上，国际传播问题研究委员会发布题为《多种声音，一个世界》的报告（又称《麦克布莱德报告》），形成了 NWICO 的整体思想（当然报告内部也有诸多争议）。以美国为首的西方国家借"新闻自由"原则表示反对，美国和英国先后退出联合国教科文组织，使得这场运动无疾而终。

NWICO 的重要意义，不仅在于挑战了既定的全球传播秩序，而且打破了关于新闻、大众媒介乃至现代化的一系列迷思。作为这场运动的亲历者之一，芬兰学者及新闻工作者卡拉·诺顿斯登对相关历史做了记录和反思。他指出，这场运动源于"去殖民化"时期第三世界国家的兴起，它所激发的学术成果及

实践总结远远超越了后续运动。①他总结了这场运动的四个教训：第一，它偏重政治而非传播媒介；第二，它偏重辩论而非实践；第三，它应孕育出经受政治斗争洗礼的概念生命力；第四，它应当导向深邃的范式，即帝国主义批评。②

世异时移，通讯社和报纸的地位开始让位于互联网。互联网既具有强大的力量，又是极容易跨越地理疆域的，这也促使人们思考：它究竟是复制旧有的传播秩序，还是带来新秩序的希望？丹·席勒提醒我们："因特网都不是纯粹市场行为的化身。实际上，它是由美利坚合众国这个特定的国家来孕育的。时至今日，因特网已经成为国与国之间较量的关键。"③他通过区分互联网（internet）和因特网（Internet）来昭示，我们使用的这个因特网，实际上是由特定国家及其私有公司掌控规则的。互联网的 IP 地址分配和一系列规则制定，都脱离不了美国的控制。因此，一场新的全球性运动就此展开，这次扮演运动平台的是国际电信联盟（ITU）的"世界信息社会峰会"（WSIS）。

2003 年和 2005 年，WSIS 先后在日内瓦和突尼斯召开，并于 2005 年发布了《突尼斯议程》，强调多元主体的协同治理，从而突破全球的互联网权力垄断。④⑤此外，各个主权国家也不断对美国的霸权地位提出挑战，包括肯尼亚、印度、埃及、中国等。⑥不过，目前的运动，就像诺顿斯登对 NWICO 的教训总结一样，尚未形成有生命力的概念，仍是在政治框架而非传播框架下展开。

---

① NORDENSTRENG K.The new world information and communication order: testimony of an actor [Z].Presentation in Round Table at College international.International Colloquium，Paris，19 November 2010.
② 诺顿斯登，徐培喜.世界信息与传播新秩序的教训 [J].现代传播（中国传媒大学学报），2013，35（6）：64-68.
③ 席勒，张磊.资本与国家：因特网的政治经济学 [J].现代传播（中国传媒大学学报），2013，35（6）：59-63.
④ 史安斌，张耀钟.构建全球传播新秩序：解析"中国方案"的历史溯源和现实考量 [J].新闻爱好者，2016（5）：13-20，63.
⑤ 罗昕.世界信息传播新秩序建构的脉络变迁与中国进路 [J].内蒙古社会科学（汉文版），2019，40（1）：160-166.
⑥ 席勒，张磊.资本与国家：因特网的政治经济学 [J].现代传播（中国传媒大学学报），2013，35（6）：59-63.

那么，当前是否可以寻找更有力的思想概念？"人类命运共同体"以及延伸出来的"网络空间命运共同体"是否有这个潜力？

五、人类命运共同体与全球传播秩序重建

2001年的"9·11"事件、2008年的金融危机、2015年的逆全球化潮流，似乎使得原有的"全球化迷思"宣告破产。中国跃居为世界第二大经济体，"人类命运共同体"和"一带一路"倡议开启了新一轮全球一体化的探索。互联网普及，移动社交媒体成为新的信息流散场域，它的规则制定和治理模式引发争议并成为国与国、国家与资本之间的博弈场域。美欧新闻媒体仍然主导着国际舆论，但中国互联网企业已分走半壁江山，"今日俄罗斯"（RT）和半岛电视台带来"另类"报道，日韩流行文化席卷全球，全球传播形成复合的多重奏。

就像全球整体秩序有待重整一样，全球传播秩序有待重建，这为"人类命运共同体"的全球扩展提供了机遇，使得它有潜力成为新的思想旗帜。

这个概念有两个巨大的优势。第一，它是一个占据道义制高点的概念；第二，它是一个极具包容性的概念。它立足于国际共产主义、大同理想和新世界主义的思想交汇点上，从概念内涵上具有极强的延展性，也有能力将费孝通所说的"各美其美，美人之美，美美与共，天下大同"从口号转化为实际的行动。其关键在于它能否超越现代性塑造的民族国家争霸的世界格局，不仅仅为一个国家、一个民族的利益服务，还要基于全球福祉，达成"名"与"实"的相符。落实到人类传播与媒介的层面，我们唯有回归"交流"的初心，将互联网等新兴媒介的连接功能与人类共同协作等根本价值结合在一起，才有可能改变全球的既有时间性轨道，将人类引向更美好的未来。

在互联网环境中重寻"世界信息与传播新秩序"*

进入21世纪以来，全球政治格局发生了巨大的变化，信息与传播格局也面临着新的挑战。随着中国等金砖国家的兴起，美国一家独大的局面受到冲击，全球出现了"权力转移"的态势。① 经济全球化虽然颇受质疑，但不可否认的是全球经济命脉日益联系在一起，无论是繁荣驱动力还是金融危机都呈现出明显的"牵一发而动全身"的态势。文化交流更趋频密，不同文明之间的相互了解固然增多，冲突也显得更加激烈。

在信息传播领域，变化则显得步伐稍缓。一个基本的判断是，美国及西方主要国家依然占据全球信息流动的制高点，世界信息传播格局仍然处于不平衡的状态。国际新闻的主要信息来源依旧是美联社、路透社、法新社等西方三大通讯社。好莱坞电影席卷全球，传递着美国式的价值观，也重塑着各个民族国家的本土文化面貌。互联网成为信息流通最广阔的新平台，然而无论是政治经济体系，还是语言文化要素，美国及西方国家仍然控制着主流。

在这种情况下，世界信息与传播应该如何寻找和再造一种新的秩序，以适应国际秩序变化的总体态势，符合世界人民的总体福祉？本文重新检视了20世纪70年代肇始的"世界信息与传播新秩序"运动，并在互联网环境下思

---

* 本文原载于《杭州师范大学学报》（社会科学版）2014年第5期，与胡正荣合作，收入本书时有改动。

① 赵月枝.专题研究·"传播与全球权力转移"[J].现代传播（中国传媒大学学报），2013，35（6）：58.

考类似运动的可能性，从行动主体、体制和理念三个方面作出探索。

一、重新检视"世界信息与传播新秩序"运动

20 世纪 70 年代，鉴于世界新闻与信息流动的不平等和不均衡状况，"世界信息传播新秩序"（NWICO）被提出来，并迅速成为全球传播改革的核心运动。这场运动的参与者既包括第二世界、第三世界国家的政府，也包括西方的批判学者，还包括来自各个领域和层次的媒介与非政府组织，而联合国教科文组织成为它的主要领导者。1970 年，联合国第 16 届大会上首次提出了建立 NWICO 的议题。1976 年，在突尼斯举行的一次不结盟国家研讨会上，正式宣称要建立一种新闻、信息和传播的"世界新秩序"。1980 年，联合国教科文组织第 21 届大会发布了《多种声音，一个世界》（又称为《麦克布莱德报告》），成为 NWICO 的纲领性文献。其中明确指出："个别传播大国对世界信息流通系统的支配是推行文化扩张主义的过程，而发展中国家的牵制和反抗是抵制文化侵略的过程。"它提出了 82 条建议，包括促进发展中国家的自主传播能力、强化文化认同感、提高内容的多样性和可选择性、推动国际合作以及国际传播机制的建立等，以达成建立一个新的全球传播秩序的目标。[①] 1983 年，联合国教科文组织第 22 届大会还制订了 1985-1989 年建立 NWICO 的中期计划。

可惜的是，这次运动更多存在于政策和理论辩论的层面，并未取得实质性成果。美国的激烈反应和对抗是运动失败的直接原因。1981 年和 1983 年，美国先后两次在法国的特鲁埃尔组织部分国家和部分新闻组织参与国际会议，反对 NWICO 的原则和主张。其主要理由就是 NWICO 已经成为国际政治斗争的工具，而它的践行会损害"信息自由流动"，违背了"新闻自由"的基本人权。1983 年 12 月 28 日，美国时任国务卿舒尔茨致函联合国教科文组织总干事姆博，正式通知美国将于 1984 年 12 月 31 日退出联合国教科文组织，并

---

① 麦克布赖德. 多种声音，一个世界 [M]. 北京：中国对外翻译出版公司，1981.

停止支付应承担的经费。①

此后，NWICO 虽然仍继续得到讨论与呼吁，但基于美国的反对，这场运动并未取得预期中的效果，以至于在 20 世纪 90 年代逐渐走向衰落。运动的亲历者之一、芬兰教授卡拉·诺顿斯登多次撰文记录和反思这场运动的得与失，他认为，运动背后的"政治势力"成为影响辩论走向的重要因素，正是 20 世纪 70 年代第二世界与第三世界的社会主义国家和发展中国家的联盟及其对第一世界的声讨使得它令人瞩目，而正是 20 世纪 90 年代两个世界国家的联盟断裂使得它走向衰落。②本文基本上同意诺顿斯登的观点，即国际政治的力量对比和演变构成了 NWICO 的幕后角逐，也成为它起落的关键。

20 世纪 80 年代，正是美国的福特主义、英国的撒切尔主义取得决定性胜利的年代。新自由主义甚嚣尘上，而苏联和东欧社会主义阵营则在 20 世纪 80 年代末遭遇挫折。政治经济脉络左右了全球文化传播的根本走向，这是 NWICO 未能成为现实的根本原因。但是，它的理念、原则和思想遗产仍极其宝贵。

如果说在 20 世纪通讯社是国际新闻和信息流动的核心主体，那么进入 21 世纪之后，互联网则成为全球信息传播竞争的最广阔平台。人们或许为这个"跨越疆界、充满自由"的信息平台赋予了太多的理想主义色彩，然而它的政治经济结构在不断提醒我们，这仍是一个不平等的结构。

史安斌指出，即便是号称"无国界"的互联网，90% 的信息是用英语传递，80% 以上的网站来自欧美，新闻传播领域的"欧美霸权"始终无法被打破。③伍刚对中美两国的互联网国际传播能力进行了比较，认为中国虽然已是互联网大国，但并非互联网强国，其核心技术和软硬件基础设施对美国的依赖极为严重，原始创新能力远远不足。④美国学者丹·席勒更提醒说，我们

---

① 林珊. 对抗世界新闻传播新秩序不得人心 [J]. 国际新闻界，1985（4）：1-6.
② 诺顿斯登，徐培喜. 世界信息与传播新秩序的教训 [J]. 现代传播（中国传媒大学学报），2013, 35（6）：64-68.
③ 史安斌. 中国对外传播的挑战与前景 [J]. 当代世界，2011（8）：16-18.
④ 伍刚. 中美互联网国际传播力对比研究 [J]. 中国广播，2012（3）：55-58.

习以为常的互联网，实际上是在美国诞生的一个特定的传播平台"因特网"："无论是诞生之日，还是当今之世，因特网都不是纯粹市场行为的化身。实际上，它其实是由美利坚合众国这个特定的国家来孕育的。"他进一步指出，IP地址、顶级域名等关键性资源以及技术标准的制订都掌握在美国政府机构及其合作者的手中，它被置于一种美国式"单边主义"的政策之下。①

因此，那种以为互联网是一个"超越国家"的传播体系的认识未免过于幼稚了。包括中国在内的许多国家（如肯尼亚、印度、埃及、墨西哥等）都在努力争取"互联网主权"，即允许更多国家和机构参与互联网核心原则的设定与关键资源的分配过程。毫无疑问，美国反对这种主张，就像它曾经反对NWICO一样。美国的理由也是类似的：要保护互联网的信息自由，防止受到一些民族国家（尤其是一些"独裁者"）的控制。这些争议延伸到了国际组织和国际会议当中，如国际电信联盟（ITU）在2012年举办的"国际电信世界峰会"（WCIT）。丹·席勒对此作了详细的记述与评论，指出了这场斗争与NWICO运动的相似之处。

总之，互联网并非一块净土。它继承了全球信息传播不平等的发展态势，也引发了新一轮的全球斗争。换言之，NWICO运动正以某种形式在互联网环境中重新展开。那么，一方面借鉴NWICO的经验教训，另一方面思考互联网环境的特殊性，我们是否可以寻找到一条建立世界信息传播新秩序的新路径？

二、寻找互联网时代的新秩序

构建互联网时代新的世界信息与传播秩序，首先必须从NWICO运动中汲取养料，其核心就是对旧有秩序提出挑战，寻求可能的创新格局和路径。其次，它也必须从NWICO运动中吸取教训，不能仅仅依靠国际政治斗争的势力格局来决定新的传播秩序。最后，它还必须理解互联网时代的一系列变

---

① 席勒，张磊.资本与国家：因特网的政治经济学［J］.现代传播（中国传媒大学学报），2013，35（6）：59-63.

革，从而制订新的原则、策略和路线图。

国际政治学者章前明指出，任何一种国际秩序都是国际力量分配、国际制度和主导价值观念三大要素相互作用的产物。① 在这种作用下，国际秩序（包括狭义的国际政治秩序和广义的世界秩序）既是主权国家的合作产物，又是超越了主权国家的一种状态。政治学家郑永年总结说，国际关系的本质是无政府状态，不存在一个高于主权国家的"世界政府"，他认为中国和美国的双边关系可能会成为未来国际秩序的重要基石。② 然而，足以带来格局变化的新兴力量不仅仅是中国或其他新兴民族国家，还有更多层次的国际力量的分配重新展开，而新的国际制度和价值观念都在形成过程之中。作为国际秩序中的重要一环，互联网的信息传播新秩序也受到相应的影响。

（一）重塑主体：国际力量分配

国际新秩序的主体性力量，绝非民族国家政府这个单一层次。正如赵月枝所言："民族国家已经不足以作为理解和分析当今世界政治经济关系以及与此密切相关的传播现象的唯一维度了。"③

哈特和奈格里在《帝国》一书中提出了新的概念："我们基本的假设是主权已经拥有新的形式，它由一系列国家和超国家的机体构成，这些机体在统一的单一逻辑下整合。新的全球的主权形式就是我们所称的帝国。"他们进一步分析了全球权力格局的"金字塔"，指出美国、世界七大工业国和一系列超国家联合体（如世贸组织、世界银行等）构成了第一层级，大型跨国公司和区域性影响力较强的一些主权民族国家构成了第二层级，而大多数民族国家、非政府组织及其代表的普通民众则位于底层。④

赵月枝沿着这一思路，描绘了世界传播舞台中的四个主要参与者：超国

---

① 章前明.从国际合法性视角看新兴大国群体崛起对国际秩序转型的影响[J].浙江大学学报（人文社会科学版），2013，43（1）：5-17.
② 郑永年.中美关系和国际秩序的未来[J].国际政治研究，2014，35（1）：36-48.
③ 赵月枝.传播与社会：政治经济与文化分析[M].北京：中国传媒大学出版社，2011：129.
④ 哈特，奈格里.帝国[M].杨建国，范一亭，译.南京：凤凰出版社，2008.

家机构、民族国家、资本和非政府组织的角色与力量构成。她认为，一方面国家和资本的携手使得新自由主义和消费主义意识形态甚嚣尘上，这构成了"帝国传播体系"；另一方面部分民众力量也在通过各种组织及实践来进行抗争，形成了一种"双向运动"（波兰尼语）。①

互联网的国际力量不仅仅涉及民族国家。由于美国力图将核心资源掌握在其所能控制的范围之内，因此超国家机构对此难以染指，如前述国际电信联盟曾多次在会议中讨论将互联网纳入其管辖权，却总是无疾而终。反倒是基于民族国家的资本在其中拥有大量的权力。根据 ALEXA 网站的流量排名，全球前十网站分别是 Google、Facebook、Youtube、Yahoo、百度、Wikipedia、QQ、淘宝、Twitter 和 Amazon，其中七个是美国公司，三个来自中国。根据股票市场的市值，排名前十的分别是苹果、Google、阿里巴巴、Facebook、Amazon、腾讯、eBay、Priceline、百度和 Yahoo，全部来自中、美两国。更值得注意的是，那些个体力量虽弱小但体量庞大的非政府组织、草根媒体、社交网站和广大全球用户，它们究竟是被剥削的对象，还是民主力量的源泉？

若是重构互联网的信息传播新秩序，单单依靠民族、国家、政府之间的博弈和谈判只能落入传统政治的窠臼。实际上，互联网信息权力的争夺从来就不限于政府与政府之间。

中国向来强调同广大发展中国家的团结合作，积极参与多边事务，支持联合国、二十国集团、上海合作组织、金砖国家等发挥积极作用。落实到信息与传播新秩序的方面，超国家组织同样受到重视。然而正如赵月枝所批评的，反倒是那些"大部分下层民众和边缘人群"容易被遗漏于国家视野之外。② 天安门所悬挂的标语之一是"世界人民大团结万岁"，"世界"与"人民"，或许正是互联网新秩序最值得依靠的力量。

---

① 赵月枝.传播与社会：政治经济与文化分析［M］.北京：中国传媒大学出版社，2011：133-143.

② 赵月枝.国家形象塑造与中国的软实力追求［J］.文化纵横，2013（6）：52-59.

（二）重建制度：全球协商体制的建立

制度的核心是规则。姜飞指出，新媒体的兴起使得传统传媒的管理体制以及整体的现代工业组织形式都面临挑战。① 当前互联网核心斗争的一个重要表现，就是所谓"信息自由流动"与"信息主权"的对立。美国政府、大型互联网公司和一些学者认为，互联网不仅继承了言论和新闻自由的传统，而且更好地实现了这一原则，因此绝不可能放弃，必须打破一些可能的壁垒。以中国为代表的新兴国家则认为，主权至高无上，信息主权同样是主权的构成部分，为了维护本土的政治、经济和文化利益，采取适当的屏蔽、管制、治理措施完全是正当的。如果说前者代表了既得利益团体的愿望，那么后者则代表了处于相对弱势地位的群体的诉求。

实际上，信息的自由流动与自由市场理念是一脉相承的。它秉承这样一种逻辑：只有在壁垒最少的开放性竞争中，人人才能获得最大的权益满足。这实质上是资本主义经济逻辑的变种，也是一种所谓的"丛林法则"。竞争并非完全不可取，但如果竞争的结果是零和博弈，那最终能否实现人类福祉是颇值得怀疑的。

因此，一种替代性的体制就是"多赢"（all-win）。2011年6月1日，新华社原社长李从军在美国《华尔街日报》上发表文章，题为《构建世界传媒新秩序》。他强调："在相互依存的当代世界，人类共同体的确需要一种更加文明的信息传播规则和秩序。"他提出应按照FAIR观念来重构世界传媒新秩序，即公平（fairness）、多赢（all-win）、包容（inclusion）、责任（responsibility），或可考虑建立一种媒体交流与协商的机制，称之为"媒体联合国"。②

这样一种机制的确立必须在某种超国家的机构领导之下才能完成。它依赖于双边以及多边协商，但更可靠的是依托现有的机构（如国际电信联盟）或建立一个新的国际机构来组织整体协商。当然，更重要的是将关键资源的分配权力和技术规范的制订权力从美国及其控制下的商业及民营机构手中释

---

① 姜飞. 构建世界传媒新秩序的中国方向［J］. 中国记者，2011（7）：18-20.
② LI CONGJUN. Toward a new world media order［N］. The wall street journal，2011-06-01.

放出来，这听上去无异于"与虎谋皮"，因此它只能建立在长期斗争所形成的共识基础之上。

（三）重寻理念：文化价值的多元化

为了达成互联网国际新秩序的制度建设，必须重寻一种有异于现行规则的理念。换言之，进行文化价值的重新建构，只有在达成国际共识之后，方有可能设立互联网新秩序的建设路线图和时间表。

在理念方面，美国与中国的差异表现得极为明显。对美国来说，以民主、自由为核心的价值观是普适性的，丝毫不容动摇；而对于中国来说，首当其冲的是民族国家的生存权和发展权。2014年是和平共处五项原则发表60周年，这种外交和国际政治理念强调的是对多元文化价值的尊重和保护。

这种理念已经广获认同。2005年7月1日，中国和俄罗斯联合发布《中华人民共和国和俄罗斯联邦关于21世纪国际秩序的联合声明》，提出了12点建议，其中包括："世界文化和文明的多样性应成为相互充实而不是相互冲突的基础。应尊重和维护世界文明的多样性和发展模式的多样化。"在金砖五国的峰会宣言中也多次强调，应互相尊重、开展多边外交、尊重联合国的作用。这都体现了对多元价值的维护。

互联网作为新的传播平台和交往平台，在一定程度上反映了多元价值体系确立的可能性。互联网上"众声喧哗"，无论是Facebook、Twitter还是新浪微博、腾讯微信，都在不断传递着多元的声音。智能移动互联、云计算和云存储、大数据挖掘等新型技术与应用开创了一个多彩的明天，互联网看似超越了通常意义上的地域界限，但它重新将地理位置上生长着的本土文化发扬光大。曼纽尔·卡斯特尔指出了互联网塑造的"真实虚拟文化"（culture of real virtuality），其核心就是流动空间和本土空间的辩证统一。① 虽然流动空间造成了全球精英的意识形态整合效果，但本土空间来源于人们的全部社会经验，它并非那么轻易地被捕获与整合。所以我们能够看到在全球社交网络

---

① 卡斯特尔. 网络社会的崛起［M］. 北京：社会科学文献出版社，2006.

中的地方性知识与地方性文化不断从缝隙中找到成长的机会，而这正带来了全球民主的真正可能性。赵月枝与汉凯特总结了全球媒体民主化的四波浪潮，其中第四波正是发生在互联网时代。他们指出："互联网促进了致力于社会民主化和传播民主化的跨国民间社会网络的形成。"[①] 在整合了包括民族国家、非政府组织、民间社会的各种力量，跨越了阶级、种族、性别的界限之后，互联网有可能将社会民主化的成果推上前台。

三、结语

互联网新秩序的建立不可能是一蹴而就的，尤其是在当前纷繁芜杂的国际格局中，种种动力因素的综合作用不断造成各种正向和负向的效果，影响着互联网的未来，也影响着全球信息与传播的新格局。

如前所述，发端于20世纪70年代的"世界信息与传播新秩序"运动留下了宝贵的遗产。它勇敢挑战既有的不平等、不均衡的国际信息秩序，并通过联合国教科文组织的领导和一系列国家及机构的努力，对传播的价值和理念展开了广泛的辩论。虽然最终并未真正形成新的秩序，但它的斗争性和理论成果弥足珍贵。

互联网成为全球信息流动的新场域之后，不仅对国际新秩序提出了新的挑战，而且为新的运动带来了大量的机遇。然而，如今对于新秩序的追寻不能完全复制数十年前NWICO的模式。新的秩序必须考虑主体和价值的多元性，一方面依靠发展中国家和新兴国家，另一方面要超越民族国家，整合超国家机构、非政府组织、民间社会的力量，重寻理念、重塑主体、重建制度，才能使寻找互联网环境中世界信息与传播新秩序成为可能。

[①] 赵月枝，汉凯特，朱怡岚，等.媒体全球化与民主化：悖论、矛盾与问题[J].新闻与传播评论，2003（0）：1-18，245，249.

"软实力"概念在中国的挪用与流变*
——基于学术话语、媒体话语和官方话语的分析

在现代中国,"软实力"在各种话语体系中被普遍应用,已延伸至政治、经济、社会领域的方方面面,成为一个显在概念。探讨这一概念的引入及流变具有相应的学术意义,不仅为理解相关理论和实践提供基础,更能借此对中国当代话语演变中的意识形态构成及其权力体系略窥一斑。本文力图对中国主流话语进行检索和分析,发现软实力概念的流变过程,从而理解中国主要话语体系的权力构成,解读中国语境下"软实力"概念与理论所隐藏的可能意涵。

一、理论路径:批判的社会话语分析

话语分析有两种路径,一种植根于语言学,另一种则超越了语言学的藩篱,从更广阔的社会关系来理解人类社会的话语,具有更强的批判色彩。后一种路径受到多种思潮的启迪,本文所采取的话语分析理念主要来自两位学者:巴赫金与福柯。

巴赫金提出了"对话理论",在他看来,与其说话语是一条条言词,不如说是一系列主体的行动。小至一句话,大至一种文化现象,都可以被看作话

---

* 本文原载于《郑州大学学报》(哲学社会科学版)2015年第1期,与胡正荣、王韶霞合作,收入本书时有改动。

语，而人类就是在不断地对话中进行社会实践的。由此，他认为话语最重要的不是其语言学要素，而是其背后的社会情境与即时的意识形态，即"意识形态充盈物"。李彬认为这是巴赫金对传播批判研究所作的极大贡献。巴赫金还通过对拉伯雷小说的分析提出了"狂欢"，通过对陀思妥耶夫斯基小说的分析提出了"复调"，都成为文学研究和话语分析中的关键概念。

福柯在很大程度上与巴赫金共享一种观念，即话语本身的语言要素是一回事，其背后隐藏的权力关系是另一回事，后者尤为重要。他提出了"知识考古学"，认为知识作为一种话语体系，是社会权力关系生产和再生产的产物与纽带，它离不开社会关系和社会实践，甚至它本身就是一种社会实践。

基于这两位理论家的思考，本项研究将"软实力"概念及其话语作为社会意识形态的充盈物和社会权力关系的产物，从学术话语、媒体话语和官方话语三个维度进行考察。实际上，人们日常生活中的话语同样值得分析，它才是福柯所谓"微观权力"的最终展现，可惜无从搜集资料，只能付诸阙如。

二、"软实力"概念在中国：起承转合

20世纪80年代末，美国哈佛大学教授约瑟夫·奈率先提出了"软实力"这一概念。他在1990年出版的著作《美国定能领导世界吗？》和其他文章中不断提及和拓展这一概念，赋予了它学术生命力。相对于硬实力，软实力是一种来自文化、意识形态、政策制度等方面的吸引力，一种"让别的国家不由自主跟随你"的吸引力。奈的其他著作，如2002年的《美国实力的悖论：世界唯一超级大国为何不能单干》、2004年的《软实力：世界政坛成功之道》都延续了这一思路。此后，奈还不断地在其他的著作、文章、讲座和访谈中使用它。这一概念获得了全世界政客、学者和媒体的广泛应用，成为政治学、外交学和国际关系研究中的一个热词，中国也没有例外。

本文研究者于2014年5月12日通过中国知网（CNKI）和人民数据两个数据库分别以软实力为关键词进行了全文搜索，以此窥探该词在中国的学术话语、媒体话语和官方话语三个子体系中的流变（见表1）。

表1 话语分析数据来源

	数据库	子数据库
学术话语	CNK	学术期刊、硕博论文
媒体话语（所有报刊）	CNK	全国重要报刊全文数据库
媒体话语（《人民日报》）	人民数据	《人民日报》全文
官方话语	人民数据	中国共产党文献信息 中国政府文献信息

数据来源："中共历次全会文献信息库""共产党重要文献信息库""国家政策信息库""各地政策信息库"和"各类工作报告资料库"等五类数据库。

搜索结果发现，在1990年奈提出该概念后不久后，我国学者就有所关注，但发表的相关文章寥寥可数。但随着学术文章的逐渐累积，"软实力"概念在21世纪初得到学者、媒体和政府官员的普遍关注。到了2006—2007年，中央政府也加入这场探讨，更使得软实力话语呈现几何级数增长。值得关注的是，在2012年达到巅峰之后，这个概念的吸引力似乎有所下降。（见图1）

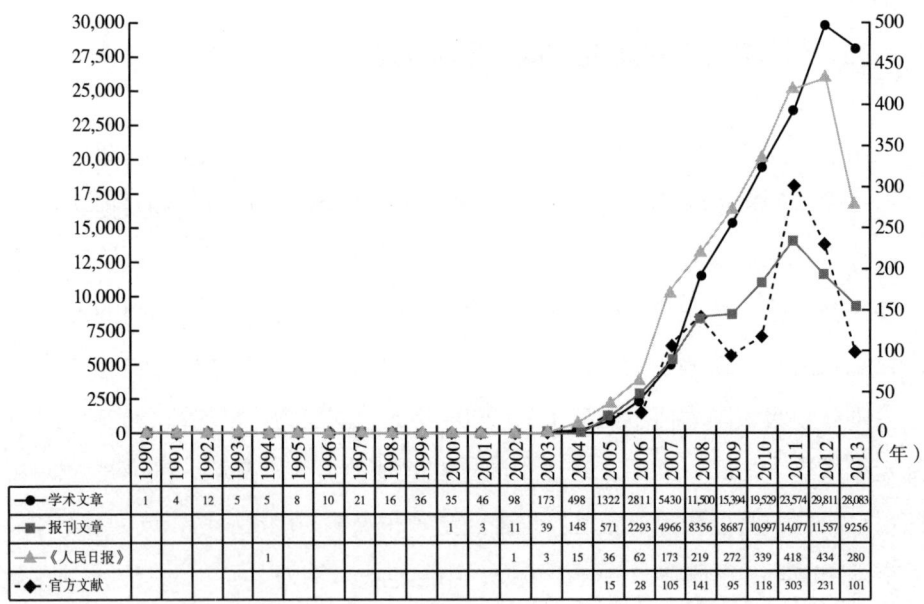

图1 软实力学术话语、媒体话语、官方话语发展趋势比较

由此，我们将"软实力"概念引入中国话语的历史分为起、承、转、合

四个阶段,也正是在这样的发展阶段中,软实力话语嵌入了中国的文化和政治进程,其面貌也不断发生变化。

(一)起——1990 年至 20 世纪末

最早一篇提及"软实力"一词的文章是 1990 年张正伦在《中国科技论坛》发表的《一场新的持久战:论"综合国力"的较量》。此后,学术期刊和一般报刊都有一些文章提及此词,但频率很低。1994 年 6 月 29 日,李小兵在《人民日报》发表《冷战之后的文明战略:亨廷顿的"文明冲突论"评介》一文,是该报首度出现"软实力",但文中并未对此进行详细介绍,只是顺道提及。

这一阶段的软实力话语有三个特点。首先,它主要是学者们所使用的概念,主要在学术期刊出现,即使在《人民日报》和其他报刊上露面,也往往见于学者们的理论性文章。其次,早期学术期刊和媒体一样,对这一概念主要是进行引介。最后,这一时期内涉及软实力的文章基本上都未进行深入的论述和评价,多数文章是将之作为一种新概念和理论进行介绍,聊备一格;也有文章用它来评价美国等西方国家的综合国力;还有的文章直接斥之为西方的学术成果。总体上看,这一时期相关文章数量少,这个概念尚未在中国流行开来。

(二)承——21 世纪初至 2006 年

实际上,在前两个阶段之间并无明显区隔,中国学术界对于"软实力"的介绍一直在持续进行。2002 年,奈的新书《美国实力的悖论:世界唯一超级大国为何不能单干》出版,给这类研究进一步加温。2002 年 5 月 1 日,《人民日报》发表朱梦魁的文章《孤胆骑警独行难》,从奈的新书谈起,评价美国国际形象的下降及其硬软实力之间的矛盾。《现代国际关系》《国外理论动态》《美国研究》等重要学术期刊也就该书发表了书评或相关文章。

此后,学术文章的思路愈见开阔,不仅评介奈的软实力理论,更用它来思考中国问题,提出了关于中国软实力的构成、素质、发展策略与渠道等各种见解。出现在媒体上的软实力，也不仅仅是见于理论性文章，而是逐渐出现在关于国际新闻、经济和文化报道、地方发展等各种文章中。

"软实力"也开始获得官方的认可与应用。一些重要官员在党报、党刊发表理论文章时，已经使用了这个词。2003年8月25日《人民日报》第9版上，发表了时任浙江省委书记习近平的文章《用"三个代表"重要思想指导新实践》，其中谈及："我们要大力发挥浙江的人文优势，切实加强精神文明建设，弘扬和发展'浙江精神'，深化文化体制改革，推动文化与经济的相互交融，通过不断增强软实力提高综合竞争力，促进人的全面发展和社会全面进步。"值得注意的是，此处谈及的"软实力"已经不是奈的原意了。类似的还有2004年10月31日《新民晚报》上发表的一篇文章《提升国际竞争力 韩正思考：塑造 追求 营造 构筑》。2005年，它还出现在一些地方政府的工作报告以及高级官员的谈话中。

在这一阶段，关于软实力概念的普及工作已经基本完成。作为结果，越来越多的文章（无论是媒体报道、官方文件，抑或是学术文献），提到"软实力"时不再介绍它的来源，而是直接当作一个理所当然的概念加以使用了。

（三）转——2007年至2012年

2008年北京奥运会前夕，"软实力"一词使用的风头越来越强劲，谈到它的学术文献和报刊文章都以万为计数单位。相比于学术话语和媒体话语，软实力进入官方话语的时间较晚。一个可能的解释是，中国的政治性话语体系对于来自体制外（甚至是国外）的新生概念和理论通常保持谨慎态度。然而经过学界与媒体的大量铺陈，这一概念已经在中国的社会文化体系中"日常化"了，政府对它的采用也就成为顺理成章的事情。一旦获得了官方的认可，它在学界和媒体界的应用就更广泛了。

随着它的日渐流行，该词频频出现在政府官员的讲话以及一些会议报告中。官方话语一般不对该词进行介绍，也基本不谈及其学术来源，而是直接用于对中国状况的总结。典型一例是2006年11月10日，时任国家主席胡锦涛在中国文联第八次全国代表大会、中国作协第七次全国代表大会上的讲话，其中提到："增强我国文化的国际竞争力，提升国家软实力，是摆在我们面前的一个重大现实课题。"更早之前，时任文化部部长孙家正在《谈2004年我国对外文化交流工作》中也提到了文化作为一种"软实力"具有不可替代的作用。此外，各地政府工作报告和领导讲话都广泛使用该词。这些讲话和报告为软实力在2007年写入党的十七大报告奠定了基础。

2007年10月5日，时任中共中央总书记胡锦涛在所作的党的十七大报告中，也用到了这个词。作为中国官方最重要的纲领性文献，党的全国性代表大会的报告起着旗帜性作用，它为某些词脱敏，也为某些词赋予新的意义。可以说，党的十七大报告对这个词汇的认可，正式宣告它在中国主流话语体系中占据了举足轻重的一席之地。也正是在此之后，提到该词的学术文献和媒体文章呈现了爆炸式的增长。

尤其值得重视的是，此后官方话语通常在"软实力"之前附加一个定语"文化"，由此构成了"文化软实力"这一新的概念。它一方面借用了奈对"软实力"的原初界定，即基于非物质、非武力、非政治性的力量；另一方面又脱离了它的原初适用范畴，从国际政治和国际关系走向对于某一国家、城市乃至社会机构力量的判定。

在这一时期，关于软实力的学术讨论也呈现出两个特色，一是展开了广泛的辨析与争鸣（如软实力的本质），二是进行了更深度的本土化（如中国色彩的挪用）。学者们对这个概念的翻译、内涵和应用范围进行了讨论，它也脱离了国际关系和国际传播领域，在文化产业、城市形象、企业管理等课题中得以广泛应用。

（四）合——2013年至今

通过之前的趋势比较图不难看出，"软实力"概念在二十余年间在中国获得了普遍的认知，甚至是掀起了一股热潮，在2012年达到巅峰，令众多社会思潮和理论概念相形见绌。然而盛极必衰，2012年之后，相关文章的数量均开始下降。这或许表明软实力研究已经接近饱和，学者已经开始寻找新的替代性理论热点。

三、中国话语权力体系的复调效应

学术、媒体和官方三种话语并不是截然分割的。福柯认为，话语是一种实践，它与社会权力关系密切相关，各种庞杂的专业话语总是受制于社会规则的约束，要理解某一时期的话语状况，就离不开对社会权力的"考古"。中国社会的权力状况与西方相异，政治领域与社会领域之间与其说存在沟壑，不如说血脉相连。"软实力"概念的扩散和流变正说明了这一状况。

通过图1可以看出，无论是学术话语、媒体话语还是官方话语，对"软实力"概念的采用呈现出相同的趋势。学术圈较早引介了这一概念，但在较长一段时间内并不热衷；媒体话语紧随其后，趋势类似。

第一个关键的节点出现在2003年前后。奈在2002年出版了《美国实力的悖论：世界唯一超级大国为何不能单干》一书，引起了国际学术界的广泛关注和讨论，也导致我国学术界在2003—2005年出现了大量关于软实力研究的学术论文。同样，媒体话语中在这三年内开始频繁出现关于软实力的新闻报道。可见，在一个新概念引进之初，学术界和媒体界闻风而动，对新概念的推广发挥着重要作用。这一时期，除了官员直接撰写的文章之外，学术话语和媒体话语中基本上都没有引述官方的言论。

第二个关键的节点出现在2007年左右。此时，学术文献和媒体文章的大量使用使得这一词汇为人们耳熟能详，各级官员和政府工作报告的广泛采用也为它的地位提升做好了铺垫。值得注意的是，这一节点是中国政府和媒体开始高度关注国家形象、国际传播和对外传播的时期。2007年党的十七大报告正式引用"软实力"一词，从而引发多米诺效应，引发更为蓬勃的讨论和采用，也使得它延伸到了除国际政治之外的广阔领域。由此在2008年奥运年这一概念呈爆发式增长更成为顺理成章之事。此时关注软实力的学术文献和媒体文章中都开始频频引用官方言论了。

正如巴赫金所言，话语是一种"复调"式的结构。这三方话语是密切相关、相互影响的。在软实力进入中国话语体系的过程中，学术话语发挥着前锋作用，媒体话语则在宣传推广方面担任重要角色，二者共同影响了官方话语，反过来又被官方话语所引导。在三方话语的共同推动下，"软实力"这一外来词汇逐渐融入中国社会的各个领域。一个尤其值得玩味的证据是，2012年三个话语圈子同时对它热度降低，似乎预示着这场话语狂欢走向尾声。

不过，在这一过程中，软实力的话语呈现出了流变和分化，并不是统一的面孔。正如福柯所言，权力与其说是固定不变的框架，不如说是流动不居的轨迹，而权力之间的张力恰恰为话语的多元化提供了空间。软实力的扩散同样呈现出不同的面貌。

四、"软实力"在中国话语中的三种面貌

"软实力"一词从被引入到被广泛采用，其概念界定以及适用范围在不断发生变化。本文将它的使用分为三种类型："原教旨主义"的软实力、作为"转喻"的软实力以及作为"隐喻"的软实力。所谓"原教旨主义"，指的是对"软实力"的界定较严格遵循奈的定义，而转喻和隐喻则借用语言学思路，前者以临近性为基础，后者以相似性为基础，分别生成了新一层次的软实力概念。

（一）"原教旨主义"的软实力

所谓"原教旨主义"，借用宗教传播的概念，指的是"软实力"话语遵从奈的定义，不对其进行扩展延伸。它在"软实力"概念引介初期比较多见，通常呈现出以下三种特点：直接引用奈的概念定义；将民族国家和政府当作软实力的主体；对国际政治和国际关系进行讨论。

中国的学术话语和媒体话语初期表现基本如此。《人民日报》的一篇文章《实力的悖论》体现得较为典型，文中说："约瑟夫·奈近年来以'软实力'一说为世所瞩目……他认为，所谓硬实力是通过军事大棒和经济胡萝卜使得别人屈从于自己的意志，而软实力则是通过其文化、政治价值观和也替别国利益着想的不傲慢的政策发挥吸引作用。"

奈具有深厚的美国官方背景，在担任哈佛大学肯尼迪学院教授之前，他还曾担任卡特总统的助理国务卿、克林顿总统的助理国防部长兼国家情报委员会主席等职务，是一个在美国政界和学术界都具有广泛影响力的人物。软实力理论是他"在与20世纪80年代风行一时的美国'衰落论'的辩论中提出的"①。在相关著作中，奈在阐释软实力之时均将主体设为一个国家和政府，把软实力看作国家和政府在国际政治中提升影响力和吸引力的一种途径或力量。中国部分学者和媒体在讲述这个概念时，也多半将之用于对中国作为一个民族国家和现代政府之实力提高的议题上，并将之用于国际政治、国际关系、外交和国际传播等领域。软实力被看作一种无形的实力和国际影响力，可以达到"不战而屈人之兵"的外交效果，多用来指一个国家在国际政治领域中区别于硬实力的新型外交能力，而这种软实力的获得通常伴随着该国的思想文化、价值观以及政策制度在世界范围内的宣传和传播。在这种情况下，软实力是作为一种国际关系理论来使用的，如门洪华认为该理论为国际关系和外交战略的分析确立了一个"独立的综合性视角"②。因此，在"软实力"概念引进中国初期，主要适用于国际政治和外交领域，是衡量一国在国际中的地位以及外交能力的主要标准之一。

这种原教旨主义的话语的重要表现之一，就是对其英文概念翻译的争论。Soft Power 在中国学术界有三种常见的译名："软实力""软权力"和"软力量"。李智主张将它放回原初的语境之中重新审视其内涵和概念，以此来消除译名上的歧义。他指出，奈最初的定义是一种"使他国自愿而非强令去做一国所欲求的事"的吸纳力和感召力，具体分为行为力和资源力。因此，李智认为"应把作为'行为力'的'Soft Power'译成'软权力'；而把'资源力'意义上的'Soft Power'译为'软实力'"③。就是说根据不同的语境来判断和使用。在译名问题的争议上，庞中英也认为应把 Soft Power 译为"软权力"，认

---

① 刘德斌．"软权力"说的由来与发展[J]．吉林大学社会科学学报，2004（4）：55–62．
② 门洪华．中国软实力评估报告（上）[J]．国际观察，2007（2）：15–26．
③ 李智．软实力的实现与中国对外传播战略：兼与阎学通先生商榷[J]．现代国际关系，2008（7）：54–58．

为这样能"比较更贴切地反映奈分析美国霸权衰落及其权力重构时的原意"[①]。但目前在各个话语系统中更多采用"软实力"这一译名。

无论如何,"译名之争"反映了典型的原教旨主义式的软实力话语扩散。在此基础上,学者们陆续对中国的软实力状况进行评估和分析,进一步讨论提升软实力的策略与战略。例如,门洪华主张应根据中国实践对软实力的概念进行充实,认为中国的软实力的构成要素包括文化、观念、发展模式、国际制度以及国际形象等五个方面。总体而言,这种软实力的学术讨论又可分为两派:文化派与政治派。前者认为中国软实力的源泉及核心应该是文化,由此强调文化的核心作用。这一派的观点在学术界占据主流,相应出现了"文化软实力"这一中国化概念。作为中国文化软实力研究中心主任,张国祚在与奈进行的一次对谈中指出:"我们认为文化是软实力最根本的源泉。没有文化高度的软实力是短视的,没有文化深度的软实力是肤浅的,没有文化广度的软实力是狭隘的,没有文化开放的软实力是封闭的。文化在软实力中居于灵魂地位,发挥经纬作用。"[②] "政治派"则倾向于从政策制度等方面去理解软实力,但多数学者也不否认文化对于"软实力"的重要作用,只是要防止堕入"文化的迷雾"。总之,学界对软实力的理解各有侧重,可谓合中有异,异中有合。但通常这些学术文献以奈的理论为源头、以国家和政府为主体、以国际关系和国际政治为主要领域,体现了对软实力概念的原教旨主义式理解。

(二)作为"隐喻"的软实力

对于"软实力"一词,中国学界、媒体和政府人士有一个奇妙的"挪用",即将之用于一些非国际政治的竞争性领域,采用相似性的原则来进行"隐喻"。这些文献不一定直接引用奈的定义,而是将其作为一个既有名词拿来即用,同时进行了一定的延伸和转化。一方面,其适用主体发生了变化,由国家和政府转移到了城市、区域、企业、社会机构等竞争主体之上。另一

---

① 刘德定.当代中国文化软实力研究现状及问题分析[J].中外企业家,2012(2):113-116.
② 张国祚,奈.对话"软实力"[N].光明日报,2013-07-10(11).

方面，其应用范围由国际社会中的外交领域延伸到了品牌宣传等社会经济生活的方方面面。"软实力"不再是国际政治中的专有名词，而是相应出现了诸如"城市软实力""企业软实力""大学软实力"等相关概念。

例如，"软实力"概念应用于企业，形成了企业软实力的现代管理科学。中国甚至成立了一个"中国软实力研究中心"，由海尔、海航等一批本土企业倡议成立，目的在于为中国企业或企业家提供软实力建设的服务，帮助企业打造竞争优势。按照这个中心的定义，"企业软实力"是相对企业硬实力而言的非物质化要素，是整合和使用硬实力的能力，是企业发展不可或缺的支撑要素，是最终实现企业运营效能最大化的关键能力。与企业的设施、资本、人员规模等硬实力相对，"企业软实力"指的是包括企业文化、创新能力、价值理念、社会公信度等诸多要素在内的一种无形实力。

与"企业软实力"一样，"城市软实力""大学软实力""区域软实力"等都是一种作为"隐喻"的软实力，将这一原本具有政治性的概念应用到了各自的领域，形成了全新的定义。虽然归根结底其本质仍是源于奈的理论，是一种企业文化的"吸引力"，但其政治意涵已然失去。

（三）作为"转喻"的软实力——文化软实力

如果说"企业软实力""城市软实力"是基于相似性原则通过"隐喻"将"软实力"这一概念挪用到企业文化和城市发展的领域，那么，中国话语中另一个重要的转化，就是基于临近性原则将软实力从竞争性转为了非竞争性。前引学术文献已经创造了"文化软实力"这一固定说法，而党和政府的相关文献资料则在多数情况下都在软实力前加有"文化"的前缀，即"文化软实力"，它虽与奈的理论有千丝万缕的联系，却是一个被中国化了的概念。在学术话语中，"文化软实力"常被认为是文化力和软实力的延伸，其内涵与"软实力"有很大的不同，可以说是一种"转喻"的软实力。

官方话语中的"文化软实力"一词正式出现在 2007 年的十七大工作报告中。报告中提到："要坚持社会主义先进文化前进方向，兴起社会主义文化建设新高潮，激发全民族文化创造活力，提高国家文化软实力，使人民基本文化权益得到更好保障。"由此,"文化软实力"正式进入官方体系。实际上,门洪华、吴建民等学者在探讨软实力的内涵和构成要素时都强调了文化的核心作用,学术理论为政府决策做了充足的理论铺垫,而一旦"文化软实力"正式出现在官方话语中,学术界也开始出现大量以"文化软实力"为关键词的学术论文,官方话语反过来引领学术研究的走向,二者是相互影响的。

这种新的挪用,最大的变化就是不仅"对外",而且"对内"。政府所认可的文化软实力的关键在于一种凝聚力、吸引力和感召力,它是对中华民族内部集体认同的作用力。张国祚指出,我们所强调的文化软实力已经不仅仅是国际外交的一种策略,而是真正的把文化软实力当作综合国力的重要组成部分。不仅强调在国际上的功能,更关注其在国内的影响力,文化软实力对内可以发挥强化国家向心力与凝聚力的作用。由此,这一概念的应用领域也不再是单纯的外交和国际政治,而是国内文化和政治发展战略的综合性概括。"文化软实力"这一转喻,可以说是一种典型的本土化诠释策略。

五、超越软实力

前文提及的学术争论都有各自的理由,然而这些争论的前提都是把"软实力"当作天经地义的概念,而很少有人去探讨西方学者提出"软实力"概念的背后隐藏着怎样的意识形态,以及这种意识形态是否适合中国。

软实力的采用有它的合理性基础。全球权力转移的新态势,使得中国拥有自信参与日渐复杂的全球竞争。正如赵月枝指出的那样:"中国不再仅仅满足于批评美国的文化帝国主义,而是大刀阔斧地采纳约瑟夫·奈的'软实力'概念,并通过媒体和文化机构努力使中国走向世界。"[1]然而,中国崛起是否要重蹈美国乃至英国的老路? 在现代性理论中,"权力"作为一个核心概念,被当作一种能够使得他人按照自己的意愿行事的力量。奈所提出的"软实力"

---

[1] 赵月枝.中国的挑战:跨文化传播政治经济学刍议[J].传播与社会学刊,2014(28):151-179.

将主体由个人与机构替换为民族和国家，但其权力的内涵是不变的，仍是一种让别国按照本国意愿行事的能力。只不过，他强调了让别国自愿主动地去服从，称其为"吸引力"和"感召力"。如果硬实力让人想起殖民年代（其实延续至今）西方列强对于全球领土的占有、族群的统治和经济主导而形成的附庸体系的建立，那么软实力则不免与传教士活动、东方主义教育体系和文化/媒体侵略一脉相承，构成了另一重控制他国的手段。软实力的思路与帝国主义理念有异曲同工之处，只不过是为它披了一层掩饰性外衣，其霸权主义的本质并未改变。奈本人在与张国祚的对话中一语道破："权力是影响他者从而获得期望结果的能力，可以通过胁迫、收买或吸引力来实现。"他指出："军事权体现胁迫力，经济权体现收买力，这两者都是硬实力，而话语权则体现一种吸引力。所以我就把通过吸引和说服获得更优结果的能力概括为'软实力'。"根据奈本人所说的话，我们可以看出这种"吸引力"与胁迫和收买是实现同一目的的不同手段。胁迫和收买是实现霸权主义的原始手段，而软实力不过是一种霸权主义的现代美化手段。

应当指出的是，在中国的话语体系中完全照搬这种"原教旨主义"的软实力理念问题重重，它可能会使得中国崛起与中华复兴变成践行新帝国主义的一种途径。虽然这一概念的流变不会只有一个方向，作为转喻和隐喻的中国"软实力"话语，在某种程度上化解了软实力理论的原罪。但是，就整体而言，中国的国际传播理论研究仍然需要深深提防这种帝国主义式的现代性权力逻辑。

游子、友人与他者：春晚舞台上的外国人形象研究[*]

2018 年中央广播电视总台春节联欢晚会（以下简称"央视春晚"）上播出了小品《同喜同乐》，未料引发了英国广播公司、《纽约时报》、美国之音、《经济学人》等外媒的热议，部分评论将矛头指向了中国演员以"黑脸"假扮非洲人，不乏"种族主义"（racist）的批评。与此同时，中国国内舆论却呈现出多重景象。在各社交媒体上，有网民对该节目涉种族歧视提出批评，但也有声音认为，所谓种族歧视是西方媒体在自身语境下的无中生有。本文认为，热点争议忽视了春晚中外国人形象的整体性、关联性和延续性，未免断章取义。要想了解这一节目的真正意旨，必须对春晚中的外国人形象做系统分析。

其实，自 1983 年开播以来，央视春晚舞台上就一直存在着外国人的面孔与身影。其中有身穿中山装的海外华人，有金发碧眼的西方留学生，有作为集体出现的异域舞者，也有独占舞台的世界级明星，有中文流利的"中国通"，也有中国演员扮演的"假"外国人。"外国人"是一个笼统的概念，它虽然常用，但并不是真正的社会结构性身份（如性别、国籍、世代等），甚至不是认真的身份标识。春晚作为表演舞台，涉及表演者身份和舞台角色身份双重可能性，使之更加复杂。在复杂形象的背后，勾勒出什么样的主要形象类型？它隐含着什么样的再现逻辑，又是否成为建构自我与他者的载体？春

---

[*] 本文原载于《新闻大学》2018 年第 4 期，与温怡芳合作，收入本书时有改动。

晚41年间的变化,是否与中国改革开放的历程相伴,折射了中国与世界的关系?

本文对央视春晚舞台上的外国人形象进行了搜集、整理,进行符号分析和再现分析,以探索这组形象所建构的社会意义。

一、时空中的家国:关于春晚的文化研究

央视春晚将一个特殊的时间节点(阖家团圆的"春节"这一节日)与一个特殊的空间(作为当代中国象征性家国中心的中央广播电视总台"媒体舞台")相勾连,创制出一面具有深刻意味的社会多棱镜。自1983年举办以来,在41年间里,央视春晚已经成为中国收视率最高、影响力最大的文化产品,也引发了多视角的学术研究。传统上,春节是阖家团圆的节日,电视又是典型的合家欢媒体,电视上的联欢晚会因此具有了将千家万户的小团圆集合成大团圆的潜在性质。正如赵斌所指出,央视春晚建构了一套"家国同构"的意识形态文本[1]。在一系列的文艺演出加之细微的媒介操作中,春晚借用家庭个体与国家历史间的时间重合,以市场依赖意识形态话语形式谋取利益最大化,而新的国家意识形态借助市场无形渗透的逻辑,促使两种并行不悖且自上而下的意识形态进行合谋[2],构成了从"服务人民"到"召唤大众"的转变[3]。在如此复杂的意识形态文本中创造了社会群像,如农民工群体、女性群体等,也反映了社会对某类人群形象的认知和态度。新一代的春晚研究逐渐

---

[1] Bin Z. Popular family television and party ideology: the spring festival eve happy gathering [J]. Media, culture & society, 1998, 20(1), 43-58.
[2] 吕新雨. 仪式、电视与意识形态 [J]. 读书, 2006(8): 121-130.
[3] 郭镇之. 从服务人民到召唤大众:透视春晚30年 [J]. 现代传播(中国传媒大学学报), 2012, 34(10): 7-12.

呈现出三种新趋势：一是文本的细读，包括各种亚群体形象的探讨[①②③]；二是文本解读和阐释过程的探索，包括受众行为、网络吐槽、集体记忆等[④⑤⑥]；三是另类春晚的文化实践，如网络春晚、打工春晚、乡村春晚等[⑦⑧⑨]。

  本项研究立足于文本细读，聚焦在春晚舞台上的外国人形象再现。关于媒介中的外国人形象，已有的研究多集中于对中国电影、电视剧以及文学作品中相关形象的分析。就影视剧而言，戴德刚运用定量分析，在历时性维度下对中国内地电影中的外国人形象进行了梳理，发现中国电影尤为注重刻画日本人的形象，且对外国人的塑造多以反面人物为主，认为其承担了复杂的叙事功能且反映了中国人对外国的矛盾心态[⑩]。王玉玮对1990年以来中国电视剧中的外国人形象进行研究，指出电视剧中涉及颇多日本人形象，且对外国人形象的塑造处于变动之中，经历了从刻意批判到理性接受的过程[⑪]。此类研究一方面描绘了中国影视剧作品中的外国人整体面貌，另一方面也透视出中国文化心理与国际关系的基本状况。同样作为社会集体想象的产物，春晚中

---

① 宋华，祝亚伟.解读改革开放三十年女性形象的变迁：以春晚小品中的女性形象为例[J].理论观察，2008（3）：126-127.
② 陈世海.农民工媒介形象再现及其内在逻辑：基于央视春晚的分析[J].青年研究，2014（5）：70-78，96.
③ 沈清，魏伟.国家和市场共同形塑的性别多元再现："酷读"2013年央视春晚[J].国际新闻界，2014，36（1）：76-89.
④ 王辰瑶.暧昧的勾连：央视春晚观看的意义建构[EB/OL].（2012-01-22）[2018-01-05].http：//blog.sina.com.cn/s/blog_65ff65b70100zzhe.html.
⑤ 刘晓伟.狂欢理论视阈下的微博狂欢研究：以新浪微博"春晚吐槽"现象为例[J].新闻大学，2014（5）：102-109.
⑥ 谢卓潇.现代性乡愁：小镇家庭的春晚记忆结构[D].北京：中国传媒大学，2015.
⑦ 杨洪涛.网络"春晚"：电视节庆晚会的新突破——以2011年《中央电视台首届网络"春晚"》为例[J].中国电视，2011（4）：25-28.
⑧ 萧盈盈，李露倩.近年七大省级卫视春晚比较研究[J].青年记者，2013（15）：66-67.
⑨ 赵月枝，龚伟亮.乡土文化复兴与中国软实力建设：以浙江丽水乡村春晚为例[J].当代传播，2016（3）：51-55.
⑩ 戴德刚.新时期大陆电影中的外国人形象[J].北京电影学院学报，2001（2）：12-22.
⑪ 王玉玮.1990年以来外国人形象在我国电视剧中的演变研究[J].现代传播（中国传媒大学学报），2017，39（6）：95-99.

的外国人形象则呈现出另一番景象，成为观察和认识媒介对中国"自我"与世界"他者"关系建构的新窗口，值得深入探讨。

二、春晚中的外国人形象概览

本文对历届春晚中涉及外国人的节目进行了初步梳理，发现有外国人形象的节目极为丰富。根据不完全统计，自1983年第一届央视春晚播出以来，在41年间，至少有19届春晚舞台上出现了来自外国的表演者，此外，还有部分节目中出现了中国演员扮演的外国人，共计42个节目（见表1）。这些节目覆盖了歌舞、语言、曲艺等全部类别。

纵览这些外国人的形象，可以用多元而散乱来总结。首先，这些外国人的来源国多样，覆盖地域广阔。来源国包括美国、马来西亚、前南斯拉夫、肯尼亚、加拿大等30个国家，涵盖了亚洲、欧洲、非洲、美洲、大洋洲等主要大洲。其次，这些外国登台表演者与其所在国人口数量多少、全球话语权高低及与华关系并无明显关联。最后，这些外国人的形象分为多重层次，也均有各种可能。从社会结构性身份来说，男女老少皆有；从族裔来说，包括华裔、盎格鲁–萨克逊人等；从职业身份来说，既有演员，也有专业的歌舞表演者，还有作为业余表演者的在华留学生或华人华侨；从舞台身份上来说，其再现的职业和阶层可谓千变万化。唯一比较确定的是，这些外国人与中国的关系维度相对单一，多以正面形象出现。这与新时期我国内地电影或电视剧中外国人常以侵略者等负面形象出现形成鲜明对比，反映出春晚对于中外形象的特殊建构方式[①][②]。

[①] 戴德刚.新时期大陆电影中的外国人形象［J］.北京电影学院学报，2001（2）：12-22，103.
[②] 王玉玮.1990年以来外国人形象在我国电视剧中的演变研究［J］.现代传播（中国传媒大学学报），2017，39（6）：95-99.

表 1　历届春晚中外国人形象一览表

年份	作品类别	作品名称	外国人来源
1985	歌曲类	《龙的传人》	美籍华人
1988	语言类（相声）	《对话趣谈》	南斯拉夫
1989	曲艺类	《苏三起解》	南斯拉夫
1991	语言类（相声）	《训徒》	不详
1992	歌曲类	《乡愁》	旅法葡萄牙籍华人
1993	语言类（小品）	《市场速写》	意大利
1993	语言类（小品）	《黄土坡》	不详
1993	歌曲类	《携手同行》	马来西亚
1993	歌曲类	《传统光辉耀星河》	新加坡
1998	语言类（小品）	《一张邮票》	加拿大
1999	语言类（相声）	《同喜同乐》	加拿大、南斯拉夫、贝宁、美国
2004	歌曲类	《温暖》	新加坡
2004	杂技类	《滑稽表演》	阿根廷
2004	舞蹈类	《踢踏风暴》	爱尔兰
2006	歌曲类	《一千年以后》	新加坡
2007	歌曲类	《桃花朵朵开》	马来西亚
2007	歌曲类	《在那遥远的地方》	尼日利亚
2009	舞蹈类	《大河之舞》	爱尔兰
2009	语言类（小品）	《五官新说》	加拿大
2009	语言类（小品）	《北京欢迎你》	不详
2011	语言类（相声）	《四海之内皆兄弟》	美国、俄罗斯、澳大利亚、加拿大、肯尼亚
2012	舞蹈类	《天鹅湖》	俄罗斯
2013	歌曲类	《茉莉花》	加拿大
2013	歌曲类	《我心永恒》	加拿大
2013	歌曲类	《难忘今宵》	澳大利亚、肯尼亚、匈牙利、美国
2013	舞蹈类	《火》	土耳其
2013	器乐类	《琴筝和鸣》	美国
2013	曲艺类	《迎来春色换人间》	加拿大
2014	歌曲类	《玫瑰人生》	法国
2014	歌曲类	《情非得已》	韩国

续表

年份	作品类别	作品名称	外国人来源
2014	舞蹈类	《符号中国》	匈牙利
	曲艺类	《团圆饭》	法国（华人）
2016	曲艺类	《家的思念》	法国（华人）
	歌舞类	《茉莉花》	美国（以美籍华人为主）
2017	歌曲类	《梦想之城》	新加坡
	杂技类	《双花争艳》	乌克兰
2018	歌舞类	《不同凡响》	哈萨克斯坦
		《我爱你中国》	美国、法国、俄罗斯、意大利、拉脱维亚
		《欢乐的节目》	俄罗斯、英国、阿塞拜疆
		《乘风破浪》	印度、牙买加等
	器乐类	《新丝绸之路》	克罗地亚
	语言类（小品）	《同喜同乐》	加蓬、肯尼亚、科特迪瓦、乌干达

据此，本文在研究方法上，并没有选择量化的内容分析，而是采用了质化的符号分析与再现分析。春晚中外国人形象特征虽然看似零散，实则以"正面关系"为核心，建构起了一种符号秩序体系。本文首先对外国人形象所依托的"中外"关系做一界定，即对其国籍种族双重身份做基础分析，其次聚焦于典型符号（如服装、口头语言、文字以及舞台元素）进行分析，最后走向主题与叙事功能分析。

三、游子、友人与他者：三种外国人形象类型

某一社会群体的媒体形象，可能是浮动的、变动的、联动的。本文认为，春晚舞台上的外国人有三类典型形象：第一类是飘零归家的游子形象；第二类是渐慕华风的友人形象；第三类是自我投射的他者形象。

（一）飘零归家的游子形象

此类形象以海外华人华侨为主，象征着飘零在四海的中国游子形象。他/

她们在春节这一象征性的时刻回归象征性的家园,讲述着游子对中国、对中华民族、对中华文化的乡愁与依恋。

1985年,美籍华人黄锦波登上春晚舞台,演唱了一曲《龙的传人》。实际上,这一画面似曾相识。在1984年春晚上,香港歌手张明敏以一曲《我的中国心》赢得了大众的滚滚热泪(同年登上春晚舞台的还有台湾主持人黄阿原等)。导演黄一鹤曾在一次电视采访中讲述了邀请张明敏参加春晚的始末。面对有人质疑和担忧,他说:"我把孩子请到母亲的怀里来过春节,这有什么不对?"① 这奠定了类似春晚叙事的模式与基调,即通过港台艺人和海外华人华侨的表演,指向"游子归家"这一主题。如果说张明敏还是以歌曲及演唱的艺术性取胜,那么半业余的黄锦波操着带口音的汉语演唱非自己专属的歌曲,就是典型的象征政治了。

此后,海外华人华侨成为春晚中的固定元素之一。来源包括美国、法国、新加坡等国,有歌手、舞蹈演员、魔术师等,也有半业余身份的政治人物,且涵盖了第一代移民以及"侨二代"。字幕中,通常会在表演者名字上附加其国籍、身份,如1992年胡浩波演唱《乡愁》,名字后就加上"旅法葡籍华人"字样,这一略显复杂的身份表征所指代的正是"游子"二字,与根据余光中的著名诗篇所改编的歌曲形成契合。海外华人表演的春晚节目名称中往往包含着两种典型的元素,一是象征着中国的符号,如"龙""茉莉花"等;二是代表着有关家的情感表达关键词,如"乡愁""思念"和"团圆"等。早期表演者的着装常以西装、燕尾服为主,与内地主持人的着装迥然不同,以象征如张明敏歌词里所言"洋装虽然穿在身,我心依然是中国心"。如今服装符号泛化,带有中式元素的礼服和表演服、西式服装乃至休闲服都有存在。

从字幕到歌词,从身份到服装,海外华人的形象建构成一个符号的统一体。这种符号操弄在两个魔术作品《团圆饭》(2014)和《家的思念》(2016)中达到巅峰。通过一系列的舞台符号,如代表春节意味的压岁钱、饺子以及

---

① 蒋书.回忆20年前往事黄一鹤:我是怎么找到张明敏的[EB/OL].(2003-09-06)[2018-01-10]. http://ent.sina.com.cn/20030906/0034196631.html.

倒着写的"家"字寓意"到家了",进而借由表演者的台词"不管风雪再大,心都在一件事上——回家团圆",道出了对游子归家的呼唤。该类节目借助春晚这一特殊的时空交汇点,将"家庭团圆"的寓意推广到国族团聚,以仪式化的方式讲述了漂泊游子的寻根与归家的主题,既表达了"倦鸟归巢、落叶归根"的渴望,也强调了唐君毅所说的"花果飘零、灵根自植",即海外华人不变的是对"炎黄子孙"这一文化身份的认同①。

值得注意的是,海外华人华侨形象与港澳台同胞在春晚节目中分享着同一叙事模式。例如,2018年,由台湾和大陆演员联袂出演的春晚小品《回家》,就讲述了漂泊半生的老人回到老家过年实现身与心回归的故事。实际上,这种电视操作不仅仅在春晚中存在,如《中国好声音》等综艺节目也借助全球华人海选讲述"游子皈依"的故事,通过"四海一家亲"的情感诉求打造想象的华人共同体②。

(二)渐慕华风的友人形象

春晚中还出现了大量的非华裔外国人,具体包括两种情况。一是"中国通",以在华留学生为主,多为业余表演者,表演的多是语言类的小品、相声或曲艺类的京剧等节目。二是"异域文化使者",包括享有国际声望的电影演员、歌手等表演歌舞类节目,也有国际知名度较低的专业演员,表演其擅长的本民族文化歌舞节目或曲艺节目。

"中国通"的典型代表,非加拿大人大山(Mark Henry Rowswell)莫属。一次偶然的机会,使在华学习汉语的他在1989年元旦晚会亮相,一举成为中国人喜爱的外国艺人,此后开始学习相声,并先后四次登上央视春晚舞台,作品包括《一张邮票》(1998)《同喜同乐》(1999)《五官新说》(2009)《四海之内皆兄弟》(2011)。他本身就成为一个重要的电视符号。

在这些节目中,作为主角的"中国通"们,或掌握着娴熟的汉语,或精

---

① 唐君毅. 中华人文与当今世界[M]. 桂林:广西师范大学出版社,2005.
② 章宏,戴颖洁. 模式节目再生产中跨地多民族的华人共同体建构:以《中国好声音》为例[J]. 传播与社会学刊,2018(44),85-110.

通某种中华文化的典型技艺（如京剧、相声、山东快板等），或演绎着中华文化的典型文本，象征着对中华文明的向往与热爱。这些节目名称中常使用"同""皆""和"等表示合二为一意思的词语。1999年，大山、卡尔罗（前南斯拉夫）、露露（贝宁）、莫大伟（美国）表演相声《同喜同乐》，以谁对中国感情更深的问题为主线，在讲述自己与中国的故事（其中三位都娶了中国太太）之时，也讲述了中国的时代变革。四位表演者穿着中式的对襟大褂，操着流利的汉语，关于"大舅哥"等中国特色的亲属称呼既成为笑料来源，也显示了表演者对中国文化的熟悉与亲近，并将家庭的喻指延伸到跨国领域。这个节目与2018年的小品《同喜同乐》形成互文。但值得注意的是，这一相声作品并没有招致涉及"种族主义"的批评，原因多样，但最重要的一点是它在叙事中并没有将中国置于主导者的位置，四位外国人更多的是中国社会变迁的"旁观者"，从某种程度上"代入现代视角"[①]，反而隐隐将中国放于世界潮流追赶者的位置。

"异域文化使者"表演的节目则采用了另一种叙事策略，即"中外和鸣"。2013年，加拿大歌手席琳·迪翁除了献唱《我心永恒》以外，还与宋祖英合唱了中国的经典名曲《茉莉花》。2014年，法国影星苏菲·玛索与刘欢合唱法国香颂《玫瑰人生》。2013年，于魁智和加拿大留学生托马斯合作的京剧《迎来春色换人间》，采用了交响乐与传统京剧伴奏乐器相结合的形式。2013年的《琴筝和鸣》和2018年的《新丝绸之路》，更是直接将古琴、二胡等中国古典乐器与钢琴等西洋乐器相结合。舞台上还会出现中国符号元素的大量陈列，如2014年春晚匈牙利吸引力舞团表演的《符号中国》，以身体姿态表现典型的中国元素，如国宝大熊猫、长城、天坛、石狮、桂林山水以及航天火箭等。再如2011年春晚相声《四海之内皆兄弟》中，出现了唐诗"在天愿作比翼鸟"、黄梅戏《天仙配》选段以及改编的中国现代民族歌曲《月亮之上》，并以论语中"四海之内皆兄弟也"为呼应。

---

① 杨春宇，胡鸿保.代入现代人视角：近年大陆影视叙事中外国人形象的新功能[J].民族艺术，2003（2）：81-85.

这种"中西和鸣",使得来自外国的表演者被纳入春晚的整体符号体系中。虽然也有单纯异域文化的呈现,如 2009 年爱尔兰舞团表演的踢踏舞《大河之舞》、2012 年俄罗斯芭蕾舞团表演的《天鹅湖》和 2013 年土耳其舞团表演的《火》,但此类节目似乎显得格格不入,也很难引发中国观众的兴趣。因此,春晚需要的不仅是异域文化的点缀,更是异域表演者对中华文化的接纳与靠近,以迎合四方来贺的国民心理。换言之,不具有文化友好身份的外国人是难以在春晚舞台上找到恰当位置的。

比友人更进一步的是家人。"中国通"的节目还着力利用外国人的舞台形象与其日常生活的互文性,讲述更复杂的故事。如前所述,1999 年《同喜同乐》相声的四位外国人中,有三位在中国安家立业,他们不只是短暂的游历和留学,更成为中国徒弟和中国女婿。"中国通"们还会运用亲情化语言将自我中国化,如 2018 年春晚歌曲《我爱你中国》由来自美国、俄罗斯、法国、意大利、拉脱维亚等多国表演者以中文同台献唱"我爱你,中国,我的母亲,我的祖国",直接在"母亲—中国"的符号交换中召唤出主体性位置。

在这种家国团圆的媒介节日中,外国人借由文化元素的敲门砖进入神圣仪式内部,异域文化成为贺礼,中华符号引领全场,一种扩大化的文化共同体借此得以构建。

(三)自我投射的他者形象

这种情况并不多见,却值得分析。它指的是以中国人扮演的虚构的外国人形象,构成复杂的自我与他者的身份装置,也容纳了中国与世界关系的多重折射。起码有三个小品中出现了这种形象,分别是 1993 年的《黄土坡》、2009 年的《北京欢迎你》和 2018 年的《同喜同乐》。本文将重点分析《黄土坡》和《同喜同乐》两个作品。

《黄土坡》将故事的场景设定在 20 世纪 90 年代的陕西地区,讲述未来洋儿媳妇与中国公公第一次见面的故事,塑造了一组鲜明的二元对立形象。郭达饰演的黄金发是一个中国传统农民的典型形象。他穿着打扮极具乡土气息

（对襟大褂、黑布鞋、旱烟袋），极少接触外国人，少见多怪（"真得是见了鬼了"），不懂英文（三次误解 YES 的含义），观念保守且自我质疑（"山里的娃娃娶个洋媳妇这靠得住吗"）。他面对洋儿媳妇处于不适状态，是被动的接受者和调整者。蔡明所饰演的黄花菜代表的是西方现代女性。她的外貌具有西方人特征（一头金发），穿着时尚（黑白条纹套装、黄色发带），感情表达直白而热烈（首次见面就拥抱并说"爸爸，我爱你"）。与此同时，她对于中国未婚夫有着坚定的爱情，并进一步学习和了解中国文化，但尚未达到"中国通"的程度（如错用"泰山压顶不弯腰，海枯石烂心要变"）。

这一故事中还存在第三个人物，他处于缺席位置，却时时在场，那就是黄金发的儿子、黄花菜的未婚夫黄土坡，而他可以看作"中国"的象征。实际上，"黄土坡"所指代的黄土高原，既是中华文明的发祥地之一，又是革命老区，成为中国的最佳隐喻。该小品的主题实质上是"土"与"洋"的碰撞、中国传统与西方现代的对照、改革与开放的结合。因此，认可洋儿媳的过程，仿若中国在进行一种自我确认。它既是物质上的自我肯定，如"改革开放了，家里什么都不缺"，也是精神上的多重审视。黄金发评价自己的儿子时说"山里的娃娃脑子笨，是个老实疙瘩"，但黄花菜反驳说"中国人很聪明，他的学习是第一名"。按照中国人习惯的心理模式，完成"否定之否定"，确认了中国的位置。

时间推进到 2018 年。经过四十年的改革开放，中国已经跃升为世界第二大经济体，不再蜗居于黄土坡，而是"前所未有"地走向"世界舞台的中心"。2018 年春晚策划时，要求"得出一个涉及中外友好关系的语言类节目，又是命题作文"[①]。小品《同喜同乐》就是在这一时代背景下，以非洲的蒙内铁路开通为具体场景设定的，它展现了中国的崛起与"走出去"，也表达了"人类命运共同体"的主题。

小品中出现的人物很多，不算背景人物，光有台词的就包括郑老师、乘务员们、卡瑞、卡瑞妈妈、大舅哥、刘技术员等。故事的情节主要是由郑老

[①] 杨惠钧. 再造节日：中央电视台春节联欢晚会生产者研究［D］. 北京：中国传媒大学，2018.

师、卡瑞妈妈和卡瑞推动的，前两者围绕非洲女孩卡瑞的未来构成了矛盾对立的双方，带来了故事的驱动力。一身西装的郑老师希望帮助卡瑞，使她暂时不去相亲（甚至结婚）而是追求个人发展（去中国留学和工作），而穿着非洲传统服饰的卡瑞妈妈，则是希望女儿去相亲并且早日结婚（她非常愿意自己的女儿嫁给郑老师这样的中国帅哥）。两者形成了鲜明的对比，郑老师代表着现代、进步、未来、追求个体自由以及向往美好生活，卡瑞妈妈则代表着传统、落后、过去、安于现状以及固守家庭伦理。

将这两个小品并置观察，我们会发现一个共通的叙事模式，即传统与现代的矛盾冲突（见图1）。如果说1993年的黄金发、2018年的卡瑞妈妈被当作传统的代言角色，黄花菜、郑老师被当作现代的象征，那么黄土坡、卡瑞成了从传统走向现代的过渡。换言之，20世纪90年代中国所经历的现代化进程，正是21世纪10年代非洲所面临的景象。

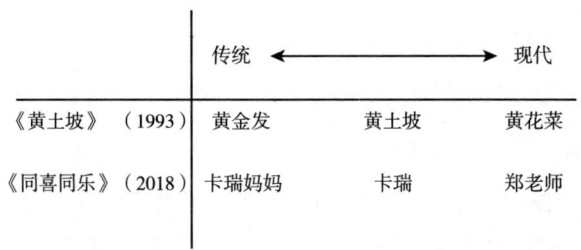

图 1　小品《黄土坡》与《同喜同乐》的共通叙事

将两个小品视作连续的叙事，我们能够发现变动中的中国/世界的关系。31年前专程去西方学习的"黄土坡"，与当前带着高铁和共享单车到达非洲的"郑老师"是什么关系？当初中国向世界开放，首先是拥抱西方所代表的现代化，而随着中国逐渐完成这一过渡，她又如何面对包括非洲大陆在内的更广阔的发展中世界？实际上，我们可以重新简化两个小品的连续性叙事，此时，中国从向西方学习的现代化追随者变成了向非洲传递现代性的新样板和帮助者（见图2）。

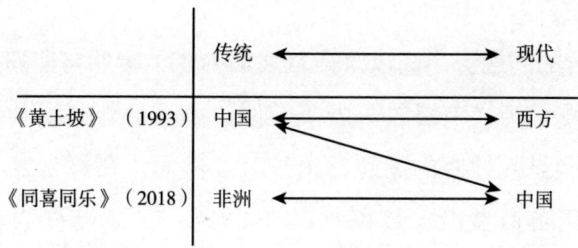

图 2　小品《黄土坡》与《同喜同乐》的连续叙事

正如小品结尾卡瑞说出的点睛台词："我要跟中国人一样，撸起袖子加油干，让世界人民都点赞！"这个小品正投射了新时代中国的角色变化。然而与 20 世纪 90 年代中西关系不同的是，中国不仅是非洲学习的对象，而且是其帮助者。在此处，"结婚"也成为隐喻，既确认传统与现代化的关系，也体现了中国对西方、非洲对中国的认同。小品最后，通过与 20 世纪 60 年代开始的中国援非医疗队的历史相勾连，铺垫出了卡瑞妈妈的台词"我爱中国人，我爱中国！"从而使得一种新的国族关系模式呼之欲出。

《同喜同乐》比《黄土坡》的叙事更为复杂，也有更多元素值得剖析，如表演与真实，以及语言的问题。

第一，表演与真实。郑恺所饰演的郑老师采用了演员的真实姓氏，与这点微不足道的"真实性"形成对比的是，作为非洲人的卡瑞妈妈由中国演员娄乃鸣扮演。为强化虚构身份，服化道都做了努力：脸涂黑、加大臀部、穿着色彩绚丽的服装、头顶水果篮，甚至身后还跟着一只猴子。再加上舞台背景里的广袤大陆、非洲舞蹈演员的特色舞蹈，构成了想象中的非洲。当舞台形象被符号固定下来，它也给刻板印象留下了空间。正如黄花菜代表的西方现代女性形象一样，卡瑞妈妈代表的非洲传统女性形象浓缩为一组无歧义的能指，以便嵌入角色的结构之中，完成整个叙事。

在关于这个小品的西方媒体评论中，"涂黑脸"成为种族主义的罪证，然而实际上，"涂黑脸"（blackface）产生于特定的历史情境中，是 19 世纪西方滑稽戏中的典型舞台表演符号，附加的种族歧视意涵并不存在于中国当前的社会共识之中。当然，逐步从内宣走向外宣的春晚必须考虑全球的语境，这就是另一个话题了。

第二，语言的问题。小品以汉语普通话为主，卡瑞与非洲女乘务员们也操着流利的汉语，与"中国通"表演类似，小品格外突出其北京口音，并使用歇后语来凸显其拥有的高超汉语技艺。然而，在舞台表演不经意的段落，女乘务员用英语喊出了整齐划一的"Yes, Sir"，与作为背景音乐的英文歌曲WAKAWAKA、郑老师身上的西装一起，共同塑造一个潜藏的"西方"形象。

索绪尔说过："语言对思想所起的独特作用不是为表达观念而创造一种物质的声音手段，而是作为思想和声音的媒介，使它们的结合必然导致各单位间彼此划清界限。"① 语言乃是人与外部世界关系的媒介，它每一个点滴的操作都隐含着思想性和社会性的基础。英语已经成为春晚舞台上的"第二语言"，甚至是更"通用"的语言。当春晚主持人与表演者交流的时候，不管其国籍如何，多使用英语。2017年的杂技《双花争艳》，其中的外国表演者来自乌克兰，但是主持人仍使用英语与其沟通。2009年的小品《北京欢迎你》，围绕着两位过"志愿者"瘾的老人展开叙事，以三组人（韩国人、西方人、广东人）问路来推动情节，其主题是"人人为奥运"。有趣的是，节目无形之中维护了英语的主导地位。第一次问路的解决，是因为韩国人（由中国演员扮演）说出了英文中卫生间的缩写"WC"；第二次问路的失败，恰恰是因为两位主人公不会说英语，直至真正的志愿者操着流利的英文出现后，才得以圆满解决。

语言的地位与叙事的策略糅合在一起，隐含讲述了一种国际关系的等级体系。在中华文化的传统观念里，中华文明位于天下的中心，波及四夷，最远处则是文明未能触及的"化外之地"，而近代地理大发现之后，西学东渐，逐渐将西方文明置于顶端，东方文明成为"半文明"，非洲、大洋洲乃至其他土著地区成为"化外"，形成了新的世界文明等级体系②。春晚所屈从的是否是

---

① 索绪尔. 普通语言学教程［M］. 高名凯, 译. 北京: 商务印书馆, 1980: 157–158.
② 刘禾. 世界秩序与文明等级: 全球史研究的新路径［M］. 北京: 生活•读书•新知三联书店, 2016.

这种现代文明认知？在既有框架之外，是否又带来新的挑战，乃至寻找新的理想？

四、结语："媒体天下"

20世纪80年代初至今，央视春晚（乃至整个中国电视业）伴随着改革开放的进程，彼此勾连，交光互影。在某种意义上，春晚舞台上的种种符号和叙事正是当代中国社会的缩影，也是中国面向世界构建认知体系的缩影。随着越来越多不同肤色、不同语言的外国人进入中国的认知视野，如何再现他/她们的形象、讲述他/她们的故事，成为春晚这一宏观社会叙事必须面对的主题。

理解春晚的关键，是把这一文化制品放置在特殊的时空场景与社会语境之中，把握三重交织。第一重是物理时空，包括时钟/季节时序转换和家庭空间聚合，它借助春节的长久传统，围绕观看春晚的活动，重新打造团圆的民俗；第二重是社会时空，包括社会时间的总结与央视舞台的统合，将家庭的团圆延伸为国族的团圆；第三重是"大时空"，强调历史时刻的铭记与国界的消融，重新建立内与外、国与天下的联系。电视作为时空媒介、家庭媒介、大众媒介，成为三重时空交织的中心。

具体到这三重时空交织中的外国人形象，春晚涉及两个叙事操作。一是春晚的核心叙事，即"家—国—族团圆"，外国人形象也被纳入这一符号秩序之中。从漂泊归家的游子到渐慕华风的友人（包括"中国通"和"异域文化使者"），再到自我投射的他者，形成了家人与友人、主人与客人、自我与他者的角色关系序列。二是春晚在中国变迁进程中所提炼出的"现代化文明转换"，将中国传统文明与现代化文明相融合，在世界秩序中讲述了现代化的波状传递，并且把所谓现代性植入中华文化的机体，使之成为新基因。最终通过电视媒介的强大辐射力，构建了一个新的"媒体天下"，在其中"天下无外"，只是根据新的文明接受程度的高低成就了新世界体系。

从文化输出观走向文化互惠观：透过"韩流"思考中国的国际传播*

韩流几经起伏，在其影响力扩展到全世界的同时进入一个平台发展期。传统的韩流产品，如电视剧、真人秀、电影、流行音乐和网络游戏等形成了庞大的产业，新兴产品，如网漫（webtoon）也在开疆辟土，其杠杆效应更延伸到旅游、美容、时尚、食品和电子产品等领域。

韩流文化在全球的成功起步于中国，实际上"韩流"（Hallyu）这个词正是由中国报刊首创。它在中国引发热潮，也不断引起争议，这在中文的韩流研究文献中体现得尤为明显。好之者津津乐道于其独特的文化特色与成功的市场策略，厌之者则对其审美、意识形态和商业运作中的种种套路大加批评。在国际传播领域，一方面，"警惕韩流入侵"的声音不断涌现；另一方面，论者也试图借鉴甚至复制其全球成功的经验。近年来，随着中韩关系的不断变化，中国舆论对韩流的心态也更为复杂。

在当前风云变化的世界局势下，中国正以"人类命运共同体"为思想旗帜开展国际传播，此时应当如何对待韩流？在复杂的舆论心态中，有什么样的纠结点和矛盾之处？这能给中国影视"走出去"的策略与行动带来什么启发？本文以中国知网（CNKI）中有关韩流的文章为具体的研究资料，对过去二十余年间的中文韩流学术研究进行回顾与综述，分析其中折射的纠结心态及其背后的"文化输出"迷思，并以"文化互惠"为基本视角，就中国自身

---

* 本文原载于《现代视听》2020年第9期，与胡亚楠合作，收入本书时有改动。

的国际传播实践在价值观、内容和传播渠道三个维度提出新的战略性思维。

一、中文韩流研究二十年

1997年，中央广播电视总台影视频道播出了韩剧《爱情是什么》，收视率高达4.2%，成为当时最受欢迎的电视剧。随后，《蓝色生死恋》《冬季恋歌》《浪漫满屋》等主打爱情题材的韩剧相继取得成功，韩国流行音乐、偶像团体和流行服饰迅速跟进，形成了新的时尚风潮。

1999年11月19日，《北京青年报》最早使用"韩流"一词来形容韩国流行文化在中国的盛行。随后，这个词被用来形容一切与韩国有关的流行性现象或冲击性影响，从韩剧、韩国流行音乐到电子等实体产业，再到韩国足球、围棋等，不一而足。2000年，胡泳在《互联网周刊》上发表了《数字化"韩"流》一文，虽然是一篇新闻报道，但已存在一定的学术性。第一篇真正的学术文章是在2001年《当代韩国》冬季号上发表的《韩国文化在中国，中国文化在韩国——为深化韩中文化研究所作的提案》，作者是韩国高丽大学教授李充阳，由赵莉翻译。[①] 这篇文章所提倡的观点是中韩文化的双向交融，文章本身也是中韩学术交往的成果。这一起点颇具象征意味，在随后的中文韩流研究中，不乏韩国学者贡献的学术成果，也有中韩学者共同研究的成果。

从1999年到2019年的二十年间，"韩流"从一个新鲜的生造词逐渐变成现象级流行语，再逐渐转化为固定名词并被挪用至其他领域，这个过程中已拥有了自己的语言生命。笔者将时间限定在2000年1月1日至2019年12月31日，在中国知网中以"韩流"为主题关键词进行检索，共发现1300余篇文章，去除内容不相关的文章后还剩997篇。大多数文章是学术期刊、学术会议及硕博论文，也有一部分是报纸和非学术期刊文献。这些文章反映出中国社会在过去二十年间对于韩流的兴趣变迁与思考状况。

[①] 李充阳，赵莉.韩国文化在中国，中国文化在韩国：为深化韩中文化研究所作的提案［J］.当代韩国，2001（4）：43-45.

从发展历程来看，中国对韩流的研究热度起起伏伏，先后出现过两次高峰期，由此可分为五个阶段。第一个阶段（2000—2004年）是研究起始期；第二个阶段（2005—2008年）出现了一个研究高峰；第三个阶段（2009—2013年）热度降低，文章数量回落到波谷；第四个阶段（2014-2016年）形成新的高峰；到了第五阶段（2017年至今）再次陷入波谷，2019年发表的相关文章数量甚至不及一些起始年份。（见图1）

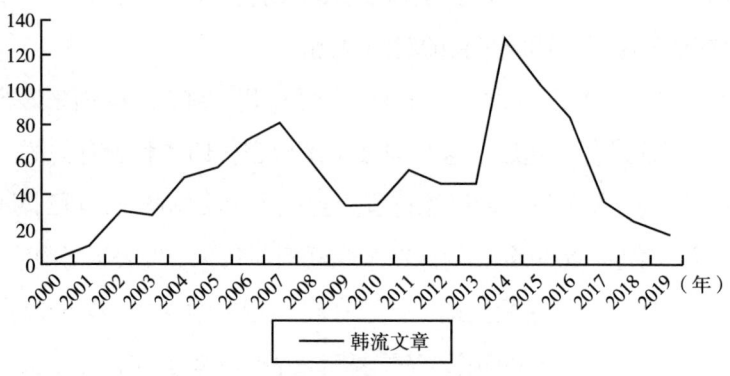

图1　中国韩流研究的发展历程

这种变化与韩国国内以及国际学界对韩流研究的热度变化是非常相似的。洪锡京等对国际韩流研究的英文文献进行了大数据分析，发表了题为《韩流研究的学术图景：国际韩流研究的学术话语分析》一文①，该文分析了2004-2016年发表的217篇英文韩流研究文献，指出了国际研究与韩国国内研究的两个相关性：第一，两者的发展态势是比较相似的；第二，国际研究比韩国国内研究有1~2年的滞后期，但这个滞后期在逐渐缩短。可以看出，中国的韩流研究同样有类似的曲线，存在一个短暂的滞后期。

---

① HONG SK, PARK S, PARK D, et al. Geography of hallyu studies: analysis of academic discourse on hallyu in international research [J].Korea journal, 2019, 59（2），111–143.

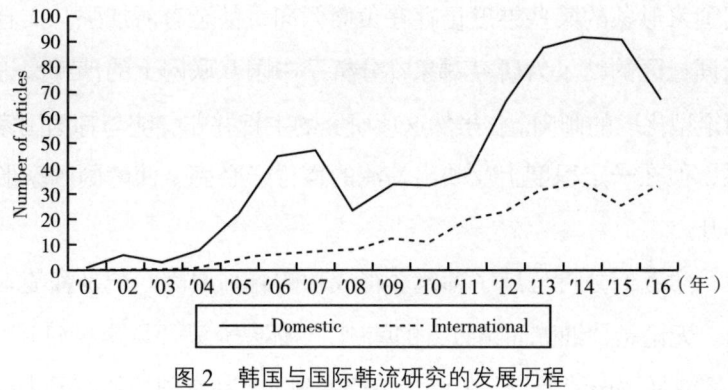

图 2 韩国与国际韩流研究的发展历程

二、"韩流"研究中的国际传播问题

中国影视艺术、文化产业和国际传播等领域的研究者一直对韩流颇为关注。就国际传播领域而言,很多学者都注意到韩流与国际传播、国家形象、两国关系等方面的相关性,这里有四个讨论点值得关注。

首先,学者们普遍认为韩流在提升韩国的国家形象上具有正面效果。刘宝全认为:"韩流已然成为韩国文化外交的重要方式,不仅塑造了韩国的文化形象,也提升了韩国的国家品牌形象,扩大了韩国在世界上的影响力"。① 尹悦则认为韩流"对我国广大观众的思想也造成了潜移默化的影响。韩剧成功地打入中国市场,体现了国家软实力的有效展现和传播,使韩国的国家形象大幅度提升"。② 在公共外交、文化外交、国家形象提升、文化软实力等概念的指引下,类似言论比比皆是,但这大多来自研究者们的主观观察与推测,实证资料较为匮乏。虽然全贞花、李盛楠针对河南大学生对 K-POP(韩国流行音乐)的接受程度进行调查,使用与国家形象相关的量表进行检测,然而并未对国家形象效果提出明确的结论。③ 实际上,韩流在中国盛行多年多年之

---

① 刘宝全.韩流在中国的传播及其对中韩关系的影响[J].当代韩国,2014(1):67-81.
② 尹悦."韩流"跨文化传播的成功对中国的启示[J].长治学院学报,2012,29(3):54-56.
③ 全贞花,李盛楠.K-POP受欢迎的因素对韩国国家形象的影响研究[J].广告大观(理论版),2016(2):26-32.

后，韩国国家形象的某些维度仍存在负面倾向，甚至有所加强。文春英、刘小晔以天涯社区的帖子为研究对象，分析了中国互联网上的涉韩舆论，指出了"负面定型化"的倾向。[①]虽然这项研究的主旨并非韩流与韩国国家形象的因果关系，但在一定程度上反映出韩流的盛行未必完全使韩国国家形象得到总体性提升。

其次，学者们分析总结了韩流获得成功的各种原因。一是韩流本身的文化创造力。无论是"细腻而精致"的韩剧，[②]还是充满"悬念和细节"的韩国综艺，[③]抑或是"持续创新"的韩国流行音乐，[④]都有独特的符号表征、叙事手法、内容模式以及文化风格，这些正是韩流吸引力的源泉。二是来自国家力量和资本市场的双重支持。文春英、刘小晔将韩流与国家战略、经济利益等硬实力相联系，认为"利益驱动下的实用主义，与国家主义的结合，促成了韩流与国家声誉的融合"。[⑤]除了国家政策的有力扶持之外，韩流中的经济策略更是被众多学者津津乐道。三是文化关系因素的影响。文化混杂、文化接近性、文化全球化、文化折扣、多元文化等概念被普遍使用。孙海龙认为，韩流是一种混杂的文化形式，"氤氲着儒家传统余韵又兼具美国性与日本性"。[⑥]韩国与中国以及东亚的其他国家和地区之间的文化接近性是其获得成功的关键，如马建高认为中韩文化的接近性是"韩剧热播的深层文化动因"。[⑦]总之，韩流是一种非单一、非定型、非独占的文化形态，它的流行与否也往

---

① 文春英，刘小晔.中国民间网络舆论中的韩国国家形象［J］.对外传播，2012（8）：54-56.

② 操慧，刘亚峰.韩剧启示录：兼论对国产现实题材电视剧走向世界的借鉴意义［J］.中国电视，2004（1）：66-69.

③ 郑稳稳.用悬念和细节打造强势吸引力：韩国电视娱乐节目故事化分析［J］.声屏世界，2007（8）：62-63.

④ 滕青.流行音乐中"韩流"现象之反思［J］.哈尔滨工业大学学报（社会科学版），2010，12（1）：148-152.

⑤ 文春英，刘小晔."韩流"是否是国家意识推动的结果？——从《来自星星的你》热播看韩国文化产品与国家软实力［J］.对外传播，2014（4）：18-19.

⑥ 孙海龙.透过《江南style》的流行看中国的文化战略选择［C］.韩国研究（第十二辑），浙江大学韩国研究所，2014：421-436.

⑦ 马建高.跨文化传播的成功典范：当代"韩剧热"现象孕生的文化语境探讨［J］.艺术百家，2008（2）：152-156.

往取决于文化参与者之间的关系是否密切。四是媒体迭代的助推。孙佳山指出:"国家培育和新媒体是韩流快速发展过程中的两大关键词,在国家的支持下,韩流顺利踩上新媒体发展的节点,最终实现跨越式大发展。"[1]学者们对这些成功因素的汲取,其背后是学习、借鉴、模仿的意图。

再次,承前所述,学者们试图从韩流中获得启示与借鉴,从而推动中国文化"走出去"。在有关韩流的文章中,题目中同时含有"韩流"和"启示"两个词的至少有33篇。韩流在中国及在全球的成功为中国国际传播树立了标杆。杨希、朱田媛认为:"中国盛行的韩流,为中国文化的海外传播提供了全新的方向与视觉。"[2]朴光海详细分析了韩流中的文化构成,评估了传统文化与现代文化、韩国本土文化与儒家传统/日本文化/西方文化的影响,并指出"韩流的经验告诉我们,发展现代化,要立足于本民族传统文化,在继承、发展和创新传统文化的基础上,努力实现现代化"。[3]另外,学者们还提出了各种与"韩流"对应的名词,如"汉潮""汉风""华流""华风"等,这些概念并未定型,在一定程度上反映了中国流行文化"走出去"还未成气候,因此相关学术概念也未形成共识,但其模仿和借鉴韩流的色彩是非常明显的。

最后,在有关韩流的国际传播研究中一直存在批评和负面声音,"警示""反思""冷思考"在文章题目中经常可以见到。常见的负面批评主要有三种。第一种批评认为韩流现象只是昙花一现。2004年、2009年、2013年前后,就有文章认为韩流的流行已经结束,如朴光海在2003年指出,就像20世纪80年代初的日本文化、20世纪80年代中期至20世纪90年代初的港台文化一样,"韩流的流行可以说也基本接近尾声了"。[4]不过,随后迎来的往往是新

---

[1] 孙佳山.是什么在推动韩流"走出去"[N].环球时报,2020-02-13(12).
[2] 杨希,朱田媛.韩流传播模式对中国文化海外传播的启示[J].四川省干部函授学院学报,2014(3):36-39.
[3] 朴光海.韩流的文化启示:兼论韩流对现代社会生活方式的影响及其文化根源[J].国外社会科学,2011(4):98-104.
[4] 朴光海."韩流"在中国的波及与影响[J].当代韩国,2003,(Z1):71-75.

一轮韩流热潮。朴光海在2011年的另一篇文章中重新评价,说"韩流在中国盛行已经有十多年的时间"。①第二种批评则认为韩流是一种有害于中国本土文化的外来文化,甚至有学者称之为"文化入侵"。②③第三种声音则聚焦于"反韩流"或"抗韩流"等文化现象。刘宝全梳理韩流在中国传播的历史变迁时,认为"反韩流"现象固然有中韩两国意识形态领域冲突的原因,但"更深层次的原因在于双方经济利益和国家'软实力'的竞争"。④

"竞争"可以说一语道破了韩流研究背后的纠结心态,而这种心态恰恰在中文韩流研究的学术图景上投射出奇特的悖论。一方面,"韩流"在美国文化霸权的笼罩下获得全球成功,似乎使得中国文化看到希望;另一方面,我们又不愿看到韩流在中国过于顺利地攻城略地,甚至因为其"降温"而暗自松口气。我们既提倡借鉴韩流国际传播的成功经验,又呼吁重视韩流引发的文化入侵等问题。"韩流"对中国社会的影响力越大、流行度和美誉度越高,就越容易引发国人对"文化入侵"的警惕和"反韩流"的呼声。反过来,中国学者又试图从中汲取经验,对包括韩国在内的世界各国施加文化影响,却未考虑如果中国文化在当地取得成功,是否会引发类似的抵制与反抗。"己所不欲,勿施于人"的原则似乎被抛诸脑后。这种"内外有别"的双重标准从根本上还是源自一种竞争心态,在"自我"与"他者"的二元对立之下追求自我利益最大化。凝聚在有关韩流的国际传播研究中,则形成了一种聚焦于"文化输出"的研究模式。

当然,不同学者有不同观点,此处分析的纠结心态不见得会同时存在于每篇文章中,也有学者从更深的思想层次做了剖析。赵津晶认为21世纪文化的流动具有超方向性的特点,韩剧的流行正加速世界文化单向传播模式的瓦

---

① 朴光海.韩流的文化启示:兼论韩流对现代社会生活方式的影响及其文化根源[J].国外社会科学,2011(4):98–104.
② 陆高峰.警惕"韩流"文化入侵[J].声屏世界,2007(6):66.
③ 贾小霞.浅谈韩流的文化侵略[J].科学之友,2010(21):109–110.
④ 刘宝全.韩流在中国的传播及其对中韩关系的影响[J].当代韩国,2014(1):67–81.

解。① 刘小丹和朱玮以阿帕杜莱的理论为框架，分析了韩流中的"亚洲想象"，由此提出了文化国际传播的"共鸣"问题。② 张涛甫则引入了历史视角，对中韩文化的"易势"与"反哺"加以讨论，虽然没有摆脱文化输出框架，但已然具有更高的文化格局。③ 当我们谈论韩流时，我们在谈论什么？韩流只是"表"，对中国国际传播的关切才是"里"。在有关韩流的中文国际传播研究中，普遍存在"文化输出"的迷思，其背后隐藏的是"竞争"这一现代性的核心症候，学者对此应当进行系统的反思。

三、超越"文化输出"迷思

曾几何时，"文化输出"在中国舆论中是具有负面意味的，它常用来指称美国文化占据全球主导霸权地位的行为，往往带有一定批判色彩。但在 21 世纪初，随着全球权力转移与文化变迁，这一提法悄然褪去了负面色彩，成为中国文化"走出去"的口号之一。王岳川在此期间发表了一系列文章，力图重新"发现东方"，实现中国的"文化输出"，这对相关思潮起到了助推作用。④⑤ 如今，文化输出已渗透进主流媒体和主流学术的话语体系中，它将文化从沟通交流的工具转化为国力竞争的组成部分。在有关"韩流"的国际传播研究中，这种思潮也屡见不鲜，并成为前述纠结心态的主要来源。

我们应当对"文化输出"的观念提出审视。文化是单向"输出"的吗？如果它的目的是提升国家形象以进一步赢得国际支持，那么文化传播与国家形象两者间的关系，是线性的因果关系吗？这背后是否有意识形态的陷阱？

---

① 赵津晶. 从韩剧世界范围的流行看当代文化传播的超方向性 [J]. 现代传播（中国传媒大学学报），2007（6）：66-68.
② 刘小丹，朱玮. 韩流与"亚洲"想象 [J]. 浙江传媒学院学报，2013，20（3）：97-101，132.
③ 张涛甫. 跨文化传播中的"文化反哺"：兼论"韩流"现象 [J]. 当代传播，2016（3）：27-30.
④ 王岳川. 发现东方与中国文化输出 [J]. 解放军艺术学院学报，2002（3）：5-12.
⑤ 王岳川. 新世纪中国身份与文化输出 [J]. 广东社会科学，2004（3）：5-13.

回过头来看，当我们谈论"文化输出"的时候，是否反而对中国文化的国际传播不利？

文化从来都是双向交流的。从简单的原理上来说，文化是信息性的，而非物质性的。信息可以在不减少自己持有的状况下进行分享，它的每一次传播都是一场符号互动。如果没有读者，作者只能对空言说，更何况互联网时代的内容生产早已是生产与消费的合一。这意味着文化传播从来都是双向的。从更长的历史上来说，那些熠熠生辉的文明中心从来都具有兼容并包、海纳百川的性质，在向外输送文化成果的同时吸纳外来的文化因子，唐朝就是典型的例子。

全球化最令人担忧的一点是其导致的文化同质化，尤其是"美国化"，它意味着霸权文化对地方文化火种的侵蚀。但从其他方面来看，文化又是扎根于地方性的东西，除非是种族灭绝，否则它多半"野火烧不尽，春风吹又生"。印度裔文化理论家阿君·阿帕杜莱（Ajun Appadurai）认为同质性只是幻觉，我们更应注目于差异化。① 他从五个维度——种族景观、媒介景观、技术景观、金融景观、意识形态景观来观察文化流动，这就使得全球文化更像一个变化不定的万花筒，即使以好莱坞为代表的美国流行文化也难免在各地遭遇抵抗，不得不体现出包容性，或者任由本地文化挪用。韩流也不例外。

韩流文化的最明显特征就是它的混杂性（cultural hybridity）。韩剧中蕴含的儒家文化要素使它容易被中国观众所接纳，而韩国流行音乐（K-POP）则形成了与嘻哈文化（Hip-Hop）的对话，使得其偶像团体受到欧美年轻人的欢迎。以韩剧《请回答1988》为例，它于2015年在韩国播出，并于2016年被爱奇艺引入中国播放。豆瓣网站上，55万用户打出了9.7分的高分（满分10分）。有趣的是，该剧第一个镜头讲的却是20世纪80年代末对韩国流行文化影响最大的一部香港电影——《英雄本色2》。且不说源远流长的儒家文化，即使是近代我国香港电影也对韩国流行文化影响匪浅。

---

① 参见 https://en.yna.co.kr/view/MYH20140704009900315。

从文化输出观走向文化互惠观：透过"韩流"思考中国的国际传播

回顾中韩建交以来"韩流"在华的发展史，我们会发现，与其说"韩流"对韩国国家形象及中韩关系有重大影响，不如说"韩流"嵌入两国的关系之中，随着它的变化而起伏。刘宝全经过对短期历史的综合考察后指出："韩流在中国的传播、发展与中韩建交以来的政治和经贸关系的飞速发展是相辅相成的。"[1]2014 年 7 月，习近平及其夫人彭丽媛出访韩国时，两国文化元素频频出现在相关外交活动中，既有在两国都备受欢迎的围棋，也出现了中国歌曲《在希望的田野上》，还涉及《来自星星的你》等韩剧流行文化；[2]而 2017 年"萨德事件"之后，两国关系一度降温，使得"韩流"在中国亦受影响。所以，文化"走出去"对于一个民族和国家固然重要，但它并非决定性的，外交、政治、经贸等多方面因素都在制约着文化的接纳。

因此，文化很难实现单向的"输出"，往往会体现出相互影响的混杂性，同时，它试图达成的目标受到宏观因素的牵制。更重要的是，文化输出与"软实力"等概念相呼应，实际上源自"竞争"这一资本主义最大的意识形态，因此使得后继者容易陷入既定的规则陷阱。文化产品固然已成为贸易的重要品类，但文化的国际传播绝不应仅仅遵循市场原则，这也是"韩流"在国际传播中最为人诟病的地方，市场竞争的获胜并不意味着文化的成功。文化应当成为彼此理解的桥梁，而不是获利的商品，更不是霸权的武器。另一个值得警惕的问题是，中国的崛起引发以美国为首的西方国家的抵制，很多正常的国际文化交往与交流被冠以"锐实力"之名，如果再高调谈论"文化输出"，恐怕会授人以柄。

总之，文化的国际传播不是一场"零和游戏"，思考中国文化走向国际，我们应当摒弃单向传播思维，注重交流与共享，从"文化输出观"走向"文化互惠观"。

---

[1] 刘宝全. 韩流在中国的传播及其对中韩关系的影响［J］. 当代韩国，2014（1）：67-81.
[2] APPADURAI A. Modernity at large：cultural dimensions of globalization［M］. Minneapolis，Saint Paul：University of Minnesota Press，1996.

四、走向国际传播的文化互惠观

在根本性的层面上讲，"文化互惠"（Cultural Reciprocity）谈不上什么新概念。如今的中韩关系之历史渊源，很大一部分建构在曾经的儒家文化纽带和"朝贡体系"之上，而朝贡体系并非单纯的宗主国与附庸国，更非经济上的盘剥，而是两国之间的一种互惠体系。近代以来，在许多文化实体之间都存在"互惠性"（reciprocity），人类学家更做了大量讨论。然而，自从资本主义殖民在全球开展以来，以民族国家为主体的国际竞争瓦解了互惠的基础，而当互联网重新划定全球文化地理疆界之时，在中国力图以"人类命运共同体"为旗帜开展国际传播的时刻，我们是否可以重归文化互惠的道路？

笔者在之前的研究中已经试图经由不同侧面构建一种互联网时代的全球文化互惠观及相应的国际传播秩序观，①②③④ 本文再试图用六个字加以讨论。

第一，"同"与"通"。

康有为在《大同书》中力图打通儒、佛、耶三教，建立一种文化的"通"论，这代表了古老中国向现代转型时的一种文化选择；费孝通则用"各美其美，美人之美，美美与共，天下大同"提出了文化自觉的观点。当马克思主义的国际共产主义与中国传统的大同理想相遇，是否可以在东西方文明的交界点找到文化沟通的可能性？

第二，"公"与"共"。

虽然"普世价值"是一种幻象，但走向全球的文化内容理应具有公共性。

---

① 张磊.走向人类命运共同体：历史视角下的全球传播秩序变迁与重建[J].国际传播，2019（2）：1-9.
② 张磊，胡正荣.帝国、天下与大同：中国对外传播的历史检视与未来想象[J].南京社会科学，2015（6）：117-122.
③ 张磊，胡正荣，王韶霞."软实力"概念在中国的挪用与流变：基于学术话语、媒体话语和官方话语的分析[J].郑州大学学报（哲学社会科学版），2015，48（1）：181-186.
④ 张磊，胡正荣.在互联网环境中重寻"世界信息与传播新秩序"[J].杭州师范大学学报（社会科学版），2014，36（5）：102-106.

在全球的文化图景中,文化一方面应当否决私有制,将自己的文化独特性作为公有价值分享;另一方面应当超越敌意而展开对话,革新必须在公开而开放的文化讨论中才能进行。从这个意义上来说,中国的文化内容产品应当努力成为当代全球共同文化经验的组成部分。

第三,"融"与"荣"。

互联网和数字时代的媒介使得融合文化(Convergence culture)成为显在潮流,它打通了各种界限,使线性关系退出历史舞台,包括传与受、旧与新、物质与信息、虚拟与真实等二元对立关系都重新获得审视。李展曾经将"一带一路"倡议与康德的"永久和平论"两相对比,提出"永久繁荣"的观点。① 全球的融合文化是否也将有助于推动永久和平与永久繁荣的历史进程?

这些是抽象的原则与理念,仍期待着转化为策略与行动,当我们面对"韩流"产生纠结心态的时候,意味着中国国际传播还在探索之中。超越文化输出观,走向文化互惠观,与包括"韩流"在内的世界文化进行丰富而广泛的对话,将使中国为世界带来新的价值。

---

① 李展."一带一路"倡议与康德"永久和平论":对话与超越[J].国际传播,2017(6):22-31.

从国礼到情感纽带：国际传播史视野下的熊猫外交*

2024年1月23日，外交部发言人汪文斌在例行记者会上回答记者提问时证实，旅韩大熊猫福宝将在年内返回中国。旅韩大熊猫福宝一家曾因为饲养员的精心照护和社交媒体的广泛传播，成为维系中韩民间关系的一根纽带，如今再一次引发国内外的大规模关注。中国的大熊猫在国际舞台上被又一次置于聚光灯之下。实际上，早在社交媒体兴起之前，大熊猫就因憨态可掬且异常珍稀，受到全世界的广泛关注和喜爱，是中国与世界各国进行交往的重要纽带。

大熊猫在步入国际舞台之初，曾经历过一段黑暗的历史。1869年法国传教士阿尔芒·戴维（Armand David，一译谭卫道）将大熊猫的皮毛标本寄往法国。众多国外冒险家蜂拥而至，或捕杀大熊猫以获取皮毛制作标本，或将活的大熊猫走私运出中国。直到新中国成立后，才彻底禁绝外国人在中国肆意猎捕大熊猫的行为，同时逐渐建立了以友谊为目标的"熊猫外交"。本文通过梳理大熊猫跨国旅居的历史脉络，分析相关媒体报道及其文化意涵，思考大熊猫在中国国际传播中所体现的价值。

---

* 本文原载于《国际传播》2024年第2期，与纪君奕合作，收入本书时有改动。

一、政府外交：作为礼物的熊猫

早在 1941 年，国民党政府向美国赠送了两只大熊猫，以致谢美国对中国抗日战争的支持；之后向英国赠送了一只大熊猫，以获得赴英留学生的名额。彼时"熊猫外交"已初露端倪，但直到 1949 年新中国成立后熊猫外交才逐渐成型，1982 年大熊猫的海外旅居从政府外交走向公共外交领域。

（一）兄弟情谊：中国与社会主义国家的熊猫外交

新中国成立后，苏联多次表示对中国大熊猫抱有浓厚的兴趣，但中国一直对向外国赠送珍稀动物，尤其是大熊猫，持非常谨慎的态度。直到 1957 年，苏联最高苏维埃主席团主席伏罗希洛夫访问中国，请求中国能够赠送大熊猫。中国最终决定以时任北京市市长彭真的名义将"平平"和"碛碛"以"国礼"的形式赠送给苏联政府和苏联人民。这是新中国第一次向其他国家赠送大熊猫，而 1957 年这个时间节点也具有特殊的历史意义——中苏关系在 20 世纪 50 年代后期走向紧张，中国希望以大熊猫为媒介缓和中苏矛盾。[①] 此后，苏联方面误认为平平和碛碛均为雄性，故把碛碛退回中国以交换"安安"，事实是平平和安安均为雄性，而碛碛确为雌性，并在之后改名为"姬姬"，后辗转去往英国，成为世界自然基金会标志的原型。

1965 到 1980 年，中国向朝鲜赠送了五只大熊猫。1959 年，中朝双方开始互赠动物。朝鲜平壤中央动物园在 1963 年 7 月和 1964 年 7 月先后向北京动物园赠送了两批珍稀动物，这也是北京动物园自建国以来接受的最大规模的赠送。作为回礼，中国在 1965 年首次向朝鲜赠送了两只大熊猫。1971 年金日成访华后，中国外交部决定再次向朝鲜赠送两只大熊猫"凌凌"和"三星"。1979 年，因之前赠送的一只大熊猫死亡，中国又赠送了一只雄性大熊猫

---

① 刘晓晨．从东方到西方：冷战背景下中国的熊猫外交［J］．近现代国际关系史研究，2014（2）：192-212．

"丹丹"。①

中国向苏联、朝鲜赠送大熊猫,是基于"社会主义国家兄弟般的友谊",并且极大程度上受国与国、党与党之间关系的影响。遗憾的是,相关新闻传播档案的搜集和梳理仍是空白,当时中国大熊猫在苏联和朝鲜引发的舆论反响尚不为人知。

(二)破冰:中国与美国等西方国家的熊猫外交

1972年2月22日,时任美国总统尼克松访问中国的第二天,《纽约时报》发表了一则新闻,标题为《尼克松夫人参观北京饭店的厨房》,这篇文章第一次提及中国将向美国赠送大熊猫。"在参观过程中,尼克松夫人透露了周恩来总理将要送给美国两只大熊猫,作为尼克松送给中国两只麝牛的回礼。"② 23日,《纽约时报》头版头条报道了尼克松访华的行程,其中提到"快速地看了一眼中国政府将要送给美国动物园的大熊猫,尼克松夫人对着其中的一只说'你好'……"③ 当天的《纽约时报》第15版则更加详细地介绍了尼克松夫人参观北京动物园的过程。"昨天,尼克松夫人参观了北京动物园……她引用中国总理周恩来的话:'你们送给了我们麝牛,我们会把大熊猫送上你们的飞机。'……她似乎很高兴看到憨态可掬的大熊猫,并说:'它们真漂亮!'"④

相关报道立即引发了美国民众对即将到来的大熊猫的期待,同时,民众纷纷猜测,究竟哪家动物园能够得到这两只大熊猫。⑤ 2月29日,《纽约时报》头版刊登了《美国的动物园争夺大熊猫》一文,称中国赠送的两只大熊猫在美国的动物园间"搅起了一场礼貌的战争"。⑥ 最终,位于华盛顿特区的美国国家动物园胜出,大熊猫"兴兴"和"玲玲"来到了美国国家动物园,

---

① 刘晓晨.从东方到西方:冷战背景下中国的熊猫外交[J].近现代国际关系史研究,2014(2):192-212.
② Mrs.Nixon tours Peking Hotel kitchen[N].New York Times,1972-02-22(16).
③ Reporter's notebook:all Peking's a stage[N].New York Times,1972-02-23(1).
④ Mrs.Nixon witnesses acupuncture at commune[N].New York Times,1972-02-23(15).
⑤ Toy makers gear for panda craze[N].New York Times,1972-03-06(11).
⑥ American zoos vying for 2 gift pandas[N].New York Times,1972-02-29(1).

并在接下来的一年中为其增加了一百万人次的游览量。① 兴兴和玲玲很快成为媒体宠儿,《纽约时报》两次把它们登在头版,称它们"把人们的心都萌化了"。②③ 许多人甚至排一夜的队,只为看上一眼大熊猫。它们的一颦一笑成为媒体关注的焦点。④ 大熊猫收获了美国民众的喜爱,掀起了一场"熊猫热"(Pandamonium)。⑤ 有人说,比起完全称不上优雅的麝牛,大熊猫的到来是如此地激动人心。⑥

20世纪70年代,在中美关系破冰的关键时刻,"熊猫外交"与"乒乓外交"一起,为两国关系的改善和实质性发展作出了重要贡献。其良好国际传播效果的达成有赖于四个元素:一是政治人物带来的"高光",尼克松夫妇和周恩来总理极大推动了美国民众对大熊猫的关注;二是西方主流媒体的高强度报道,《纽约时报》等美国报纸多次在头版刊登相关配图文章;三是世界期待冷战结束的普遍心理形成了国际舆论对中国"熊猫外交"的底色;四是这一时期恰逢西方各种自然和动物保护运动的萌生,大熊猫在一定程度上加入了这场热潮之中。

1972年之前,中国和日本就曾进行过几次动物交换。⑦ 中日邦交正常化则为"熊猫外交"扫除了障碍。中国赠送日本的两只大熊猫"康康"和"兰兰"于1972年10月到达上野动物园,立即在日本民众中引起轰动,在上野街头随处可见大熊猫的塑像,用汉字写着"你好"字样的欢迎旗帜迎风飘

---

① Spending for pandas stirs jealousy at zoo [N]. New York Times, 1972-04-18 (43).
② New pandas melt hearts at national zoo [N]. New York Times, 1972-04-18 (1).
③ Pandas make the mselves at home in national zoo—visitors welcome [N]. New York Times, 1972-04-21 (1).
④ Panda watchers spend all night peering into cage [N]. New York Times, 1972-12-07 (39).
⑤ 这个词形似 Pandemonium(意为骚乱、群情沸腾),和"熊猫热"仅有一个字母的差别,是一种文字游戏。
⑥ COLLINS L R, PAGE J K JR. Ling-Ling and Hsing-Hsing: year of the panda [M]. New York: Anchor Press, 1973: 6-7.
⑦ 刘晓晨. 从东方到西方:冷战背景下中国的熊猫外交 [J]. 近现代国际关系史研究, 2014(2): 192-212.

扬。[1]康康和兰兰每天吸引30万日本民众前往参观。[2]此后，日本出现了长达50余年、一直持续至今的大熊猫热。

随后的几年中，大熊猫作为国礼被赠送给法国、英国、墨西哥、西班牙和联邦德国等国家。在世界舞台上，新中国同其他国家的关系逐渐改善，而随着大熊猫的出访，中国在各国人民心中的形象也逐渐生动立体，冷战背景下的刻板印象逐渐淡化，取而代之的是大熊猫的温和与友好。可以说，大熊猫在中国的外交事业和国际传播中发挥了非常重要的作用。

1941—1982年，共有27只大熊猫离开中国。其中，除姬姬外，其余26只均作为国礼赠送给其他国家。国民党政府向英国和美国赠送了3只大熊猫，中华人民共和国向社会主义国家赠送了7只，向西方国家赠送了16只。

二、公共外交：作为国际合作保护对象的大熊猫

1982年，由于当时大熊猫生存环境的恶化，以及响应保护濒危动物的全球性号召，中国政府宣布停止向外国赠送大熊猫。这标志着政治性赠送模式下"熊猫外交"的结束。然而，大熊猫并没有就此离开国际视野，反而从政府间外交走向更广阔的公共外交，在国际传播领域发挥更大的作用。从20世纪80年代到21世纪20年代，先后有近百只大熊猫走出国门或在海外出生，成为中国与世界沟通交往的桥梁。

（一）短暂的大熊猫国际租借

1984年，美国洛杉矶将要举办第23届奥运会，希望以"租借"的方式邀请大熊猫前往美国，于是北京动物园将两只大熊猫"永永"和"迎新"短期租借给洛杉矶动物园，这便是"大熊猫租借"的源头。永永和迎新在洛杉矶动物园备受瞩目，前来参观的游客把动物园挤得水泄不通。园方称："由于来

---

[1] 见日本广播协会（NHK）2016年的纪录片《熊猫来了！日本首次公开不为人知的大作战》。
[2] 兰兰和康康在日本[N].人民日报.1978-10-28.

了海量的观众,大熊猫将推迟两周时间回国。"①

此后,1984—1987 年,美国纽约、圣迭戈以及佛罗里达州的动物园都相继租借过中国的大熊猫,大熊猫也曾短期前往加拿大、日本、荷兰、比利时、爱尔兰以及澳大利亚等国进行商业性展出。但商业目的主导的国际大熊猫借展很快就结束了,取而代之的是以科研和保护为主要目的的大熊猫国际合作研究。②

(二)日益深入的大熊猫国际合作保护

1961 年,"世界野生动植物基金会"(World Wide Fund for Nature of World Wildlife Fund,WWF)成立,后更名为"世界自然基金会"。初生的 WWF 为了获得世界关注,扩大影响力,"重点在于制作出一个让人印象深刻且跨越语言藩篱的符号"。中国大熊猫成为首选,当时在伦敦红极一时的"姬姬"因此成为 WWF 标志草图的原型。③ 随着 WWF 的影响力不断扩大,其分支机构在各国落地,中国大熊猫的形象也在世界各地同动物保护联系在一起。

1980 年 6 月,中国环境科学学会同 WWF 签署协议书,确定建立大熊猫保护项目,兴建大熊猫研究中心,对大熊猫生态开展系统性研究。该项目标志着大熊猫国际合作保护研究的开始,此后,越来越多的国际组织或动物学会与我国开展了与大熊猫相关的国际合作,包括邀请外国专家学者来中国对"就地保护"的大熊猫进行生态研究,以及将大熊猫送到海外的合作机构展开"迁地保护"和其他生物学研究。随着大熊猫国际合作的不断深入,人们对大熊猫的研究和认知也逐渐加深。

2022 年 11 月的一项研究对大熊猫的研究文献进行了计量分析,发现在全球学术数据库 Web of Science 上有关大熊猫的文献在 1929-1981 年较少,仅

---

① Pandas extend coast visit [N].New York Times,1984-10-01(31).
② 石焱,梁宝君,李宏.我国大熊猫借展公益宣传现状研究[J].林业经济,2015,37(4):104-109.
③ 尼科尔斯.来自中国的礼物[M].黄建强,译.北京:生活·读书·新知三联书店,2018:91-92.

有 14 篇，自 1982 年文献数量开始增长；而在中国知网上，大熊猫的研究文献自 1980 年起明显增长，并在 1984—1991 年形成一个峰值，此后虽然有波动，但一直保持了线性增长。此外，在大熊猫研究领域，英文发文量排在前十的研究机构有三所为国外机构，即密歇根州立大学（6 篇）、史密森学会（8 篇）和圣地亚哥动物学会（10 篇）。①

截至 2024 年 1 月，旅居海外的大熊猫共有 57 只，绝大多数都是以国际合作保护名义出国的大熊猫及其海外繁殖的幼仔。据成都大熊猫繁育研究基地的数据，目前该基地和日本、美国、西班牙、法国建立了"大熊猫长期国际合作繁殖计划"，成功开展了大熊猫繁育、动物行为学和保护教育等多个领域的合作与研究，共合作繁殖大熊猫 15 只，取得了国际大熊猫合作繁殖产仔数量最多的优异成绩。②在四川都江堰繁育野放研究中心，一些归国的大熊猫幼仔成功完成野化训练，并最终回到野外自主生存。在中国与全世界友人的共同努力下，大熊猫保护卓有成效。随着野生大熊猫种群数量的逐渐增加，大熊猫的保护等级也从"濒危"（endangered）降为"易危"（vulnerable）。③

（三）讲好大熊猫国际合作保护的故事

多数大熊猫故事是通过学术著作和纪录片讲述的，值得注意的是，海外叙事者发出了极大声量。美国动物学家乔治·夏勒（George B.Schaller）曾参与 WWF 与中国的"大熊猫项目"，并将这段经历写成了《最后的熊猫》一书。④维基·克鲁克（Vicki Croke）在《淑女与熊猫》一书中回顾了西方人认识与了解大熊猫的历史。⑤伊莱娜·桑斯特（Elena Songster）则系统研究了大

---

① 李睿玫，刘定震. 大熊猫研究文献计量分析［J］. 生态学报，2022，42（21）：8902-8913.
② 成都大熊猫繁育研究基地. 国际合作［EB/OL］.（2013-01-10）［2023-05-17］.http：//www.panda.org.cn/china/cooperation/international/2013-01-10/56.html.
③ IUCN.Giant panda［EB/OL］.（2016-04-11）［2023-05-17］.https：//www.iucnredlist.org/species/712/121745669.
④ SCHALLER G B.The last panda［M］.Chicago：University of Chicago Press，1994.
⑤ CROKE V.The lady and the panda：the true adventures of the first American explorer to bring back China's most exotic animal［M］.New York：Random House，2009.

熊猫如何成为重要符号，并指代中国的国家形象。[①] 这些海外著述将生物科学与人文历史结合起来，与中国学者潘文石、胡锦矗等人的著作形成彼此呼应，反映了全球在动物保护方面的有效合作和努力。在纪录片方面，大熊猫一直是动物纪录片制作者热爱的主题。例如，2008年，美国国家地理频道拍摄了纪录片《大熊猫》。2012年，英国广播公司拍摄了讲述旅英大熊猫阳光和甜甜故事的《爱上大熊猫》（又名《大熊猫在英国》）；2015年拍摄了《熊猫宝宝》。2017年，日本放送协会拍摄了《熊猫回归山林·野放全记录》。2018年，日本还拍摄了讲述旅日大熊猫永明一家故事的《熊猫母亲的爱：成功繁殖背后的秘密》。2023年，中央广播电视总台与日本放送协会合作拍摄的《回家啦！熊猫公主香香》在中日均受到极大欢迎。至于其他涉及大熊猫的自然类纪录片，更是不胜枚举。总之，学术声音与纪录片影像交织在一起，为中国大熊猫的国际合作讲述了丰富的故事，对于中国在国际生物多样性保护运动中的形象建构大有裨益。

三、媒体外交：作为情感纽带的大熊猫

大熊猫备受世界各国人民喜爱，从真实的栖居地衍生出各种流行文化，成为引发全球性情感共鸣的源泉。大熊猫频繁成为国内外动漫和电影角色的灵感来源。例如，早在1972年康康和兰兰前往日本后，宫崎骏编剧的《熊猫家族》在日本上映，掀起了日本的熊猫热。2008年开始，美国好莱坞的《功夫熊猫》系列电影讲述了大熊猫"阿宝"成为武林高手的故事，在全球范围内风靡一时，并衍生出许多周边产品。

伴随着公共外交的开展，中国主动将大熊猫形象引入国际传播实践中，围绕大熊猫开展媒体外交，无论是在奥运会等全球性媒介事件中使用大熊猫作为形象代言人，还是借助慢直播等新媒体形式更生动和细致地讲好大熊猫

[①] SONGSTER E E.Panda nation：the construction and conservation of China's modern icon［M］.Oxford：Oxford University Press，2018.

故事，都取得了良好的传播效果。随着互联网的发展，丰富的大熊猫影像和故事在社交媒体上更加迅速和广泛地传播，进一步触发了全球共情。

（一）社交媒体上的大熊猫

随着互联网技术和媒体平台的不断发展，大熊猫成为社交媒体上的常客。

2013年，央视频联合成都大熊猫繁育基地推出iPanda熊猫频道，对基地内大熊猫的生活进行24小时/7天的全天候慢直播。这一频道在海内外互联网平台迅速爆火，收获了海量粉丝。截至2023年5月17日，YouTube上该频道粉丝量达1.22亿。随后，诸多拥有大熊猫的动物园都把大熊猫悠闲的生活日常在互联网上进行24小时慢直播。大熊猫慵懒、惬意的生活吸引了众多观众，而慢直播的陪伴性则让观众能够一边做自己的事，一边放着大熊猫慢直播"云吸猫"。

截至2023年7月9日，iPanda频道在成都大熊猫培育基地以及中国大熊猫保护研究中心的都江堰基地、卧龙神树坪基地、雅安碧峰峡基地、卧龙核桃坪野化培训与放归研究基地都开展了慢直播，共有19个频道、21个机位。在直播间的弹幕区域中，观众纷纷表达了自己的喜爱："天呐，太可爱了，我觉得不用出去旅游了，可以看两个月。"也有观众和导播积极互动："导播，熊跑了""导播，镜头往边上挪点。"轻松的互动氛围让刚进入频道的观众迅速融入场景，与其他观众进行交流，促进情感交流的良性循环。①

iPanda的慢直播频道界面设计同样独具匠心。慢直播的时间轴以10分钟记，且按大熊猫的日常作息划分出不同的时间段，不同的时间段标注了不同的内容，如7：30-12：00是"熊猫进食，玩耍嬉戏"，之后是"投喂餐点，熊猫抢食"，为观众提供了清晰明确的可观看内容。此外，iPanda慢直播频道是依托网站建立的，而网站进入的方法是通过全景模拟熊猫基地形成界面，观众在观看大熊猫前会先"经过"熊猫基地的大门，这样不仅增强了

---

① 康秋洁. 融合创新提升国际传播效能：以央视网熊猫频道为例［J］. 国际传播，2022（2）：89-96.

观众的体验感和现场感，也能更好地展示熊猫的生活环境。除上述的五个基地以外，动画版的地球上还标出了旅居世界 20 个国家的大熊猫动物园，点击进入后能够了解到大熊猫在海外旅居的轶事趣闻。这样的界面设计提升了大熊猫作为中国独特标识的国际传播力，并且与国外的各大动物园形成了联动。

依托 iPanda 频道，许多国际合作项目也得以开展。来自各个国家的 12 名志愿者成为"最萌体验官"，与大熊猫近距离接触。"柏林熊遇上大熊猫"中德双语网页邀请在华德国网红参观大熊猫馆，对中德熊猫缘展开国际传播。"云探班心上熊"和"筑梦冰雪，绿色冬奥"等活动借北京冬奥会与冰墩墩的热潮，拉近大熊猫与全球友人的距离，进一步推介 iPanda 频道。"我们共同的家园"网页则结合大熊猫保护、动物保护以及生物多样性，不仅向各国人民分享大熊猫保护的成就，同时关联了麋鹿、东北虎以及金丝猴等中国其他濒危动物，生产了丰富多彩的优质内容。①

大熊猫的慢直播被美国国家动物园采纳，Giant Panda Cam 用两个机位 24 小时直播大熊猫美香、天天和小奇迹一家的日常生活。2020 年，当美香怀孕，即将生下小奇迹时，美国报纸《今日美国》便结合了国家动物园的大熊猫慢直播进行新闻报道。"作为在美国受孕年龄最大的大熊猫，美香的生产既令人兴奋，又存在着难以预料的风险……观众们可以从国家动物园的官方网站上看到 24 小时的大熊猫直播。"②

旅外大熊猫同样成为社交媒体上的明星。旅韩大熊猫福宝居住在韩国爱宝乐园，爱宝乐园在 Instagram 上有 94.6 万篇帖子，基本上都是福宝一家的照片。③ 福宝的饲养员姜哲远自学中文，经常在社交媒体上跟粉丝们分享福宝

---

① iPanda. 滚滚专题［EB/OL］.［2023-05-17］https：//live.ipanda.com/event/index.shtml.

② MILLER R W.A giant panda at the national zoo is about to give birth. watch for these signs of labor on the "panda cam"［EB/OL］.（2020-08-18）［2023-05-17］.https：//www.usatoday.com/story/news/nation/2020/08/18/panda-cam-shows-pregnant-mei-xiang-national-zoo-how-watch/3392077001/.

③ 数据采集于 2023 年 5 月 17 日。

的视频和图片,与福宝一起直播。因为他对福宝的细心照料,粉丝们亲切地称呼他为"姜爷爷"。旅日大熊猫香香于 2023 年 2 月 21 日归国,它在日本时受到许多关注,日本网民也在社交媒体平台上对香香回家进行了热烈的欢送。他们发布推文表达对香香的不舍和祝福,并表示"希望未来能够前往中国雅安再看看香香"。

(二)全球媒介事件中的大熊猫

在中国举办的大型国际体育赛事中,吉祥物的首选往往是大熊猫。1990 年,北京亚运会的吉祥物"盼盼"出现在公众视野中,这只手持金牌奔跑着的大熊猫收获了大量关注。2008 年,北京奥运会吉祥物之一的福娃"晶晶"的原型也是大熊猫,象征着幸福美好的祝愿。福娃的形象通过动画片在全球一百多个频道播出。①

2022 年,北京冬奥会的吉祥物"冰墩墩"一经推出即刻爆火,多次登上国内外社交平台热搜榜,周边商品一度脱销,可谓"一墩难求"。美国有线电视新闻网(CNN)称无处不在的冰墩墩又掀起了一场"熊猫热"。② 冰墩墩的形象是从全球 36 个国家的 5800 多份投稿中挑选出来的。国际奥组委在其网站上说:"大熊猫是中国的国宝,更何况大熊猫还是 2008 年北京奥运会的五个福娃吉祥物之一,因此选择动画大熊猫作为 2022 年北京冬季奥运会的官方吉祥物也就不足为奇了。"③ 设计冰墩墩形象的团队负责人曹雪在接受中国国际电视台(CGTN)采访时说道,选择大熊猫形象的意义是不言自明的,全世界人

---

① International Olympic committee.Beijing 2018 the mascot[EB/OL].(2020-12-18).[2023-05-17]https://olympics.com/en/news/beijing-2008-mascot.

② WIRE C,GAN N,YEUNG J.Panda-monium:from medal podiums to spectator stands,winter olympics mascot Bing DwenDwen is everywhere[EB/OL].(2022-02-8)[2023-05-17].https://www.cnn.com/style/article/panda-mascot-bing-dwen-dwen-winter-olympics-intl-hnk/index.html.

③ International Olympic committee.Beijing 2022 the mascot[EB/OL][2023-05-17].https://olympics.com/en/olympic-games/beijing-2022/mascot.

民都知道大熊猫代表了中国。①

研究发现，北京冬奥会期间，冰墩墩在海外社交媒体平台上收获了海量关注，TikTok 上与冰墩墩相关的内容都大受欢迎，平均每则贴文有 7354 次点赞量；在 Twitter 上，仅日本花样滑冰选手羽生结弦发布的冰墩墩帖子就收获了 1220 次转发。同时，冰墩墩与大熊猫在社交媒体上形成关键连接词，出现比例达 51.3%。②

最新的案例是 2023 年 8 月在成都举行的第 31 届世界大学生夏季运动会，作为吉祥物的大熊猫"蓉宝"，其憨态可掬又充满青春活力的形象同样成为互联网上的顶流。

（三）国际舆论场中的大熊猫

任何故事都不是单面的，大熊猫的故事也不例外。2023 年年初，旅美大熊猫乐乐突然死亡，丫丫被质疑遭受虐待，引爆国内国际舆论场。一些网民在推特上攻击美国孟菲斯动物园，在巨大的压力之下孟菲斯动物园关闭了推文的评论区。此外还有部分网民通过给其竞争者刷票的方式，把孟菲斯动物园挤出美国十大动物园排行榜。在推特和微博等平台上，一些网民就丫丫、乐乐事件发表了激烈的言论，"把所有大熊猫都接回家"或"停止熊猫租借"等极端言论时常可见。互联网上的舆论对立对大熊猫的国际形象可能会造成不良影响，甚至成为大熊猫保护与科研国际合作的阻力。

此外，随着中国在世界舞台上发挥越来越重要的作用，外国媒体对中国的熊猫外交有越来越多的报道，其中有的评价较为中立③，有的则较为负

---

① CHINA GLOBAL TELEVISION NETWORK. Chief designer shares story of creating Beijing 2022 mascot Bing DwenDwen［EB/OL］.（2021-11-16）［2023-05-17］. https：//news.cgtn.com/news/2021-11-16/Chief-designer-shares-story-of-creating-Beijing-2022-mascot-15eL5Wrskmc/index.html.

② 薛可，古家谕，陈炳霖. 共情·创新·融合：文化符号与国家话语体系构建——基于"冰墩墩"的社交媒体平台内容分析［J］. 新闻与写作，2022（5）：35-45.

③ 50 years later, some question value of U.S.-China "panda diplomacy"［N/OL］. New York Times. 2022-02-13［2023-05-17］. https：//www.nytimes.com/2022/02/13/world/asia/us-china-panda-diplomacy.html.

面①。国际学术界也日益关注中国的熊猫外交。比如，佛尔克·哈提格（Falk Hartig）从公共外交和动物外交的角度，对中国熊猫外交的方法和简史进行了梳理②；曼·巴鲁阿（Mann Baura）则从政治经济学的角度，剖析大熊猫作为一种"可爱资本"，其捕捉和圈养是一种"资本的原始积累"，而持续的展出则是一种"动物的情感劳动"③。

美国政界也对中国的熊猫外交颇感"兴趣"。2022年2月1日，美国众议员南希·梅斯（Nancy Mace）向众议院递交提案，称"中国共产党通过赠送和租借大熊猫获利……任何生于美国的大熊猫应当属于美国，美国应当与盟友展开大熊猫合作哺育项目。"④这一提案仅被递交，未被表决通过。同年5月，美国国会的研究机构对中国的熊猫外交做了简要的梳理，并对梅斯提案实施的可行性进行了探讨，认为这一提案"可能会影响中美关系，并有导致中美长期熊猫合作破裂的风险"。⑤尽管如此，美方对中国熊猫外交的政治化解读仍然在一定程度上影响了中国国际传播的正面效果。

四、熊猫与人，以及我们共有的未来

中国熊猫外交的历史是中国国际传播史的重要章节。20世纪50年代至20世纪80年代，从中国对社会主义国家的礼物赠送，到冷战后期中西方的破

---

① THE SPECTATOR. Unmasking "panda diplomacy" [EB/OL]. [2023-05-17]. https://www.spectator.co.uk/article/unmasking-panda-diplomacy/.
② HARTIG F.Panda diplomacy: the cutest part of China's public diplomacy [J].The Hague journal of diplomacy, 2013, 8 (1): 49-78.
③ BARUA M. Affective economies, pandas, and the atmospheric politics of lively capital [J]. Transactions of the institute of british geographers, 2020, 45 (3): 678-692.
④ THE UNITED STATES CONGRESS. H.Res.897-expressing the sense of the House of Representatives that any giant panda born in the United States should belong to the United States and the United States should seek the coordination of its allies to establish collaborative giant panda breeding programs [EB/OL]. (2022-02-01) [2023-05-17]. https://www.congress.gov/bill/117th-congress/house-resolution/897/text.
⑤ CONGRESSIONAL RESEARCH SERVICE. "The People's Republic of China's panda diplomacy" [EB/OL]. (2022-05-25) [2023-05-17].https://crsreports.congress.gov/product/pdf/IF/IF12122.

冰之旅，以政府为主导的熊猫外交曾是中国外交的重要方式；20世纪80年代至今，大熊猫的国际合作保护成为主调，熊猫外交的政府色彩淡化，更多转移到公共外交领域，并伴随着媒体外交而广泛开展。在互联网兴起之后，大熊猫形象和大熊猫的故事在全球持续形成情感共振。然而，政治化的风险在后冷战时期重新浮现，全球舆论场中与大熊猫相关的动向也日趋复杂。在这种情形下，中国如何讲好大熊猫故事，是值得持续探索的议题。

2022年12月15日，中国国家主席习近平在《生物多样性公约》第十五次缔约方大会第二阶段高级别会议开幕式上致辞："人类是命运共同体……唯有团结合作，才能有效应对全球性挑战。生态兴则文明兴。我们应该携手努力，共同推进人与自然和谐共生，共建地球生命共同体，共建清洁美丽世界。"① 这一论断为中国新时期的熊猫外交和熊猫国际传播提供了新思路。

中国积极推进生态文明建设和生物多样性保护，至今已取得重大成就。其中大熊猫的保护成就凸显了中国保护大自然的决心与能力，也体现了国际合作的重要性与必要性。大熊猫有潜力成为"地球生命共同体"的象征，它既是"来自中国的礼物"，受到全世界人民的广泛喜爱，也是与人类同在地球上生活的邻居，是人和自然连接的纽带。中国以大熊猫为介质进行国际传播的未来发展方向，应当是鼓励世界各国放下成见、齐心协力、团结努力，共建人类命运共同体和地球生命共同体，携手走向人与自然和谐共生的美好明天。

---

① 习近平向《生物多样性公约》第十五次缔约方大会第二阶段高级别会议开幕式致辞[N]. 人民日报，2022-12-16.

后　记

不知不觉间，我已经在中国传媒大学待了近三十年。

1995年，我进入北京广播学院，就读于新闻系新闻学专业；2002年系统学习刚刚设立的传播学专业，攻读硕士学位；2005年攻读传播学博士学位，均是师从胡正荣教授。在这里读书，读了十年。

毕业之后，似乎无暇多想，留校任教是第一选择。在这里任教，又近二十年。当年还是毛头小子，对讲台既向往又惶恐，如今也算是老教师、"老广院"了，居然也有资格出一本"文集"。人生实在如白驹过隙。

当初之所以选择新闻学，之所以选择北京广播学院，是有一些理想主义成分在心里的。电视盛世，名记者们挥斥方遒、指点江山，成为新闻学子的榜样。广院也声名赫赫，令人心向往之。随后互联网勃兴，中国社会日新月异，舆论场变化万端，涌现出无数令人着迷的复杂景象。我的兴趣也从新闻学转向传播学，从实践转向了做学问。

我的治学之路，一开始的指向标是文化研究，兼顾政治经济学，意气风发地要融合马克思主义媒介批判的两翼。后来在章戈浩兄的影响下，进入媒介物质性的领域，进一步想做媒介技术哲学，想在人类学和STS交汇的视野下探索互联网，擎着烛火走进将来的人工智能时代。此外，使命感也一直督促着我要在国际传播领域做些力所能及的贡献。可惜，兴趣颇广，心得全无。学术野心虽大，能力却跟不上，再加上生性疏懒，可谓袖短手寒。

在学校工作的二十年，是我生命中最有活力的二十年。然而，想写的书一本也没写出来，好几篇理论探索的文章写了又停，停了又写，尚不知何时

后 记

面世。好在我的学生们都比我勤奋，在指导他/她们的过程中，出了好多令我满意的佳作。这本书虽然是我的文集，其实多数文章都是与学生们合著的。

至于书名，《媒介，居于世界之间》有两层意思。第一层，人是借由媒介在世界中存在的，自始至终，生存就是媒介化的生存。第二层，中国也是在世界之中屹立的。国际传播，究其根本，是重新寻求中国与世界间的关系。因此，这个书名兼指不同世界，涵盖了我在媒介技术哲学和国际传播理论两个方面的志趣。

这本书的成形，有赖于学生们集众之力，帮我做了大量文字编辑工作。其中所收录的文章在当初面世时也得到了很多师友学生的帮助。更何况，这三十年间，晴耕雨读，颇受师长们教导提携之恩，也多承亲友们的关怀照料。如果要一一致谢，可能要列出长长的名单，纸短情长，且容我私下道谢。

这本书算是我学术生涯上半场的总结。虽然不是出色成果，也是在母校的沃土上生长出来的，在建校七十周年校庆之际，进入"中传学者文库"，正是适得其所。人生走向下半场，我这个不才之人唯愿拨冗务、净灵台，把挖下的学术之坑一一填完，多少留下些经得起历史考验的学术作品。

正是：

十年跪乳，廿载反哺。

两鬓渐霜，耕乐读苦。

不求华盖，免征兰台。

常念过往，以待将来。

是以为记。